自在點燈

自在老師・著

〔自序〕

以一燈燃百千燈，成無盡燈……

本書為我佛法修持二十年的深心體悟，以及多年在生活中、網路上，隨緣為大眾傳道解惑與心得分享的文章之彙集。

我自民國八十一年，因緣際會踏入佛門，即開始自行修學，至今整整二十年。二十年修學，無師無友，心靈直依於觀世音菩薩；勤苦獨力，堅修大乘菩薩行，而以大智慧為根本方向。

為求智慧如海，其間十二年深入經藏，日日禮佛誦經、抄寫佛經，與深讀佛經不間斷。十二年以毛筆抄寫了五十餘部佛經，亦曾抄寫《老子》一部；讀過了百餘部佛經原典，並日日誦持佛號與《大悲咒》、《普門品》、《心經》、《阿彌陀經》等。領悟道法，深契於心，法喜充滿。

由於無師無友，故亦不屬當今任何道場、派別、師門，修學超越宗門教派及一切界域分別。以心契道，直心修行。禪淨兼修，經咒皆持，兼學儒家、道家之學，而以禪法、止觀及念佛為契心法門，歸宗於般若究竟之法。以《金剛經》為核心修持法典，旁及諸多方便法門。

因無師無友，故修學上，以諸佛菩薩為師；以古今聖賢、一切經典書籍為師；乃至隨所遇眾生、善緣惡緣、順境逆境等，無一不從中用心體會學習，增長慈悲智慧。所謂「文殊遇緣則有師」，我亦如是隨緣修學。

我自開始學佛，即清楚自己的方向。我深心追尋的道法乃是「身心靈的安頓」，所以除了佛法，也從各方面探索學習，如中國哲學、中醫、太極拳、心理學、奧修心靈書等等。然則，廣義的佛法，真實道法，實是涵蓋這一切學問的。故我實非完全宗教傾向的「佛教徒」；我是「佛法修行者」，以追求宇宙人生究竟真理、超越而透徹之大智慧為終極方向，並將佛陀教育的道法，貫徹在自己生命與生活中；無時不修行，無修無不修，無為無不為。二十年修持，一路行來，雖然單獨一人，但方向始終清楚，步伐依然堅定。

雖然十二年深入經藏，讀過諸多佛經原典；於修行上，我不尚清高玄妙之談論，總以實修實行為要。在閱讀諸多聖賢大德之道法著作時，常深感書中多為道法理論之講述，罕見實地修行上之體證心得分享。無有前人修學之心路歷程可資參考，以致自己修學，倍感艱辛。故我日後為人說法，多用自己領悟的語言，以自身實修體悟之法為分享，而不尚高論妙理之口頭禪也。

我學佛二十年，始終未遇相契之師友因緣，只能勤苦獨力，摸索前進，一步一腳印，備極艱辛。常常心有疑惑而無人可請教，十分苦惱，只有精進念佛，求佛菩薩指點迷津，常因而茅塞頓開，歡喜不已。

常當我於苦惱深淵之際，即發誓願，願將來自己智慧增長、修學有所成時，能為眾生做明燈，指引修學與心靈的道路；為眾生之導師，傳其道，解其惑，使眾生不致如我般困惑苦惱而無人指點。

我十六年有如閉關一般的居家潛修，偶爾隨緣為人說法。直到民國九十六年，始進入網路，成立網站部落格，公開與無量大眾結緣，傳道解惑，交流分享。多年來，如此隨緣說法之文章甚多，遂彙集整理，出版本書。

書中大多為已發表於部落格之文章的再整理；有網路大眾求教之回答，也有與網友交流之回應。說法著重自我的覺悟、智慧的啟發與實地的修持；不拘教派宗門，超越傳統思惟模式，展現開闊的格局與不同於一般道場的修學見解。編輯依各篇內容性質，歸類為五大單元：〈佛學經典篇〉、〈佛法修行篇〉、〈佛教生活篇〉、〈人生諮詢篇〉、〈心靈啟導篇〉等，共十六萬字、一百八十二篇文章。有佛理闡釋，也有生活與人生哲理，可說是一本深淺兼具的佛法心靈之書；希望能在紛擾的現代，作為大眾心靈修學與人生方向的指引。

由於隨緣說法，對象多元，男女老少各階層都有；有教友，有非教友；教育程度有中學生、大學生，到碩士、博士、大學教師等。皆因材施教，隨根器程度說法，故內容與文字風格亦隨對象而呈現多種面貌；隨其深淺，各適其器。出版本書，於說法所引用之經典文字，皆明確查證校對，並重新標點，務使引文正確可讀。

本書之封面設計，我將書名「自在點燈」四字作直行二二排列，成一方形，實含有一禪機：如此排列，此四個字，可以從各個方向任一字開始，而產生多種讀法與寓義：「自在點燈」、「點燈自在」、「點燈在自」、「燈在自點」……。

《維摩詰經．菩薩品》云：「有法門名無盡燈。無盡燈者，譬如一燈燃百千燈，冥者皆明，明終不盡。夫一菩薩開導百千眾生，令發阿耨多羅三藐三菩提心，於其道意亦不滅盡，隨所說法而自增益一切善法，是名無盡燈也。」

誠願《自在點燈》這本書，能引領您「點亮自我內在的心燈」，找到生命喜樂的泉源。

本書能在今年，自己修學滿二十年之時，順利出版，實感恩諸佛菩薩大慈大悲護持；同時感謝書中所有求教與交流的大德，促使我思惟修學，為文著作，才有今日這本書的誕生！無盡感恩！是為序。

阿彌陀佛！

自在老師　謹識

民國一〇一年十月九日於台中閒雲居

目錄

〔自序〕

佛學經典篇

佛法修行篇

佛教生活篇

人生諮詢篇

心靈啟導篇

佛學經典篇

對佛經的認識與讀經的方法

許多人想親近佛經，卻望之卻步，覺得經典太深奧了—所謂「無上甚深微妙法」—難以讀懂；加上經藏浩瀚，也不知從何入手。自在老師以十二年深入經藏百餘部佛經原典的修持，帶領初學者來認識讀佛經的方法。

一、認識「佛經」

首先來認識一下，何謂「佛經」？

（一）三藏與大藏經

一般概稱的「佛經」，包含了「經藏」、「律藏」、「論藏」這三部分，是為「三藏佛經」。（歷史上稱精通佛經、翻譯佛經的法師，為「三藏法師」，如玄奘、鳩摩羅什……等）。一般見到的成套大部頭的《大藏經》，是集結了所有經、律、論三藏，以及同一部佛經各不同譯本、版本的佛經大總集；內頁編排分成幾個欄位，字體很小，屬於工具書類，作為研究、查閱、校正之用。

經、律、論三藏，「經藏」是由佛陀說法集結而成；「律藏」是講述各種戒律的經典，如《四分律》等；「論藏」則是佛陀之後的大德菩薩，依據經典，或闡述法理所作的哲學理論性著作，屬於佛教哲學研究的層面，如《大智度論》、《唯識論》、《中論》等。《大智度論》即為龍樹依據《摩訶般若波羅蜜經》所作的哲理闡述。(「般若波羅蜜」意譯為「大智慧度彼岸」之意，故稱為「大智度」。)

我們一般接觸的「佛經」，是屬於「經藏」這個類別的。

(二)大乘經與小乘經

佛教教義分為「大乘」(「乘」音讀為「勝」)與「小乘」，即「菩薩乘」(大乘)與「聲聞乘」、「緣覺乘」(小乘)。所以，經典也大別為「大乘經」與「小乘經」。小乘經典以《阿含經集》為代表；大乘經即是我們常見的《金剛經》、《華嚴經》、《妙法蓮華經》……等。

(三)了義經與不了義經

佛陀在經典中說，菩薩修行有「四依止」，於經典要「依了義經，不依不了義經」(見於《無盡意菩薩經》卷三「無盡意菩薩」說法）。什麼是「了義經」，什麼是「不了義經」呢？

甲、詞義解釋

什麼是「了義」？

「了」者：畢竟、究竟、透徹，終極，是謂「了」。

「義」者：真理、真道、實義，是謂「義」。

「了義經」：宣說「畢竟、究竟、透徹、終極」之「真理、真道、實義」的經典。

「不了義經」：並非宣說「畢竟、究竟、透徹、終極」之「真理、真道、實義」的經典，而是以各種「權說」的方便法門引導修行者入門入道的經典。

乙、經典舉例

「了義」就是指佛法的根本義理，以闡述般若空法、實相無相、如來藏性、本體心法的經典，是為「了義經」，為萬法歸宗的根本大法。如《般若波羅蜜多心經》、《金剛般若波羅蜜經》、《無量義經》等。

「不了義經」則指闡述各事相的經典。各各事相包羅萬象，如關於淨土的敘述、地獄的敘述、菩薩修行的因緣事蹟與位階、各種修持法門、如何造立佛像、眾生各種疑難苦惱解脫……等等。

「了義經」闡述的是「理」；「不了義經」敘述的是「事」。一部經典，有的只說「理」，如《金剛經》；有的只說「事」，如《阿彌陀經》、《地藏經》等；有的「理」「事」兼述，如《楞嚴經》、《華嚴經》、《法華經》（《妙法蓮華經》之簡稱）等。

說「理」的經典，一般會覺得深奧難懂；講「事」的經典，除了一些文字用語與專有名詞，一般人較不熟悉之外，內容上大致都容易掌握。

二、如何讀佛經

關於經典的類別，大致介紹如上。有了概念之後，接下來，進入我們的主題——如何讀佛經？

（一）如何讀佛經

甲、步驟

簡要的步驟為：

佛經原文流覽→分段讀→參看註解→回到原文再讀→每段如前讀過→原文全部再讀

屬於「事相」的經典，一般都不太難，只要對其中的文字用語，以及專有名詞，依註解或查閱佛學辭典，了解了，意思就容易把握了。多讀幾遍，熟悉用語與名詞，就不難了。

讀佛經，可以大略先看過原文，再參看註解，註解看完，一定要回到經典原文，並且把分成好幾段的經典原文，連成一體來多讀幾遍，才能前後連貫，把握經典的意思。不能只看註解或白話翻譯，忽略原文。（佛經原文有著某種不可思議的文字念力，對修持有很大的助力，不可忽視。）註解只是輔助了解，原文才是我們要吸收的心靈智慧資糧。

乙、勿迷失於註解文字中

一般講論或註解佛經，大多把佛經一段一段截取，然後逐字逐句講解，說法人再引申發揮，常使人在聽（或讀）了一大篇理論之後，仍摸不著經典的頭緒，反而迷失在註解講說的長篇大論之中，經典也因此而支離破碎。

傳說宋朝時候，曾有文殊菩薩所化身的衣蒲童子，對有心註解佛經的太尉呂惠卿，說過這樣的話：

「諸佛妙意，善順事理，簡易明白。先德註意可解，如十地一品，釋文不過數紙。今時枝蔓，註近百卷，而聖意逾遠，真所謂破碎大道也。」

有心深入經藏，潛游智海的道友，要留意這點。

（二）深法經典如何讀？

甲、玄之又玄的義理

闡述「無上甚深微妙法」的佛經，與道家的《老子》、儒家的《易經》，古來就被視為「玄之又玄」的經典，稱作「三玄」。之所以被視為玄奧，是因為這些思想哲理，不是尋常理路、思維邏輯所能了解。所以，如果用一般的邏輯來演繹，就會覺得莫測高深，難以掌握；如果以修持心，從實地修持的心念來契入、印證，就會覺得貼切、明白與真實。如同旅遊手冊，依著手冊去到當地，或已到過類似之地，那手冊上所說的，就能心領神會；如果沒去過，那如何描述，也只能憑空想像，而無法理解。

那麼，講述深法的佛經要如何讀呢？

乙、清楚自己的方向

首先，必須清楚自己要讀佛經的動機與方向。你是將所讀的經典，視為一個「客體對象」、「學問」、「哲學理論」來「研究」「理解」呢？還是將經典視為「主體修行的指引」、「心靈資糧」與「甘露法食」呢？

若作為「客體學問」來「研究」，你用的是「大腦意識層」，去「認知」、「思維」、「理解」、「邏輯推演」與「論辯」，你需要參看許多不同的註解，相互比較，然後「歸納」出一個「認為」合理的說法，為自己接受。這是哲學性質的「佛學」研究。是「向外」的「知識」追求。

如果你的旨趣在這上面，你可以獲得這方面的滿足，假以時日，學問累積，也能有所成就。而事實上，你內心裡可能仍會覺得不夠踏實，感到有所疑惑，仍然要感歎「無上甚深微妙法」的「玄之又玄」，而渴望「願解如來真實義」。

如果你的方向是「向內」的「主體修持指引」，那麼，讀佛經的方法與態度，就截然不同了。

丙、領會「法藥」不求多

佛陀說法，都是「應病予藥」隨緣應器的說法。菩薩則視經典為「甘露法食法藥」。所以，讀佛經，在態度上，並不需要求「全部都看得懂」，即使只是「一四句偈」，能夠吸收、領會、契入，成為自性修持的指引，依據《金剛經》所說，就有「無量無邊功德」了。所以，「領會」多少，並不重要，假以時日，經典讀多了，或修持增進了，能「領會」「契入」甚至「印證」的法理就更豐富了。

用這樣的心態來讀佛經，便不會視佛法深義為畏途，而能夠輕鬆歡喜的來親近佛典了。

丁、以「心」來「契入」佛法深義

佛經不是用「大腦」去讀、求「懂」的。唐朝南泉禪師說：「道不屬知、不知。知是妄覺，不知是無記。」同理，佛經亦不屬「懂」或「不懂」；「懂」是「意識界」之「認知法」，「不懂」是尚未能「信解行證」。

佛經是要用「心」來「契入」的，不是用「思維」「論議」的。所以，佛經上總是說「不可思議之法」，即是「不能用思維議論的方式來領會的道法」。《心經》說的「無眼界乃至無意識界」、「無色聲香味觸法」，也要在這個層面，才能觀照領受它的深義。

戊、以相應的修持「體證」佛經

除了以「心」「契入」佛經，還要有相應的修持，才能「體證」佛經深義——所謂「聞、思、修」、「信、解、行、證」是也。隨著修持的增進，對於佛經，能夠領會與證悟得更多更深；如同「武功秘笈」，越練才越了解「秘笈」所說的是什麼。

（三）循序漸進，由淺入深

有心親近佛經，初學者應循序漸進，先從淺顯易懂、篇幅較短的經典入手。常見的佛經，註解的本子多，也比較好參考。幾部篇幅短的經典讀過之後，再慢慢深入較長的經典。不宜好高騖遠，貪求深經大經；或是為了自炫傲人，貪多讀多大部深經——不管是做學問或修行，這都是不正確的態度。

（四）選擇適合自己的經典

有些人因為認識的善信朋友相邀，勉強去聽深奧難懂的經論，或是盲目隨著講經說法的「善知識」，聽講自己程度還不到的深經大經，而坐在那裡一頭霧水。在選擇聽經之前，應該先把經典翻一翻，了解自己程度，才能選擇適合自己的經典。一時讀不懂，也不必自卑，或自覺「業障重」；「有心」就是有「善根」，難能可貴；把握善根，循序漸進，即能日有長進。

有時，經典讀不懂也未必是自己程度不夠，而是與自己「不相契」。佛門八萬四千法，都是佛陀「應機契緣」、「應病予藥」、「隨根器」所說。所以，有心修學者，不宜盲目的跟隨道場大眾修與自己不相契的經典或道法，「跟流行」更是與道背馳的心態作法。應該「誠實」面對自己的「心」，選擇與自己相契、適合自己程度的經典道法，才能歡喜、有信心的走上修持之路。

（五）自己才是經典的主人

讀佛經、恭敬佛經，以佛經作為心靈的資糧與醫藥，最終還要明白一件事——自己才是經典的主人，我們是藉由「外在」的「文字經典」，來開啟「自我內在」的「無字真經」。所謂「指月之指，非為究竟」，明白「言語道斷」，而後知「真常」之「道」究在何處了。

阿彌陀佛！

（民國九十六年六月寫）

讀者來函與回覆——關於佛經閱讀

前文發表於我的網站後，有網路讀者來函求教，我回覆如下。

〔讀者來函〕

老師：

您好！末學拜讀了您在網站上發表的一篇關於閱讀佛經的文章，想請教下列問題。末學因讀了《金剛經》後，想進一步了解「般若」法理，於是開始接觸《摩訶般若波羅蜜經》與《大智度論》。一個多月下來，讀了三、四卷的《大智度論》，卻無法體會老師所講的「以心契入佛法深義」。所以末學想請教的是：

（一）您講到讀經要選擇與自己「相契」的經典；末學思維這「相契」應該是一種「歡喜心」吧？但三藏十二部浩瀚如海，要如何尋找與自己「相契」的經典呢？

（二）您也講到讀經要循序漸進，如末學想學習般若，而發現前述經典與自己不甚「相契」，那麼是否能介紹其他的經典以供修學？

（三）您提到除了以心契入佛法外，還需要有相應的持修，才能體證佛法深義。這點正是末學經常思維的一個課題。所以末學想請教老師，是否能說明應如何修證這個「般若」法義？謝謝！

末學 某某 合十

〔自在老師回覆〕

某大德：

您好！您的問題回覆如下：

一、《金剛經》是般若法門的總要，這部經典已將般若法門的基本要義，說得很透徹。如果您對這部經典還未能相契其精義，要再讀其他般若經典，會十分吃力的。您可以參考《金剛經》的註解本，有較為清楚的了解後，再讀其他相關經典。

《摩訶般若波羅蜜經》三十卷，是法義非常深的經典，沒有悟道並修行到相當層次的人，會讀不下去的。我自己讀這部經典時，雖然能瞭解契入其義蘊，但是也耗費了相當多的心神才讀完的。

《大智度論》是解說《摩訶般若波羅蜜經》之哲學理論的書，卷帙相當龐大，多達一百卷。我翻閱其中內容，覺得篇幅大多是冗言，只是在邏輯上一直打轉，在細節上反覆舉例說明等等。有興趣「研究佛學」的人可以去「鑽研」；若志在「修持佛法」的學人，建議不必耗費時間精力在上面。

大底「論藏」是講哲學理論的，是屬於「佛學」層面，而非「佛法」層面。我雖然能了解其中闡述之理，但認為其儘管可以增長「知解」層面，卻反有礙於真正的「修道」。所以「論藏」的書，我通常大略翻過，並不想多花時間去研讀。

二、學佛，讀經典，不要貪多貪深，應循序漸進。像《六祖壇經》、《維摩詰經》、《文殊師利所說摩訶般若波羅蜜經》等，都可以讀。一部經典本身，即值得你一讀再讀。所謂：「讀經百遍，其義自現」。所以，先從一部經典深入了解，久了自能觸類旁通。

三、關於相應的修持，有幾個方法可以修學：

（一）最好心中能歸依於某一位佛菩薩，仰仗佛力，方有助於自我修持。

（二）平日要有固定禮佛及誦經持咒的功課。

（三）經常留意自我心念的觀照與修持，並注意身口意的戒行等。

此外，我發表的相關文章，您也可以參看。謹祝

道業增進，法喜充滿

阿彌陀佛！

自在老師　謹覆

（民國九十八年十月）

《金剛經》「應無所住而生其心」之實義

《六祖壇經》中，言及慧能因聽人誦《金剛經》，直聽到「應無所住而生其心」之句，當下開悟。那麼，這句話是什麼意思呢？

讀經典，不能斷章取義，只看這一句就揣測其意，應該從上下文整個來了解。

《金剛經》（用目前一般通行的版本）中這句話的上文是：

「**是故，須菩提，諸菩薩摩訶薩應如是生清淨心，不應住色生心，不應住聲香味觸法生心，應無所住而生其心。**」（莊嚴淨土分第十）

首先，應把握住整部《金剛般若波羅蜜經》的主旨。這部經的主旨，是教導菩薩如何修習般若智慧——此即是佛心性體如何開啟。說明性體本身以及修行之法，是這部經的主旨。

佛心性體，本來是清淨的，不著一物的，是真空的，如此才能產生妙有大用。所以，菩薩發心修行，雖有布施持戒等無量功德梵行，然而萬法歸宗，一切即一，究竟無上根本大法，必得要修習般若大智慧，開啟內在如來藏，即佛心性體，才能圓滿一即一切的全體大用。由此可知般若法門經典的重要性，以及何以此經被稱為「金剛」了。

所以經中教導菩薩應開啟這個清淨心，此心是不著一物的，是空的，是活脫脫的、不停滯的。下面說的「不應住色生心，不應住聲香味觸法生心」，是說明「如何」生清淨心的方法（即上文中「如是生清淨心」之「如是」）。從「不應住」（不住即是不著）進而「無所住」，不著一物、不執一法時，便自然開啟了清淨澄明的本心，此即是般若之體。所以，經文從「不應住」到「應無所住」，講的是方法，是修行工夫；「生其心」即是「生清淨心」，是回復心性本體如來藏，說的是境界。此本體真空，而有妙用，所以在經中〈離相寂滅分第十四〉中即說：

「**須菩提，若菩薩心住於法而行佈施，如人入闇，即無所見；若菩薩心不住法而行佈施，如人有目，日光明照，見種種色。**」

「不住法」即是不執著於法，法不可執，故經中有云：「法尚應捨，何況非法。」此段經文闡述的即是「無住」而「生心」的「體」與「用」：當此本心不執一法（法者，包含法理以及萬事萬物），清淨朗然，便產生了有如日光明照萬物的大智慧，而能見種種之法。

明白了這個道理，便能了解「應無所住而生其心」的含意了。

（民國九十六年三月寫）

《金剛經》般若法與《心經》要義闡釋

上一篇「應無所住而生其心」，我從理論層次來析義。這篇，我們就來進一步了解，《金剛經》這些「玄義」，究竟是在說什麼？

一、般若深法如何了解

（一）「心」與「大腦」之區別

般若深法，之所以讓人覺得玄之又玄、莫測高深，是因為這些「本心實地」的道法，不是尋常理路，用「大腦」的「邏輯推演」所能解釋得出來的，只能用「心」去「契入」、「印證」。（參看前面〈對佛經的認識與讀經的方法〉篇）在此用一些例子來說明，就容易明白了。

般若深法，「指入」的是我們內在深層深處的「如來藏性」、「根本覺心」。（注意，這些名詞只是經典的「權設說法」，真法是不能用語言文字來表述的。）這個「真實心」是清淨的。

在此須強調，「心」與「大腦」是不同的。「心」是「覺性」的作用，「大腦」則是經由後天學習與認知的「意識」。般若深義，實相無相，是要在「心」（覺性）這個層面來觀照與領會的。在「心」（清淨的般若覺性）的觀照之下，從「眼耳鼻舌身意」所攝入的「色聲香味觸法」，都只是存在於「大腦」意識層的「影像」罷了。

任何從眼耳鼻舌身以及意（思考），進入「大腦」意識層的，都會留下一種「影像」，佛法稱之為「相」。而在「心地般若覺性」的觀照之下，這些存留的「影像」，都是「幻影」，如同夢境一般。所以《金剛經》說：「一切有為法，如夢幻泡影。」（「有為法」者，凡能夠為眼耳鼻舌身意所攝入的萬事萬物，統稱「有為法」。）一切有為法，如同海水的表層，有波浪、有光影……，搖動不定；覺性般若，則如潛入海底，寧靜無波，觀照表層意識，不過皆如幻影。

又如我們看電視電影，看完後，劇情人物還會留在腦海中打轉，如果不能醒覺跳脫，就會陷入劇情的情緒中，所以有人看到激動處會想砸電視，或是跟著劇情迷戀男女主角……，這就是「執迷」；待醒覺跳脫，才知不過是「戲」。能如此以「心」來觀照覺悟身內身外一切事物無非是「大腦」意識作用，如「戲」、如「夢」、如「幻」，就「契入」了「般若深法」。

（二）《心經》深義與「無住生心」、「實相無相」之義

當「心地般若覺性」觀照凡進入「眼耳鼻舌身意」的一切世間事物，就會了知一切皆是「幻相」，既知是幻，則知是「空相」——這就是《般若心經》所要闡述的根本實義。能夠照見諸法「空相」之當下，就是「本心覺性」光顯照耀之時。如同暗室燈亮，使我們能看見室內一切，當下須知是有燈光在照——這就是何以此經要稱作「心經」之意，就是要修行人在「照見」「諸法空相」之當下，能夠「返悟」自己的這個「覺心」啊！

了知幻相、空相，就不會為其所迷、所憂、所惱、所懼，所以《心經》說「般若波羅蜜」能「度一切苦厄」，能使修行人「無有恐怖，遠離顛倒夢想」而得「究竟涅槃」無上安樂。

由以上所解釋，再來看《金剛經》說的「應無所住而生其心」，就可以比較清楚明白了。這句話的意思是說——「不要停滯執著在『大腦』裡的一切從『眼耳鼻舌身意』所攝入的『色聲香味觸法』的『影像』之中，那只是『腦海』裡的『幻相』，不是真正的『覺心』。唯有當你『遠離』了這些『影像』時，真正清淨『本心』『真實心』才會透顯出來，而像雲開霧散的日光，照見萬象萬物。」這就是所謂的「大圓鏡智」，所謂的「色即是空」而「空即是色」，所謂的「真空」而「妙有」了。

所以，「實相無相」就是說——「心地覺性起作用時，是沒有大腦意識層所認知的影像的」。

用這樣來體會般若法門、如來藏性、心地實相的經典，就不會覺得玄之又玄、莫測高深了。

二、般若深法的平常處

從以上的了解，接下來看今天的主題——

「所謂佛法者，即非佛法，是名佛法。」

（一）法理釋義——腦筋轉個彎

《金剛經》裡頭，最常出現這樣的語句：「所謂某某，即非某某，是名某某。」讓人不知何意，以為佛陀在跟你玩「腦筋急轉彎」。沒錯！佛陀是在教你「腦筋要轉彎」！怎麼轉？轉到哪裡去？從上一段的解說，就可以明白，佛陀教我們要從「腦筋」的層面，「轉回」內在的「真實心」！所以，讀佛經，尤其是般若法的經典，「腦筋」一定要能「轉彎」！

「所謂佛法者，即非佛法，是名佛法。」是說：「我所謂的佛法，是不能用大腦邏輯去思惟推演的，也沒有一個叫作『佛法』的概念意象，是直然呈現、以心契入印證的道法，這才是真正的佛法。」經中這樣的語句，都要這樣來體會，才能「了解如來真實義」。如「佛說般若波羅蜜，即非般若波羅蜜，是名般若波羅蜜。」「如來說諸相具足，即非具足，是名諸相具足。」……等等，都應如此來明白了解——佛陀要教導我們，藉由這樣的「倒轉」來「認識」、「開啟」自我內在的「真實心」。

（二）道在平常處——當下的「真實心」

在此舉一些容易明白的例子。

甲、行善

《金剛經》說：「所言善法者，如來說即非善法，是名善法。」

每個人都知道「諸惡莫作、眾善奉行」，在「意識」裡頭，都「被教導」「認知」要「做善事」（這樣才會有「福報」）。若先存有此「念頭」，而去「做善事」，而不是「發自真心」的「自然行善」，就不是「真善法」，不是如來所說的「善法」。

因為心中已經先有了「為善」的「意念」，就有了「動機」、「意圖」（不管是為了修福、修善、修法、利他，還是個人名利），就不是「無心」、「無念」、「清淨無染」的「真實心」了。所以雖勉力行善，乃是為善而善，而不是「真善」。（讀者可參考《了凡四訓》）

那麼，如來所說的是什麼意思呢？

一個人在「無心」「無企圖」之下，隨緣遇到需要幫忙的事，直然去做，做完了，也不覺得自己做了什麼；「大腦」事前沒「念頭」要做，事後也不存有「我做了善事」之「相」，清淨無礙，這就是「真善法」，是為如來所說的「善法」。所以說：「所言善法者，如來說即非善法，是名善法。」

乙、忍辱

同理，「忍辱波羅蜜，如來說非忍辱波羅蜜，是名忍辱波羅蜜」也是相同的解法。

所謂的「忍辱」，心中及大腦裡沒有「要忍辱」的想法念頭，甚至也不覺得有何「受辱」，而是以「慈悲」「智慧」來觀照對方，因而「包容諒解」對方，一點也不覺得自己有何損傷，連「忍辱」也不需要——那就是真正的「忍辱波羅蜜」。

譬如一個有修養的大人，遇到一個無知小孩對他無禮，他一點也不需要生氣，也不會有「應該忍辱」的念頭，只是慈憫小孩無知罷了，不會跟他計較。這才是真「忍辱」。

丙、經中的例子

《金剛經》本身也舉了一些例子來說明。例如：

「須菩提，於意云何，阿羅漢能作是念：『我得阿羅漢道』不（不，古文同『否』）？須菩提言：『不也，世尊！何以故？實無有法名阿羅漢。……佛說我得無諍三昧，人中最為第一，是第一離欲阿羅漢。世尊！我不作是念：「我是離欲阿羅漢。」』」

這段是說，修行到了某個位階的聖者，如「阿羅漢」位階的聖者，心中及腦海裡，已經沒有了「我」的這個「意念」，而「阿羅漢」這個名稱，也只是「文字權設」，他們心中既沒有所謂的「我」、所謂的「阿羅漢」之名，更沒有所謂的「得」、「不得」的「意念」。一切「無所有」，「不可得」。那麼，佛世尊稱讚我的種種，在我心中，也沒有這些「念頭」、「想法」——不僅心中所無，觀照世尊所言亦空，無念亦無相，這才是真正的「阿羅漢」。所以說「實無有」，說「不作是念」——這是經中深法奧義的關鍵義理所在。

整部《金剛經》要把握住這個義理來讀，來體會了解，就能明白了。經中類似這樣的例子語句很多，讀者可依此來領會，在此不一一解說。

丁、孝順

再以人們熟知的「孝順」為例。一個真正「真心」孝順父母的人，心中沒有「孝順」的「想法」，也不是因為聖賢師長所教「要孝順」——「大腦」裡也沒這些「教條」；也不是圖一個「孝順」之名，好被人稱讚……，這些「念頭」、「想法」（佛法稱為「妄念」）都沒有。只是發自「真心」，「自然而然」念著父母，想著父母，念念要為父母做些什麼，一切是這麼自然、毫不勉強的去做，做得很歡喜，也不抱怨、也不覺累，心中也不覺得自己有什麼「孝順」「不孝順」的。對於別人的稱譽，也不覺得自己有什麼好被讚美的。——這就是「真實心」，就是「實相」；「不覺得有什麼」就是「無相」。於是我們也可以這樣說：「所謂孝順者，即非孝順，是名孝順。」

舉了這些平常的例子，這樣，是不是比較明白了呢？

戊、念佛

再舉念佛人最常見的例子——念佛。

你都怎麼「念佛」呢？拿著一串念珠每天念，還要用計數器記下一天究竟念了幾百幾千幾萬遍？看著這些數字，就像看銀行存款數字一樣，越多就越「安心」？想著不知要念到「多少」遍，阿彌陀佛才會接我去極樂世界？——好像要多少存款才可以買移民護照一般！

你若是這樣「念佛」，那就太辛苦了！你可能念得很勉強、很吃力，一天沒念就要覺得罪過不安，怕阿彌陀佛不接引你；念的時候，家人打擾了，就要起衝突，怪家人妨了你的功課……。你念得不快樂，念得更加焦慮不安！或者，你以為自己很有「修行」，能夠一天念多少萬遍，在同修面前「一較高低」，很炫！以為往生極樂非我莫屬了？

你若是這樣「念佛」，只是像小孩子在學數數一般，只在「數字遊戲」上打轉罷了，阿彌陀佛可能還收不到呢！

什麼是真正「念佛」呢？「念」就是「想念」、「思念」。不是口唸的「唸」。「念佛」就像遊子思家念父母般「想念佛」、「思念佛」。真心念佛的人，自然而然的，時時刻刻想著所思念的佛，沒有一個「要念佛」的「功課」想法，也沒有什麼企圖意念目的，很「單純」的就是「想念佛」。雖天天「念」，時時「念」，也不覺得自己有在「念」，越念越歡喜，越念越與佛感通，越念越與佛相契，漸漸也與佛心的慈悲、智慧相應……，而仍然不覺得自己有念佛，對於別人的稱譽也不覺得有何可稱道者——這就是「實相無相」的「念佛三昧」。（讀者可參看《楞嚴經．大勢至菩薩念佛圓通章》）。

於是，這裡，我們也可以這麼說：「所謂念佛者，即非念佛，是名念佛。」（「念佛」與「稱唸佛號」，以及使用念珠等，另有如「修定」、「攝念」等修持意義，不在此討論之列。）

三、結論

從以上的釋義，以及舉例說明，我想，讀者同修們對於《金剛經》以及般若法門的義理，應該有了比較清楚的了解與把握了。

修行人把握住「清淨真心」、「實相無相」，「信解」之後，依此而修持，在生活中來「行證」——如禪宗所說「穿衣吃飯，無非修行」，則漸次可達「無修無不修」、「無行無不行」，「自然而然」呈現「真心」，流露「歡喜」，自在自得而心無掛礙了。這就是禪宗所說的「明心見性」的境界。

四、如何修持

唐朝禪宗祖師馬祖禪師說過：「道不用修，但莫染污。何為染污？但有生死心，造作趨向，皆是染污。若欲直會其道，平常心是道。何為平常心？無造作、無是非、無取捨、無斷常，無凡無聖。」這是到了一個境界的修行之法，一般初學者可能還無法把握。在此簡要提出幾個修行進程，供同修們參考——

（一）依於佛——末法眾生障礙較多，難以單靠己力而修，一定要歸依於一尊佛菩薩，如「阿彌陀佛」、「觀世音菩薩」等，依念佛而仰仗佛力來修。

（二）誦持經咒——平常給自己一個靜心沉澱的時段，藉由誦經持咒來沉澱、觀照、淨化內心紛雜的念頭。誦經的目的要放在這裡，而不是唸給佛聽，或視為一項功課差事，隨便唸唸交差了事。

（三）念佛除煩惱——除了固定時段的靜心誦經，平常有煩惱障礙出現時，可藉由稱念佛號或持六字大明咒來化解。重要的是，事情當下要能「提醒」自己來念佛持咒。

（四）攝念止觀修定——暫停念頭，回觀自己的心，收攝外馳的雜念，學習專注當下。達到這個目的的法門很多，如誦經、寫經、靜坐、散步、畫畫、練書法、插花等，運用從事這些事情的當下，來學習攝念靜心。

（五）**不執著於道法**——《金剛經》說：「法尚應捨，何況非法。」在修行的過程中，經典對我們固然有指引的幫助，但亦不必過於執著道法而貪功勉強。須認清「自己」才是修行的主人。當覺得修行吃力，造成心理壓力時，要能適時回頭「誠實」面對自己的各種身心狀況，順應自然的調整步調，而不要去否定壓抑，勉強自己。觀很多教友修得一臉苦相，就是過於勉強並且壓抑自我之故。學佛要能肯定接納自己，然後漸漸突破成長。只有能夠接納肯定自己的人，才能接納肯定他人，也才能從佛法中得到真正的歡喜悅樂與安然自在，而從容自適的走在修行的道路上。——如此即是《金剛經》「無住生心」真理的實踐。

阿彌陀佛！

（民國九十六年六月寫）

網友來函與回覆——關於「般若深法」與修持方向

前文發表於我的網站後，有網友來函求教，及我的回覆如下。

〔問一〕

「般若深法」是什麼法門？是您網站文章裡說的觀念嗎？

〔答〕

我文章中所說的觀念，只是一個初學入門的引導。「般若法門」的經典，目前以常見的《心經》、《金剛經》為代表，此外還有六百卷的《大般若經》、三十卷的《摩訶般若波羅蜜經》、單卷的《文殊師利所說摩訶般若波羅蜜經》等，可說是「般若法門」的主要經典。除了經典名稱標有「般若」者外，還有許多佛經中所說之法，都蘊含有般若法的要義在裡頭。

「般若深法」的精義，是以《心經》、《金剛經》中所說者為入門之法，是為般若之「本體」；入門之後還有菩薩境界所修行的更高層次的運用妙法，是為般若之「妙用」，此「妙用」之闡述即包含在於許多深法經典中，如《圓覺經》中所述，即是一例。

〔問二〕

讀了這些經典的目的，我們只是要去體認覺知如來的智慧德能，並落實在每一個當下？

〔答〕

不是「只是」，而是「最終」、「終極」。修習佛法的「最終」、「終極」目標，是要開啟我們內在本心之中的「如來覺性」，是為道的「本體」；落實在每一個當下，則是道的「妙用」！

（民國九十六年十一月）

《六祖壇經》「煩惱即菩提」的解脫智慧

接觸佛法的人，常會聽到一句六祖慧能所說的「煩惱即菩提」，這句話究竟是什麼意思呢？我們又如何來化煩惱為菩提呢？現在，讓我們來探討。

人生中，我們常有許多理想目標要追求；生活中，我們也有許多繁雜的事情要處理，有各種人事要面對。煩惱，各種各樣的煩惱，不時在心中起伏。喜怒哀樂的情緒、事情好壞成敗的得失心、追求不完的慾望、追求不到的怨懟、不知自己何以如此的茫然……，交織成了生活中種種的糾結苦惱。如何解脫呢？

六祖慧能給我們啟導，他說：

「凡夫即佛，煩惱即菩提。前念迷，即凡夫；後念悟，即佛。前念著境，即煩惱；後念離境，即菩提。」

凡夫與佛，其實沒有高下；煩惱與菩提，本來也不是批判。佛法，本是指引我們的心靈，一條出離苦惱的道路。

佛法的本質精神，就在於「出離」二字。

「出離」什麼呢？就是「跳脫出來而離開」那個苦惱困境。是心靈的「出離」。

「前念迷，即凡夫；後念悟，即佛。前念著境，即煩惱；後念離境，即菩提。」

這段話是什麼意思呢？

「前念迷」，是因為「著境」，我們的心被那個事情的情境繫絆住了，在那裡打轉，在那裡糾纏，所以就有了苦惱，種種情緒隨之起伏，而無法解脫。

「後念悟」，悟了，就「離境」了，就是「菩提」了。

「悟」什麼呢？「悟」不是拿一堆道理來強迫自己遵守，如此就成為一種對道法的執著。

「悟」這個字，就是「吾心」，心回到自我內在的本源，而後觀照到眼前的情境——在觀照的當下，你的心就會離開那個繫絆，而不會因之苦惱了。

如同我們看電視劇、看電影、看小說，看的當下，心思隨著劇情故事起伏，而產生各種情緒。當關上電視、離開電影院、闔上書本，如果心念仍隨著其中的情境打轉，那麼就是「著境」而迷失了；如果能從中醒悟，知道這些故事劇情都是虛幻不實，而不受影響，那就「覺悟」了，當下就「離境」了，自然清淨而沒有掛礙。看電視的時候，自在悠遊其中，隨之喜怒哀樂；看完了，清楚覺知其境是幻，不受影響，心無掛礙。

看電視電影是如此，生活中、人生中，也時常學習這種心念「暫停—後退—觀照」的方法，就能夠保持超然、自在，而得到喜樂平和了。

這是慧能大師此段話的意義，也就是《般若心經》的主旨：「觀自在菩薩，行深般若波羅蜜多時，照見五蘊皆空，度一切苦厄」這句話的精義。

「行深般若波羅蜜多」，就是心念一層層的「暫停—後退—觀照」，回到心的真實本源，這個時候，就會清楚觀照覺知外境有如夢幻一般。能如此覺照時，心就「出離」了原來的紛擾之境，而得到寧靜、平和與安適，所以說「度一切苦厄」，所以說「離境即菩提」。

在我們的人生中、日常生活中，如果能時常反思反問自己：「到底在追求什麼？自己真正要的是什麼？」像剝竹筍一般，層層追溯自己的欲念來源，如此就會發現，很多奔波勞碌其實是無謂的追求，於是能漸漸放下，而得到身心的輕安自在。

事情漸漸少，越來越輕鬆自在，就能夠從容於生活，從容於自我內心的觀照。讓心念時時刻刻「暫停—後退—觀照」，過著醒覺的生活，這就是「菩提」，這就是「佛」了——所謂「佛」者，覺者也。

阿彌陀佛！

（民國九十八年四月寫）

慧能「不斷百思想，菩提這麼長」之禪義

《六祖壇經》中，對於修行人心念的起伏該如何面對，有一段有趣的禪機對照：臥輪禪師的偈說：

「臥輪有技倆，能斷百思想，對境心不起，菩提日日長。」

六祖慧能大師卻說：

「慧能沒伎倆，不斷百思想，對境心數起，菩提這麼長。」

這兩者有什麼差別，又蘊涵什麼樣的意義呢？

一般人，活在種種煩惱糾結中而不自覺知，常隨著其中的情境，而起了無數的緊張、憂慮、苦惱、與情緒的變化。

有些人，稍有一些覺知，覺得自己妄念太多、愚癡太重，想要克服，於是開始修行。

修行了一段時日，聽聞了種種法要，以為貪嗔癡是罪惡、喜怒哀樂是無明、情緒起伏是業障等等，

因而無時無刻活在道法的恐懼中，深怕自己隨意一個起心動念，就犯了什麼禁戒！起了雜念，譴責它是妄念；有了一點情緒，趕緊壓抑它不要起來。

如此修行，短期內也許外在看來修養好多了，表面的情緒也穩定多了；長期下來，卻變成了木頭人，喜怒不形於色，遇到事情沒有反應，就算有感覺，也不敢表現，怕被指責修行不好。這些人拿道法枷鎖套牢了自己，也如此指責要求別人。他們心中真的自在嗎？歡喜快樂嗎？真的心無掛礙嗎？其實他們時時刻刻掛礙著自己的修行合不合道法，是不是能成為修行上的一百分模範生，掛礙著不如此會被譴責……。

對於這個問題，臥輪禪師就很有本領，他說：

「**臥輪有技倆，能斷百思想，對境心不起，菩提日日長。**」

看來已經達到如如不動的境界了。

修行的最高境界真是這樣嗎？佛、菩薩、乃至阿羅漢是這樣的嗎？

修行的最高境界是真如，是反璞歸真的真性而沒有執著。

「沒有執著」不是說沒有喜怒哀樂，不是說沒有念頭想法，而是，一切順其自然，不造作、不壓抑，隨順因緣而「沒有執著」。這就是《金剛經》說的「應無所住而生其心」之涵義。心念起伏而無所住、不執著，不為它所繫絆，不為它起煩惱；到最後，連「不執著」這個意念也「沒有執著」，有無俱遣，真空而妙有，得到如如自在。

宋朝清珙（石屋禪師）的〈山居詩〉說：

著意求真真轉遠，
擬心斷妄妄猶多；
道人一種平懷處，
月在青天影在波。

就是一種無為無心，不造作，純任自然的心懷。

「月在青天影在波」是什麼意思呢？月亮在天上，她的影子自然投映在水面，比喻我們的心念，自然而然呈現外在所緣的情境。有月有水，便有影；有心有緣，自然有境。

唐朝馬祖禪師說過：

「**道不用修，但莫染污。何為染污？但有生死心，造作趨向，皆是染污。若欲直會其道，平常心是道。何為平常心？無造作、無是非、無取捨、無斷常，無凡無聖。**」

「造作趨向」的意思就是刻意的營謀作為與企圖追求的一個目標。世俗的種種競逐，固然是「造作趨向」；厭俗求道，刻意努力的種種修法，如布施、持戒、精進等；或求功德、或求福報、求上天堂、求往生淨土、求菩薩境界、求成佛……等等，亦無非皆是「造作趨向」——皆是向外追求，而不知返本，不知覺悟而歸返於自心，開啟自我覺性真如、回復自性本來之真佛啊！

而當覺悟了本性真如，一切便無可追求，本自俱足而如如真實，哪裡需要「造作趨向」呢？而又哪來的「凡」與「聖」的分別呢？一切心念都是自然而然的呈現而無所住、無執著啊！

我們試從佛經中，看佛、菩薩、乃至阿羅漢，也一樣有種種喜怒哀樂，因於清淨本心而自然呈現：佛經中，佛陀說法，往往會現一些神變，景象非常殊勝，讓所有在場的菩薩、乃至阿羅漢、各弟子，都「歡喜踴躍，歎未曾有」。《妙法蓮華經》中，佛為弟子們授記成佛，受記的弟子，如舍利弗等，也都「歡喜踴躍」。《金剛經》中，須菩提聞佛說法，「涕淚悲泣、嘆未曾聞」。《盂蘭盆經》中，目連救母不成，「悲號涕泣」。《一切如來心秘密全身舍利寶篋印陀羅尼經》中，佛陀路中遇到一個毀壞的古佛塔，不由得禮拜而「泫然垂淚，涕血交流，泣已微笑」。《父母恩重難報經》中，佛為眾弟子說完了父母深厚的重恩之後，弟子們心痛欲絕，血淚交流，昏倒在地，深感自身罪惡深重。《大般涅槃經》中，佛陀將要涅槃，最後說法，弟子們都流淚不捨。

經典中，佛、菩薩、乃至阿羅漢之真實性情的流露，實在是隨處可見。由此可知，修行並不是要成為一個無情無感的木頭、石頭，而是要開啟如來自性真實本心，一切喜怒哀樂，隨真如自性而如如呈現。

如果成了無情無感的木頭，如何能厭俗而修道？如何見苦而起悲心？如何見善而起喜心？如何見不善而起捨離心？大慈大悲從何而來？斷惡修善的發奮精進又從何而來？——一切皆源於活脫脫、有情有感的真實心啊！

所以六祖慧能大師說：

「慧能沒伎倆，不斷百思想，對境心數起，菩提這麼長。」

這就是告訴我們：真正的佛法禪修，是活潑潑、充滿生機的、靈動的、歡喜自在的，喜怒哀樂皆自如而心無掛礙的；就像大自然一般，隨緣自在；絕非心如止水、槁木死灰！

《維摩詰經》中，文殊師利菩薩所開示的這一段話，很能夠破修行人的執迷，而振奮煩惱眾生，每每我自己煩惱多的時候拿來咀嚼體會，都感動得涕淚縱橫，是所有我讀過的佛經中，最深受感動與喜愛的一段經文。原文錄之於下：

維摩詰問文殊師利：「何等為如來種？」

文殊師利言：「有身為種，無明有愛為種，貪恚癡為種，四顛倒為種，五蓋為種，六入為種，七識處為種，八邪法為種，九惱處為種，十不善道為種。以要言之，六十二見及一切煩惱，皆為佛種。」

曰：「何謂也？」

答曰：「若見無為入正位者，不能復發阿耨多羅三藐三菩提心。譬如高原陸地，不生蓮華，卑濕淤泥，乃生此華。如是見無為法入正位者，終不復能生於佛法；煩惱泥中，乃有眾生起佛法耳！又如植種於空，終不得生！糞壤之地，乃能滋茂。如是入無為正位者，不生佛法；起於我見如須彌山，猶能發於阿耨多羅三藐三菩提心，生佛法矣！

是故當知，一切煩惱，為如來種。

譬如不下巨海，不能得無價寶珠。如是不入煩惱大海，則不能得一切智寶。」

謹此心得，分享大眾！願一切眾生，喜樂自在！

阿彌陀佛！

（民國九十八年四月寫）

趙州禪師「覓一個道人難得」之闡釋

「八百個做佛漢，覓一個道人難得。」

——唐・趙州禪師

唐朝趙州禪師說的這句禪語，與我的心十分相契，也是我自己修行將近二十年來，一貫的方向道路。

這句話出自《趙州禪師語錄》，是什麼意思呢？為什麼「八百個做佛漢，覓一個道人難得」呢？這句話的含意，簡單的說，意指大部份學佛的人，都念著要「成佛做祖」；而真正「悟道」、「修道」的「道人」卻非常稀少。

什麼是「道人」呢？《金剛經》云：「實無有法，名為菩薩。是故佛說：『一切法，無我、無人、無眾生、無壽者。』」一切法空，無所謂的「佛」，無所謂的「法」，無所謂的「僧」，所以「不著佛求，不著法求，不著僧求」，亦不求「成佛做祖」，一切不著，是為「道人」，實則「道人」之名相亦空。

這是趙州禪師這句禪語的深意。

在修持方面，「道人」與一般的「做佛漢」，有什麼不同呢？

禪宗，一般稱為「教外別傳」。為什麼稱為「教外」呢？

這是有別於其他「諸惡莫作，眾善奉行」，規規矩矩、拳拳服膺於佛所說的言教道法而修行之教派的一個宗門；著重自我本心的醒覺，強調「明心見性」的修行核心。

一般所謂的「依教奉行」，是一種依從於外在權威、教條的「他律道德」；「明心見性」的修行，則是基於內在自我本心的醒覺、自我主體的確立─禪宗稱之為「主人公」─自體而來的「自律道德」。確認一切修持源於自我本心的要求，而非外在的戒律教條。所以六祖慧能說：「心地無非自性戒、心地無亂自性定，心地無礙自性慧。」強調的是自性如來之本心的啟發與開展。

從本心開展出來的一切修行，是由內在心靈生命自然生發的，所以是自我作主的、自動的、自發的、自然的、無為的、不造作的，與生命生活一體的；實相上，有修如同無修，無修而無不修，無為而無不為，故是「無念」、「無相」的。這就是「道」的本體，也就是佛法的真實義。

《金剛經》云：「所謂佛法，即非佛法，是名佛法。」《佛說四十二章經》言：「吾法念無念念、行無行行、言無言言、修無修修，會者近爾，迷者遠乎！言語道斷，非物所拘，差之毫釐，失之須臾。」

即是此義。

一般學佛修行的教徒，往往執著於佛所說的「言教」，未能思考佛陀因緣說法的用意，一味拘守教條，非常固執某一法理或戒律，成為盲目的依從，以為這樣就是「修行」，並冀望因此得福報、得解脫、或去極樂世界、或成佛作祖——這是不明「道法」、不解真實第一義諦的執迷。

唐朝的趙州禪師，當時有許多人慕名而來向他問法，因為見到佛教這種普遍的現象，於是他有感而發的說了這句話：

「八百個做佛漢，覓一個道人難得。」

趙州禪師此語，明確區別了「做佛漢」與「道人」之異，的確給許多有心學佛者一個很好的棒喝。

如果未能明心見性，悟道修道，則一切所修所為，無論如何勤苦精進，始終是在「道」的外圍打轉而已。

只有從「本心」出發，契於「道體」，才能開啟真實的智慧與真正的慈悲，才能明白「一即一切，一切即一」的真義，才能了知、相應相契於佛所開示的真正道法。

（民國九十七年九月寫）

附註：

趙州禪師：俗姓郝氏，唐曹州（今山東曹縣）郝鄉人。諱「從諗」（音「審」）。唐代宗大曆十三年生，昭宗乾寧四年圓寂（西元七七八年—西元八九七年）。住世一百二十歲。諡號「真際禪師」。

「臥輪有技倆，能斷百思想」公案釋疑

【問】

請問《六祖壇經》中，臥輪禪師的偈：「臥輪有技倆，能斷百思想，對境心不起，菩提日日長」，為何六祖聽了說：「此偈未明心地，若依而行之，是加繫縛」呢？

【答】

《六祖壇經》的這段原文為：

「有僧舉臥輪禪師偈云：『臥輪有技倆，能斷百思想，對境心不起，菩提日日長。』師聞之曰：『此偈未明心地，若依而行之，是加繫縛。』因示一偈曰：『慧能沒技倆，不斷百思想，對境心數起，菩提作麼長。』」（「作麼」即「這麼」之當時口語）

這的確是明心地（開悟）與否的問題，也是修行的進程問題。

基本上，法無對錯，只有契機（根器）與否。

對於尚未開悟的初學者，煩惱習氣深重的凡夫眾生，可能需要如神秀禪師所說的：「時時勤拂拭，莫使惹塵埃」，如臥輪禪師般努力的「用伎倆來斷百思想」。

蓋佛法八萬四千法門，如持戒、修禪、誦經、念佛、持咒等等，即所以用來對治百般思想（妄念）與八萬四千煩惱之「伎倆」也。這即是佛法慈悲的「方便法門」。

待以「伎倆」（方便法門）修到圓熟，戒行成就，定力深厚，到達「從心所欲不踰矩」之境，並且徹悟「菩提本無樹，明鏡亦非台；本來無一物，何處惹塵埃」之般若空法，頓然開悟而如如明見心地，此時了知「技倆」已不需要了。此時一切的喜怒哀樂、百般思想，皆無非是由心地中自然流露，無心機，無造作，自然「沒伎倆」；於一切世事，無為無不為；於一切道法，無修而無不修；修行，即是生命的一切，是生活的一切，故吃飯穿衣、挑水砍柴等，無一不是修行——到此境界，自然「菩提作麼長」了。

何以慧能認為若依臥輪之偈而行之，是加繫縛呢？蓋「伎倆」是依「意識」有心而為；「沒伎倆」則是「心地自然智慧」之呈現。佛陀講「菩薩四依止」，其中「依智不依識」，即是開示修行人要能「轉識成智」，轉意識為智慧。

對於一個已開悟（明心地）的修道者而言，一切自然無為，心無掛礙，依心地智慧而行；若還要用意識層面的「伎倆」來「斷百思想」，則如同一個已經能自然行走的人，卻還要扶著幼兒學步車蹣跚而行一般；又如同海闊天空的大鳥，還要回到「意識」的牢籠一般，自然是「更加繫縛」了。

六祖慧能開示的是大根器、上上利根（即開悟而戒行成熟者）之法，為破世俗修行「刻意有為」之「法執」而設。然非此根器者不能修也。故禪宗末流貪圖便利不事修行，遂流於「狂禪」也。

學人於佛法修行，知有先後進程與根器利鈍之別，如世間小學、中學、大學之階段。明於此理，則於此二偈之道法境界，即無有可爭辯者。

實則以實地修行而言，開悟者雖已明心見性，然凡夫習氣、無明煩惱尚在，如同日光雖現，仍不時有烏雲障蔽，故仍須依種種法門，如誦經念佛持咒等，漸次而修，方能臻於至善之境。故古德有偈云：

宴坐水月道場，
修行空花梵行，
降伏鏡裡魔軍，
大作夢中佛事。

亦即，雖悟知「諸法空相，如夢幻泡影」，仍不礙方便法門之修持；雖時時修持諸法門，亦時時觀諸法空相；雖悟「無為」，不礙「有為」；不落於「有為」，不失於「無為」，無為無不為，是為真修行、大修行也。此方是不落兩邊，空有不二，有為無為不二的「中道」，是為真正的道法也。能如此覺悟修行，斷不致為「伎倆」所束縛，亦不致有禪宗末流「狂禪」之弊也。

闡釋法理如上。當前之修學者只須問自己根器在哪裡，便知所依從了。

阿彌陀佛！

（民國一〇一年八月）

關於「六字大明咒」之持誦釋疑

【問】

欲向老師求教「六字大明咒」相關問題，並請問此咒應用什麼方式或在何種儀式下唸誦？又此咒是否能驅鬼除魔？

【答】

一、來信中用語：「六字箴言」，應為「六字真言」。「箴言」為「規箴之語」，如格言、座右銘之類；「真言」則指佛教之咒語。

二、「六字大明咒」原為梵語，中文音譯有多種，不必拘於譯法之用字，而取其音與唸誦之誠心為要。

三、「六字大明咒」出自佛經《佛說大乘莊嚴寶王經》，相關詳細內容可自行參閱經文。

四、依《佛說大乘莊嚴寶王經》中所說，「六字大明咒」為「觀自在菩薩微妙本心」，為「真言之王，一切本母」，具有無量不可盡說之功德與利益。唸誦之時，無量如來、大菩薩、諸天善神，皆來集會護祐，具大威力，能消除災障及貪嗔癡三毒，獲得無量不可思議功德利益。詳閱經中所說。

五、此咒修法，有特殊修法與普遍修法兩種。密教依其儀軌，有各種修持法，可查閱相關資料或就教密教上師。普遍修法則一般人不拘時地皆可唸誦，或出聲或默誦。唸誦重要在虔敬誠心專注，身口意業清淨；不拘遍數專心持誦，皆可獲得不可思議功德。

六、至於是否能驅惡鬼纏擾？實則一切眾生只要至誠稱唸「南無阿彌陀佛」、「南無觀世音菩薩」或此「六字大明咒」，皆可除魔，獲得福祐。又，人之所以遭逢惡鬼纏擾，必出於因緣果，故應於平時多多稱唸佛號或此大明咒，善修身口意，多做福德善行，以祈消災障、增福慧，如此方能遠離惡緣，獲致善緣，而得平安喜樂也。

阿彌陀佛！

【評論】

關於此問題，另有大德認為「凡經咒都不能驅鬼治邪」，以下為我持誦多年的體驗心得及看法。

宗教講「心誠則靈」，大德所言「凡經咒都不能驅鬼治邪」者，如果您有實際體驗，這句話可能就要重新考慮了。

若真如大德所言，那麼眾生該要如何「驅鬼治邪」呢？所有法師作法不也都誦經唸咒？若真如所言，佛經中所說的種種功德功效，豈不都成為佛的妄語？！

凡持誦經咒佛號，內則修心，外則辟邪。

所言「凡經咒都不能驅鬼治邪」者，若是得自您本身經驗，則可能出於幾種情況：第一，您沒遇過苦惱災厄的狀況；第二，所唸不誠，故無功效；第二，因果業報太重，所修不夠，故無功效。經咒佛號之持誦，如人飲水，冷暖自知。若未曾親自修持體驗，只是紙上談兵，徒事文字戲論而已！故請勿因無知而毀謗佛教經咒之利益與功德也！

若說因為持咒須迴向「有情眾生」，而邪魔亦屬「有情眾生」，故不能驅邪反招致之者，那是不明迴向之理與持咒之功所產生的錯解！

迴向者，非公式之語，端看持咒之人其心念如何？

平時持誦修持，固然是將經咒功德迴向有情眾生；然遇事時，自可為當下即時之自身利益、自我保護而持誦——這是佛菩薩經咒本身利益眾生之願力法力也。

持佛菩薩經咒之能驅魔者，因虔心持誦之當下，即感通諸佛菩薩善神等為持誦者護祐，故邪魔不能加害也。而邪魔亦因咒語之力，暫發善念，惡心頓息，故亦無能加害於人，此即是渡化邪魔也。凡此皆為佛經之所說。

明於以上迴向之理與持咒原理，加上自身虔修虔誦，自可深信佛經所言為不虛妄也。

阿彌陀佛！

（民國九十九年六月）

唸觀音聖號與六字大明咒功效有何不同

【答】

稱唸觀音聖號的功德，可以參閱《妙法蓮華經．觀世音菩薩普門品》；持誦六字大明咒的功德，可以參閱《佛說大乘莊嚴寶王經》，經中所述甚詳。總體說來，皆有消災障、增福慧的無量功德。

然而，經典所說，還要經過實地修持的體會，方為真實。在此分享個人體驗心得供參考：

一、不論是聖號還是咒語，稱念時的專注誠心最重要，心誠始有感應。

二、稱唸「觀音聖號」與「六字大明咒」，我的體驗是，平常生活上的煩惱，或是遇到人生困境等，因「觀世音」之名及含意，稱念「觀音聖號」較有感應。若是身體不適，或心中煩亂，欲修定心，唸「六字大明咒」較有感應與功效。

三、隨各人根器或因緣之不同，每個人的體驗與感應也會不同，也可只持聖號而修。初學者建議只修一種，以無分別心來修持，才能專注而心不亂也。

（民國九十六年八月）

佛說無分別心，何以別經咒之高下

【問】

請問：〈楞嚴咒〉有「咒中之王」之稱，而佛說平等無分別心，何以要分經咒的高下呢？

【答】

學人誦經持咒，須知佛陀說法，都是「應病予藥」，隨眾生根器而說。故每於經中稱許此經功德如何如何，如於《楞嚴經》中說《楞嚴》是「經中之王」；《妙法蓮華經》中亦稱本經為「經中之王」；而於《金剛經》中則稱說本經為「諸佛之母」……等等。凡此均為強調之語，強調此經的重要性及功德威神，並非比較高下之意。凡夫眾生以凡情測度聖意，故誤以為佛於經典有高下分別之意也。

此外，所謂「平等無分別心」者，乃是修道人之「心地」所持，非於世間萬法萬事之差異不分別也。如吾人識知世間事之差異，知有國王、大臣、人民等之位階差等；知辨別是非善惡之差異等。此等差異，並非吾人刻意有心「要」分別，乃於社會經驗中學習而識知者。而佛法中，亦有「菩薩十地」

及「聲聞四果」之位階等差。

可知「平等無分別心」與「分辨事物高低大小」乃不同層次之修為。前者是慈悲心之呈現，後者乃智慧之作用。佛經中有言，只有佛的一切種智，能「分別」法界萬法之差異，及一切眾生之種種根器、因緣果報等事。是故，「平等無分別心」，並非於萬事萬物「不知分辨差異」也。

（民國九十六年八月）

《地藏經》「閻浮眾生……足步深邃」解說

【問】

下面一段佛經請翻譯解說：

「閻浮眾生，舉心動念，無非是罪。脫獲善利，多退初心。若遇惡緣，念念增益。是等輩人，如履泥途，負於重石，漸困漸重，足步深邃。」

【答】

〔出處〕

此段經文出於《地藏菩薩本願經．利益存亡品第七》。

〔語譯解說〕

「閻浮提」世間（就是指我們這個世界）的眾生，心中所起的種種念頭想法，沒有一個不是跟罪業的因果有關。如果暫時解脫罪苦，獲得好的利益，也會因為快樂而懈怠、退失了原先求道的心志。那至於遇到不好的因緣，便會引發嗔怒、怨恨、沮喪等等負面心理，因而每一個念頭都更加重了罪業。這些人啊，就像是行走在泥地的道路上，又背負著很重的石頭，走得越來越辛苦，越來越沉重，走在泥地裡的步履，就更加陷得深而難以拔出來了。

（民國九十八年三月）

《無量壽經》「聞名欲往生」之解說

【問】

《佛說無量壽經》世尊曰：「其佛本願力，聞名欲往生，皆悉到彼國，自致不退轉。」請解其義。

【答】

〔原文〕

《佛說無量壽經》

爾時世尊而說頌曰：

「其佛本願力，聞名欲往生，皆悉到彼國，自致不退轉。」

〔語譯〕

這位阿彌陀佛，以祂最初發心修行的願力，凡眾生只要聽聞「阿彌陀佛」名號，就信受歡喜，發願往生極樂世界的，都一定會往生到祂的國土，自然達到不退轉第七地大菩薩的果位。

〔解說〕

一、偈頌與經文：

佛經裡面，常以經文為主，輔以「偈頌」，也就是一段經文教義說完之後，會以像詩歌一樣的「偈頌」，把前一段經文的意思簡要再說一遍。

所以，《佛說無量壽經》裡面，佛在說這段「偈頌」——「其佛本願力，聞名欲往生，皆悉到彼國，自致不退轉。」——之前，已經把意思講過了。前面之經文如下：

佛告阿難：「其有眾生，生彼國者，皆悉住於正定之聚。所以者何？彼佛國中，無諸邪聚，及不定聚。十方恆沙諸佛如來，皆共讚歎無量壽佛威神功德不可思議。諸有眾生，聞其名號，信心歡喜，乃至一念，至心迴向，願生彼國，即得往生，住不退轉。唯除五逆，誹謗正法。」

二、「其佛本願力」：

這裡的「佛」，指的是「阿彌陀佛」，又稱為「無量壽佛」。《佛說無量壽經》卷上，有述「阿彌陀佛」當初為「法藏比丘」時，在佛前發了四十八個大願，是為阿彌陀佛的本願。

三、「不退轉」：

「不退轉」，佛經中有的音譯為「阿毗跋致」、「阿惟越致」，即是菩薩十地果位中的第七地，又簡稱「不退」，謂所修功德善根不再退失。

菩薩第七地即是「遠行地」，其境界是：成就方便波羅蜜，發大悲心，已斷修惑，遠離二乘之自度，故謂之遠行地。

四、「其佛本願力，聞名欲往生，皆悉到彼國，自致不退轉」：

阿彌陀佛淨土經典與此相關的經文有如下數則，可與此偈相參：

《佛說阿彌陀經》：

「舍利弗，極樂國土，眾生生者，皆是阿鞞跋致，其中多有一生補處，其數甚多，非是算數所能知之，但可以無量無邊阿僧祇說。」

《佛說無量壽經》：

佛告阿難：「……諸有眾生，聞其名號，信心歡喜，乃至一念，至心迴向，願生彼國，即得往生，住不退轉。」

（四十八願第二十）「設我得佛，十方眾生，聞我名號，繫念我國，植諸德本，至心迴向，欲生我國，不果遂者，不取正覺。」

《佛說大乘無量壽莊嚴清淨平等覺經‧發大誓願第六》：

（十八、十念必生願）「我作佛時，十方眾生，聞我名號，至心信樂。所有善根，心心回向，願生我國。乃至十念，若不生者，不取正覺。唯除五逆，誹謗正法。」

解說如上。

（民國一百年十月）

世親「觀佛本願力，遇無空過者」解說

【問】

世親菩薩言：「觀佛本願力，遇無空過者，能令速滿足，功德大寶海。」請解其義。

【答】

〔原文〕

「觀佛本願力，遇無空過者，能令速滿足，功德大寶海。」

〔出處〕

此句出於〈無量壽經優婆提舍願生偈〉，又名〈往生論〉，為「世親」（婆藪槃頭）菩薩所作。〈往生論〉全文很長，為偈頌體。此為其中一小段。

「世親」菩薩，又作「天親」，梵名婆藪槃頭。北印度犍陀羅國人，約生於西元四、五世紀之間，相當佛後九百年，為古印度大乘佛教瑜伽行派創始人之一。後於龍樹菩薩約二年。

〔語譯〕

我們看看阿彌陀佛初發心修行時所發的大願力，他曾發願說，只要與我相遇的眾生，沒有一個會白白空過這個值遇的機緣的，我都能令眾生盡速滿足所願，以及圓滿修行功德的大寶藏之海。

〔解說〕

一、「觀佛本願力」：

此「佛」即「阿彌陀佛」。

「本願力」即是指《佛說無量壽經》中所述「阿彌陀佛」當初為「法藏比丘」時，在佛前發了四十八個大願。

二、「遇無空過者，能令速滿足，功德大寶海」：

所謂的「遇」，有親見，有聞名，有見像等。娑婆世界眾生，尚無緣「親見」，故是以「聞名」，及「見佛像」為主。

《佛說無量壽經》記述「阿彌陀佛」初發心的四十八個大願，其中有關「聞名」利益眾生的有：

（二十）「設我得佛，十方眾生，聞我名號，繫念我國，植諸德本，至心迴向，欲生我國，不果遂者，不取正覺。」

（三十四）設我得佛，十方無量不可思議諸佛世界眾生之類，聞我名字，不得菩薩無生法忍，諸深總持者，不取正覺。

（三十五）設我得佛，十方無量不可思議諸佛世界，其有女人，聞我名字，歡喜信樂，發菩提心，厭惡女身，壽終之後，復為女像者，不取正覺。

（三十六）設我得佛，十方無量不可思議諸佛世界諸菩薩眾，聞我名字，壽終之後，常修梵行，至成佛道。若不爾者，不取正覺。

（三十七）設我得佛，十方無量不可思議諸佛世界諸天人民，聞我名字，五體投地，稽首作禮，歡喜信樂，修菩薩行，諸天世人，莫不致敬。若不爾者，不取正覺。

（四十一）設我得佛，他方國土諸菩薩眾，聞我名字，至於得佛，諸根缺陋不具足者，不取正覺。

（四十二）設我得佛，他方國土諸菩薩眾，聞我名字，皆悉逮得清淨解脫三昧，住是三昧，一發意頃，供養無量不可思議諸佛世尊，而不失定意。若不爾者，不取正覺。

（四十三）設我得佛，他方國土諸菩薩眾，聞我名字，壽終之後，生尊貴家。若不爾者，不取正覺。

（四十四）設我得佛，他方國土諸菩薩眾，聞我名字，歡喜踴躍，修菩薩行，具足德本。若不爾者，不取正覺。

（四十五）設我得佛，他方國土諸菩薩眾，聞我名字，皆悉逮得普等三昧。住是三昧，至於成佛，常見無量不可思議一切諸佛。若不爾者，不取正覺。

（四十七）設我得佛，他方國土諸菩薩眾，聞我名字，不即得至不退轉者，不取正覺。

（四十八）設我得佛，他方國土諸菩薩眾，聞我名字，不即得至第一忍，第二第三法忍，於諸佛法不能即得不退轉者，不取正覺。

由以上諸大願觀之，可以深切瞭解：

「觀佛本願力，遇無空過者，能令速滿足，功德大寶海。」

之真實意義了。

解說如上。

（民國一百年十月）

《彌陀經》「善根因緣得生彼國」解說

【問】

《阿彌陀經》云：

「舍利弗！不可以少善根福德因緣得生彼國。舍利弗！若有善男子、善女人，聞說阿彌陀佛，執持名號，若一日、若二日、若三日、若四日、若五日、若六日、若七日，一心不亂。其人臨命終時，阿彌陀佛與諸聖眾現在其前。是人終時，心不顛倒，即得往生阿彌陀佛極樂國土。」

請問究竟要多少善根福德因緣，才得生彼國？

【答】

大德問：「究竟要多少善根福德因緣，才得生彼國？」

如果修行人要計算「自己」「有多少」「善根福德」，此即是一種「計較、計算的心機」，計著有「我」

故，有「善根福德」故。如同梁武帝問達摩，他蓋了幾百座佛寺，有多少功德，達摩回答「無有功德」。如能契悟：沒有一個「我」，以及「有多少」「善根福德」，亦無所謂「善根福德」，如如修行而無相、無念，無為而無不為，是為實相修行，如此方有「無量善根福德」，無量者，不可以數量計故。

《阿彌陀經》云：「不可以少善根福德因緣得生彼國。」則修行者當如何修善根福德？又該如何求「往生極樂世界」呢？此當以佛經為依據。

《佛說觀無量壽佛經》中所說的「凡生西方有九品人」，即是最具體的依據。詳見文後附錄。大體而言，以佛所說的「諸惡莫作，眾善奉行，自淨其意」，加上至誠發心稱念「阿彌陀佛」名號，迴向願生西方極樂世界，即得往生。

謹答如上。阿彌陀佛！

（民國一百年八月）

附錄：《佛說觀無量壽佛經》（節錄）

凡生西方有九品人。

上品上生者：若有眾生願生彼國者，發三種心即便往生。何等為三：一者至誠心，二者深心，三者迴向發願心。具三心者，必生彼國。復有三種眾生，當得往生。何等為三：一者慈心不殺，具諸戒行；二者讀誦大乘方等經典；三者修行六念，迴向發願生彼佛國。具此功德，一日乃至七日，即得往生。……是名上品上生者。

上品中生者：不必受持讀誦方等經典，善解義趣，於第一義，心不驚動，深信因果，不謗大乘。以此功德，迴向願求生極樂國。……是名上品中生者。

上品下生者：亦信因果，不謗大乘，但發無上道心，以此功德，迴向願求生極樂國。……是名上品下生者。……

中品上生者：若有眾生，受持五戒，持八戒齋，修行諸戒，不造五逆，無眾過惡。以此善根，迴向願求生於西方極樂世界。……是名中品上生者。

中品中生者：若有眾生，若一日一夜持八戒齋，若一日一夜持沙彌戒，若一日一夜持具足戒，威儀無缺。以此功德，迴向願求生極樂國。……是名中品中生者。

中品下生者：若有善男子、善女人，孝養父母，行世仁義。此人命欲終時，遇善知識，為其廣說阿彌陀佛國土樂事，亦說法藏比丘四十八大願。聞此事已，尋即命終。譬如壯士屈伸臂頃，即生西方極樂世界。……是名中品下生者。……

下品上生者：或有眾生，作眾惡業，雖不誹謗方等經典，如此愚人，多造惡法，無有慚愧。命欲終時，遇善知識，為說大乘十二部經首題名字，以聞如是諸經名故，除却千劫極重惡業。智者復教合掌叉手，稱南無阿彌陀佛。稱佛名故，除五十億劫生死之罪。爾時彼佛，即遣化佛、化觀世音、化大勢至，至行者前，讚言：『善哉！善男子！汝稱佛名故，諸罪消滅，我來迎汝。』……是名下品上生者。……

下品中生者：或有眾生，毀犯五戒、八戒及具足戒。如此愚人，偷僧祇物，盜現前僧物，不淨說法，無有慚愧，以諸惡業而自莊嚴。如此罪人，以惡業故，應墮地獄。命欲終時，地獄眾火，一時俱至。遇善知識，以大慈悲，即為讚說阿彌陀佛十力威德，廣讚彼佛光明神力，亦讚戒、定、慧、解脫、解脫知見。此人聞已，除八十億劫生死之罪，地獄猛火，化為涼風，吹諸天華，華上皆有化佛菩薩，迎接此人，如一念頃，即得往生七寶池中蓮花之內。……是名下品中生者。……

下品下生者：或有眾生，作不善業，五逆十惡，具諸不善。如此愚人，以惡業故，應墮惡道，經歷多劫，受苦無窮。如此愚人，臨命終時，遇善知識，種種安慰，為說妙法，教令念佛。彼人苦逼，不遑念佛。善友告言：汝若不能念彼佛者，應稱歸命無量壽佛，如是至心，令聲不絕，具足十念，稱南無阿彌陀佛。稱佛名故，於念念中，除八十億劫生死之罪。命終之時，見金蓮花，猶如日輪，住其人前，如一念頃，即得往生極樂世界。……是名下品下生者。

《華嚴經》善財「禮敬善知識」釋疑

【問】

末學遇一教友，說《華嚴經》善財童子五十三參，值遇其他佛菩薩善知識等，「只禮敬不讚嘆」，故吾人對於不同教派、法門之修持者，也當「只禮敬不讚嘆」，以避免互相毀謗批評。請問此方式態度妥當否？

【答】

《華嚴經》全名《大方廣佛華嚴經》，有三種版本：八十卷本、六十卷本、四十卷本，分別簡稱《八十華嚴》、《六十華嚴》、《四十華嚴》，都有「善財童子五十三參」的記載，大德可以親自查證經典原文，即可知所聽說之內容是否為實。

八十卷本的《大方廣佛華嚴經》，其中《普賢行願品》所開示之普賢菩薩十大行願，佛法奉為菩薩修行的典範。其第一大行願即是「禮敬諸佛」，第二是「稱讚如來」。學人當依此修學。

關於善財童子五十三參，據經文記載，善財童子每參訪一位大菩薩善知識，都非常恭敬歡喜讚歎，讚歎那位菩薩的大功德，然後恭敬的諮請佛法，絕無您所聽說的「只禮敬，不讚嘆」！

茲舉一段經文為例，即可證知。

《大方廣佛華嚴經》卷第六十八〈入法界品第三十九之九〉「善財童子參觀自在菩薩」一段記載：

「爾時善財童子……漸次遊行，至於彼山，處處求覓此大菩薩。見其西面巖谷之中，泉流縈映，樹林蓊欝，香草柔軟，右旋布地。觀自在菩薩，於金剛寶石上，結跏趺坐，無量菩薩，皆坐寶石，恭敬圍遶，而為宣說大慈悲法，令其攝受一切眾生。善財見已，歡喜踊躍，合掌諦觀，目不暫瞬，作如是念：『善知識者則是如來，善知識者一切法雲，善知識者諸功德藏，善知識者難可值遇，善知識者十力寶因，善知識者無盡智炬，善知識者福德根芽，善知識者一切智門，善知識者智海導師，善知識者至一切智助道之具。』便即往詣大菩薩所。」

此外，根據我所讀過的百餘部佛經，經中也絕無虔心求道修佛之行者，遇佛菩薩善知識「只禮敬不讚嘆」者。

若所言「只禮敬不讚嘆」者，是聽聞於教友，此乃為對於與自己所修不同之法門、派別之門戶心態，其或許未曾親自讀過《華嚴經》，僅以聽聞彷佛之說法來「支持」自己不如法的言行態度也。此種人云亦云之誤導，修學人當慎之！

自古宗教即有門戶之見。須知佛法八萬四千法門，為佛應眾生根器而說、而設，故只有隨緣隨根器之說法與應病之藥，而沒有優劣高下之別。

眾生學佛修行，亦應隨己所堪受之法門而修，不必強己以同人，亦不應強人以同己；於彼此所修之不同，應相互尊重，歡喜讚歎，為彼慶幸能聞法、能修持，助彼行道，此即「隨喜功德」也。

故不僅對於佛菩薩善知識，不應該「只禮敬不讚嘆」，對於任何具正知見、修持正法之道友同修，亦不應該「只禮敬不讚嘆」！這才是真正修行人之胸襟氣度也。若連此基本之修養也無，還談什麼修道呢？

修行人對於善知識之「禮敬、讚嘆」乃基本必修之功課。而不讚歎之禮敬乃是「虛禮」，是「世俗應酬客套」也。

又，大德自言不太讀得懂佛經，目前僅隨善知識修持淨土經典，《華嚴經》未曾讀過，僅是聽聞而來。

其實，修行人會「接觸」什麼經書，乃至「接受」什麼經典，也都各有其機緣。接受你能接受的，若機緣未到的，不必勉強。每部佛經都很殊勝，功德無量，一門深入，到得開悟，自然一心通萬法，一理徹萬理。

大德能作此問，很有求證求真之精神，如能親自讀經典，當更有收穫。望得聞正法，具正知見，得正道而善自修持，功德無量！

阿彌陀佛！

（民國九十八年九月）

《佛祖統紀．有朋法師傳》解說

【問】

《佛祖統紀．有朋法師傳》，有些令人不解，請釋其義。

【答】

《佛祖統紀．卷十五．有朋法師傳》

「湖人薛氏婦早喪不得脫，其家齋千僧誦金剛般若，請（朋）師演說經旨。婦憑語曰：『謝翁婆一卷經，今得解脫。』翁問：『千僧同誦，何言一卷？』答曰：『朋法師所誦者，蓋師誦時不接世語，兼解義為勝也。』」

〔內容解說〕

這是一段超渡亡靈的故事。

有朋法師是南宋時候的高僧。在浙江的南湖一帶弘法。當地有位薛姓人家的媳婦很早就過世了，亡靈在陰間不得解脫。於是他們家就辦了一場盛大的超渡法會，供養一千位出家師父來誦《金剛般若波羅蜜經》，並請有朋法師講說《金剛般若波羅蜜經》的要旨。後來媳婦的亡靈說：「感謝公婆為我請誦一卷經，我現在得解脫了。」公公問：「一千位師父一起誦經，應該有千卷迴向，怎會說只有一卷呢？」媳婦的亡靈回答說：「我只收到有朋法師所誦的，因為有朋法師誦經時，心無雜念，專注得沒有受到世俗人語的擾亂，同時又能夠解說佛經中殊勝的妙理，所以我很歡喜的解脫了。」

〔疑問解析〕

一、公公認為請千位僧人同時誦經，應有千卷迴向，但是被超渡的媳婦亡靈卻說只得一卷。為什麼？

答：

活人在世，對於外界，唯靠感官知覺，總是以眼所見到、耳所聽到的為依憑。所以會認為「千位僧人同時誦經，應有千卷迴向」——眼見千僧，耳聽千聲，聲勢排場很大，這只是自我安慰而已。

亡靈，乃至靈界，無眼無耳，接收訊息，只能靠心靈念力。

故而，千僧千聲的聲勢排場，若只有口誦而心不誦，是沒有半點功德作用的，因此靈界是收不到的。

二、「朋法師所誦者，蓋師誦時不接世語，兼解義為勝也。」這句話是什麼意思？

答：

如前面的解說，媳婦的亡靈回答說：「我只收到有朋法師所誦的，因為有朋法師誦經時，心無雜念，專注得沒有受到世俗人語的擾亂，同時又能夠解說佛經中殊勝的妙理，所以我很歡喜的解脫了。」「不接世語」，在這裡，「接」是「收、受」的意思。故「不接世語」的意思就是：其心清淨專注得連旁邊的人聲雜語都沒聽到（沒有接收到），心中只有所誦的經。

〔結語〕

這個事例告訴我們，誦經念佛，不在於外在形式，不在於有聲有形的多少遍；唯有至心專注，一心不亂，才有真實功德，才能對外成為感通法界的念力，對內真正消除自己的業障、增進福慧道業。

（民國一百年八月）

弘一大師圓寂手書解說

【答】

〔原文〕

君子之交，其淡如水，執象而求，咫呎千里。問余何適，廓爾忘言，華枝春滿，天心月圓。

〔字義注解〕

（一）執「象」：「象」，表面可見的具象。

（二）咫呎千里：咫呎，喻近處；千里，喻遠處。此句是說，即使近在咫尺，也好像遠隔千里。

（三）問余何「適」：「適」，往也，前往，前去。

（四）「廓」爾忘言：「廓」，廣大空虛之貌。

〔內容解說〕

這首弘一大師圓寂前所寫的詩偈，歷來像霧裡看花一般，朦朧得很美，卻難以得確解。有人說，這是給弟子的詩偈；有人說，這是給友人的。

要探討這首詩偈，應從兩個關鍵來看：

第一、這是高僧的作品。

第二、這是圓寂前所作。

這首詩偈，是分四個段落來說的：

（一）「君子之交，其淡如水」

基於第一點，高僧將要圓寂，為什麼要說這個一般世間法的話呢？給弟子，說不通；給友人，大師道行灑落，沒有掛礙，不需要特別在圓寂前如此交代。

我讀過《弘一大師傳》（陳慧劍著），書中除了弘一大師這個主角之外，還有一個重要的人物，就是弘一法師的至友夏丏尊先生。夏丏尊先生在弘一法師出家前就是學校的教書同事，兩人住同一間宿舍，感情非常要好。弘一法師出家後，夏丏尊先生也做了弘一法師的第一護法，給他非常多的支持與幫助。這份友誼是非比尋常的。但弘一法師是出家人，對於世情，顯然是超脫的，而夏丏尊則比較重感情。所以，我想，圓寂前的這句「君子之交，其淡如水」，應該是給夏丏尊或好友的遺言。

（二）「執象而求，咫呎千里」

這是基本佛理，應該是給一般眾生—包括弟子與友人—的說法。這句是說，「凡世間事，若執著於表象，而不能體悟萬法本空的真理，進入到事物的實相中，那麼，近在咫尺的真理真道，也會遠如千里之遙的。」

（三）「問余何適？廓爾忘言」

這是將要圓寂的告別。是說，「現在我的人生即將終了，問我將要何往呢？我內心灑然空闊，心無一物，連言語也忘了，又如何說我要去哪裡呢？」

一般修持者都是唸「阿彌陀佛」求往生「極樂世界」，現在大師連「佛」也忘了、「淨土」也忘了，真正是心如虛空，而言語道斷啊！

（四）「花枝春滿，天心月圓」

這是大師自表道行心境。前面「問余何適？廓爾忘言」那麼，「勉強要說的話，我現在的心境，就如同那洋溢著春天氣息的時節，花兒都開了滿枝一般清新、充沛、圓滿、喜樂；又如同那十五月圓之時，皓月當空高掛天心，那般的圓滿、皎潔、柔和、光明啊！」

（民國九十八年三月）

龍樹菩薩之「至心歸命禮」釋義

【問】

龍樹菩薩所著之〈十二禮文〉中「南無至心歸命禮西方阿彌陀佛」之「至心歸命禮」，其涵義為何?請簡要解說之。

【答】

「至心」：就是全心全意，完全至誠。

「歸命」：就是將自己的心志與人生一切際遇，完全歸依交給佛菩薩。

此「命」包含：肉體身命，與心靈慧命，即身、心、靈、生活、人生道路，與際遇命運等，亦即人生的一切。

如淨空法師曾說：「把自己交給佛菩薩，那就不用煩惱了。」

這就是「歸命」之意。

整體來說，「至心歸命禮」，就是全心全意，完全至誠，將自己的心志與人生一切，完全歸依交給佛菩薩，用這樣的心來禮拜諸佛菩薩。

（民國一百年十月）

《華嚴經》有哪些版本？有無注音本？

【問】

請問《華嚴經》是否有課誦的注音本？

【答】

《華嚴經》全稱《大方廣佛華嚴經》。一般通行本，有八十卷、六十卷，與四十卷的，分別簡稱為《八十華嚴》、《六十華嚴》、與《四十華嚴》，依版本印刷至少有四大冊。

《華嚴經》全本因為卷帙龐大，一般作為佛理的研究，少有用來課誦，故未見注音本子。

常見的課誦本子，是《華嚴經普賢行願品》的單行本，或《華嚴經普賢行願品、淨行品、梵行品》合刊的單行本，經摺裝，有注音，課誦一遍約需二十分鐘到四十分鐘，適合一般做課的時間。大德要課誦的注音本，應該向指導的師父問清楚是前述中哪一種本子？若要全本課誦，恐怕不易！

（民國九十七年八月）

佛教的因地與果地是什麼？

【答】

問題簡說如下。

〔因地〕

修行人於凡夫地初發菩提心，未入「菩薩地」者，都稱為「因地」。

修行人初發「阿耨多羅三藐三菩提心」，即「無上正等覺心」，即是種了菩提之因（種子），故此階段之修行稱為「因地」。

〔果地〕

佛教修行分為大乘、小乘，詳分有三乘：菩薩乘、聲聞乘、緣覺乘。果地即是大小乘修行聖者的位階。

一、佛教最高果地是「佛」

佛教最高果地是「成佛」。簡要來說，就是斷一切無明，成就一切種智，自覺、覺他，覺行圓滿，稱為佛陀。具足十號：「如來、應供、正遍知、明行足、善逝、世間解、無上士、調御丈夫、天人師、佛世尊」。因為具足十號之德，為世尊崇，故總稱「世尊」。

二、菩薩乘果地為「菩薩十地」

大乘菩薩的位階，分為十等，稱為菩薩十地，從初地到最高十地，分別是：初地歡喜地、第二地離垢地、第三地發光地、第四地燄慧地、第五地極難勝地、第六地現前地、第七地遠行地、第八地不動地、第九地善慧地、第十地法雲地。（詳見《大方廣佛華嚴經》）

三、聲聞乘果地為「聲聞四果」

聲聞乘的位階，分為四果，由最高而下，分別是：阿羅漢果、阿那含果、斯陀含果、須陀洹果。

四、緣覺乘果地為「辟支佛」。

〔簡說大乘菩薩十地〕

根據《佛學大辭典》，簡介菩薩十地的功德成就如下：

此是華嚴仁王等諸大乘經所明大乘菩薩之十地也。

一、**歡喜地**：為菩薩既滿初阿僧祇劫之行，初得聖性，破見惑，證二空理，生大歡喜，故名歡喜地。菩薩於此位，成就檀（布施）波羅蜜。

二、**離垢地**：成就戒波羅蜜。斷修惑，除毀犯之垢，使身清淨，故云離垢地。

三、**發光地**：成就忍辱波羅蜜，斷修惑，得諦察法忍，智慧顯發，故云發光地。

四、**燄慧地**：成就精進波羅蜜，斷修惑，使慧性熾盛，故云燄慧地。

五、**極難勝地**：成就禪定波羅蜜，斷修惑，真俗二智之行相互違者，使之合而相應，故云極難勝地。

六、**現前地**：成就慧（般若）波羅蜜，斷修惑，發最勝智，使現前無染淨之差別，故云現前地。

七、**遠行地**：成就方便波羅蜜，發大悲心，亦斷修惑，遠離二乘之自度，故云遠行地。此位即終第二阿僧祇劫之行。

八、**不動地**：成就願波羅蜜，斷修惑，作無相觀，任運無功用相續，故云不動地。

九、**善慧地**：成就力波羅蜜，斷修惑，具足十力，於一切處知可度不可度，能說法，故云善慧地。

十、**法雲地**：成就智波羅蜜，亦斷修惑，具足無邊功德，出生無邊功德水，如大雲覆虛空出清淨之眾水，故雲法雲地。

補充說明：在佛經中經常提到的「不退轉地」，即是菩薩「第七地」，有的音譯為「阿毗跋致」、「阿惟越致」，又簡稱「不退」，謂所修功德善根不再退失。

此外，菩薩最高位階第十地「法雲地」，即是佛經中經常提到的「等覺菩薩」或「一生補處」。所謂「一生補處」，就是菩薩經過這最後一生就可以補佛位處，所以稱為「一生補處」。如現居於兜率天的彌勒菩薩，就是一生補處菩薩。

（民國九十八年九月）

真的有「他心通」嗎？

【問】

末學認識一個朋友，居然可以與我心電感應，就是我心裡想什麼事情，他都聽得到，且能準確的說出我心裡的事情。反覆測試許多次都很準。請問老師，真的有「他心通」這回事嗎？還是是不明靈體暫降？亦或真有所謂的特異功能？還是因為頻率磁場的關係？

【答】

世界無奇不有，特異功能其實也不稀奇，目前科學無法證實的，也不能否定它的存在。

任何生物都能感應。花草能感應對待它的人的心意；動物能感應飼主對牠的好壞，這在科學界都有證明的案例。為何唯獨人類對此非常好奇，不是執著其中，就是排斥為荒誕無稽，再不就是既好奇又害怕。

人的意識有顯意識與潛意識。平常生活應對是顯意識活動；睡眠或被催眠，或意識模糊時，就是潛意識活動的時候。

潛意識活動有的是屬於自己的過去經驗，有的的確能與「另一個世界」相通。也有一些前世有修行的人，雖然這世還沒修，但他的心靈感應比較強，所以也能感應到外界的事情。另外也有可能是他靈來附。

總之，這種現象，原因可能很多。但「他心通」是有的，有的人在電話響的時候，就能知道是誰打來的。

「他心通」其實不是什麼不得了的特異功能，在清淨的佛性中本即有之，只是眾生被無明妄想、塵勞枷鎖蒙蔽了本心，必須透過修行，才能恢復本有的智慧覺力。而人類又因為過於重視物質文明，忽視靈體能量的開發，才將某些「超能力」視為怪異，而懷著莫名的驚駭。

以平常心看待，不執迷，不排斥，尊重一份目前科學力尚未逮的現象，是最正確的態度。

（民國九十六年八月）

咒語讀到不會唸的罕見字該怎麼辦？

【答】

佛經咒語原來都是梵文，古時翻譯，都是找音相近的中文來翻。所以，後人讀誦咒語，除非學過梵文發音，否則一般人持誦不需要唸成中文的標準讀音，大體掌握相似音即可。佛經或咒語之字的唸法，有時候也與我們國語的唸法不同。例如「南無」唸「拿摩」；「般若」唸「玻惹」，都是翻譯音差所用的相似音而已，不必太執著。若不知道該怎麼唸，建議找有注音的本子來讀，讀音差不多就可以了。持咒最重要的是誠心，不必太介意讀音標準與否。

南懷瑾先生在其《觀音菩薩與觀音法門》書裡，講述了一個故事：

說有一個住在中國西南偏僻山裡頭的獨居老太太，因為悲歎自己一生不幸的遭遇，就很虔誠的持誦人家教她的六字大明咒，結果她把「唵嘛呢叭咪吽」的最後一個字「吽」，唸成了「牛」，如此一字之差，就虔誠唸了三十年。

有一天，一位喇嘛經過此地，遠遠看到荒山裡頭一個小茅蓬，四週大放光明，心想裡頭必然住著得道高人，就前去拜訪。來到一看，原來就是這位看來平凡的老太太。一問之下，糾正了老太太六字大明咒的唸法，說她唸錯了，應該是「唵嘛呢叭咪『吽』」才對。老太太聽了，嚇了一大跳，原來自己虔誠唸了三十年，竟然唸錯了。於是就照著喇嘛教她的正確唸法來唸。

喇嘛離開之後，回頭看那間茅蓬，卻不見原來放光的景象，才知道自己錯了，不該「糾正」她的。於是又回到老太太那裡，告訴她按照原先的唸法唸就好了。老太太很歡喜的就繼續她原先三十年的虔誠修持。於是她住的小茅蓬又繼續放光了。

這個故事的重要意義，在說明，唸誦咒語，不必太在意「發音」是否「標準」，而貴在真心信奉與虔敬的修持，必定有大功德也。

阿彌陀佛！

（民國九十八年四月）

法號「妙禪」與「妙安」的涵義

【答】

在佛法中，「妙」這字，代表一種很殊勝的意思。例如「無上甚深微妙法」、《妙法蓮華經》等；《觀世音菩薩普門品》中，有「妙音觀世音」的句子；還有，文殊師利菩薩又稱爲「妙吉祥菩薩」。所以「妙」是一個很美好、很殊勝的意思。「妙」也有深奧的意思，譬如「玄妙」。這是「妙」的涵義。

「禪」有「禪定」的意思，就是「靜慮」，指雜念不生，內心清淨安定。此外，禪宗所謂的「禪」，是一種內心清淨，妙悅安樂的境界。

所以「妙禪」兩字，就是指「勝妙安定的清淨心」。

法號「妙安」又有什麼涵義呢？「妙」字前面解說過了。至於「安」，就是「安樂」、「平安」的意思。所以「妙安」就是心靈上「勝妙安樂」之意。

（民國九十七年七月）

究竟有無因果？因果從何而來？

【問】

請問為什麼要有因果？究竟有無因果？請不要以佛經及既有的佛教文章回答。

【答】

「因果」不是「為什麼」要有或沒有的問題。

不是「為什麼」，也不是誰「發明」、「規定」、「要不要」有的問題。

這是宇宙自然的法則，不是人為的定律！

先不說世人難知的「三世因果」，以世間事來講，譬如你發心做一件事，這就是「因」；目標正確，方法得宜，加上努力，還有良好的人際關係等等眾「緣」，就會獲得好的成效之「果」。「因」、「緣」、「果」，形成世間萬事萬物。

這是簡單易懂的。而人生問題複雜，「因」「緣」也複雜，「果」就有無數面貌的呈現了。這無數的事情，都記憶到我們的心意識中，進入靈魂，就會帶進下一世成為下一世的「因」，影響下一世的種種，成為下一世的「果」。這就是「因果」。

（民國九十七年七月）

自稱境界以及「我見」的問題解說

【問】

請教：以下是我個人的看法意見，也就是「我見我執」，或說是「妄念」，不知是否正確？

末學認為（我見）：以禪宗而言，若修學人說自己開悟了，那人肯定沒開悟；若說自己明心見性了，那人肯定沒明心見性。以淨土宗而言，若修學人說自己決定往生，那這個人肯定往生。以上之「我見」，請問是否正確？

【答】

一、就所問內容而言

一個人自稱開悟了，事實上恐怕未必；但「往生」是一定會「往生」的！只要是含靈生命，有生必有死，遲早都會「往生」，只是「往生」去哪兒的問題！未必如淨土宗所認定的「往生西方極樂世界」的「往生」。

大德言：「若修學人說自己決定往生，那這個人肯定往生。」試問，還沒「往生」，誰能證明呢？真正清楚了知自己能「往生西方極樂世界」的修行人，他也不會自說，而是到時讓事實來證明。真正了知自己能「往生西方極樂世界」的修行人，對他而言，不是「往生」，而是「歸家」。

二、就所謂的「我見我執」而言

佛教術語說的「我見我執」，不是「我的看法意見」之意，而是指一種有「我」的「意識」。

譬如大德言：「若修學人說自己開悟了，那人肯定沒開悟。」為什麼呢？因為「說自己開悟了」這個思惟意念本身，是建立在有「我」的意識前提之下的。如果修行人行事思惟是建立在有「我」的意識前提之下，那就是沒開悟。開悟者，悟諸法空相，故無有我相，也就是沒有一個「我」的「意識」；一切都是源自「本心」的發用，而非有「我」的「意識」。

故大德所言：「我個人的看法意見」，與「我見我執」是不同層面的語言用法的。

【問】

前面老師解釋：「佛教術語說的『我見我執』，不是『我的看法意見』之意，而是指一種有『我』的『意識』。」

請問：「我的看法意見」不是建立在有「我」的「意識」之基礎上嗎？

【答】

一、「我見」進一步解釋

佛教的「我見」是一種特別的術語，不是一般「我的意見看法」的意思。

佛教說的「我見」，是存在於第七識「末那識」裡（前六識分別為：眼耳鼻舌身意識），是眾生一切身心行為的根源意識。

吾人平常生活中的「知見」，是屬於第六識的「意識」，也就是「顯意識」，或稱「現識」。所以前面大德所說「我的看法意見」此語，並不是「我見」，而是一種「知見」，是屬於第六識的「意識」。

此句是一種「語言用法」，作為敘述的開場語。

「我見」進一步解釋：

《唯識論》四曰：「我見者，謂我執，於非我法，妄計為我，故名我見。」

「我見」又稱為「身見」，又名「我執」。是佛教術語。

佛教基於「緣起」觀，認為宇宙萬事萬物，皆為「眾緣和合」所成，沒有一個所謂的「主宰」。又認為「緣起性空」，萬法雖為因緣和合所生，然是「假有」，是「無常」而「暫有」的，其本質與本性是空的，故是「緣起性空」。

基於此，故知一切眾生的形軀與精神界，也都是「因緣」所生之法，本非有實體存在，故是「無我」的。

但眾生因為「無明」蔽覆，遂在此「非我」「無我」之法之上，妄執為「我」，將四大五蘊假合（暫合）之身心，視為恆常之「有」，故稱為「我見」，此即是一種有「我」的意識。眾生因此「我見」而致輪迴流轉。如能悟諸法空相，而知「無我」，即開悟入道也。

二、「我的看法意見」是根源於「我見」

大德又問：「我的看法意見」是否屬於「我見」所涵蓋？

如前述，「我見」是存在於第七識「末那識」裡，是眾生一切身心行為的根源意識，由此產生前六識：眼識、耳識、鼻識、舌識、身識、意識。「我的看法意見」，是一種「知見」，即是屬於第六識的「意識」，故可說根源於「我見」中。二者不同層次，不能用「涵蓋」一詞。這個邏輯要弄清楚。

以佛教觀點，進一步甚至可說，世間萬法都是根源於「我見」，因為一切都是眾生的無明妄想所成，所謂「萬法由心造」。

乃至一切念佛修道種種法事，都是源於「我見」。有「我」故，才有修行。

乃至希求念佛往生極樂世界，也是「我見」；因為，有「我」才有所謂的「往生」，無「我」，則無「往生」也。

故古德有偈曰：

「宴坐水月道場，修行空花萬行，降伏鏡裡魔軍，大作夢中佛事。」

以真諦說，世間萬法都是「我見」所幻化。

以世諦說，則有萬法與種種層次的不同可說也。

解說如上。阿彌陀佛！

（民國一百年八月）

《大智度論》「佛難值遇」解說

【答】

〔原文〕

《大智度論》㈠卷第九：

佛言：「一事難值，是佛世尊。」又言：「九十一劫，三劫有佛，餘劫皆空無佛，甚可憐愍。佛為此重罪不種見佛善根人，說言佛世難值，如優曇波羅樹華㈡，時時一有。如是罪人，輪轉三惡道，或在人天中，佛出世時，其人不見。如說舍衛城㈢中九億家：三億家眼見佛，三億家耳聞有佛而眼不見，三億家不聞、不見。佛在舍衛二十五年，而此眾生不聞、不見，何況遠者？」

復次，佛與阿難入舍衛城乞食，是時有一貧老母立在道頭。阿難白佛：「此人可愍，佛應當度！」佛語阿難：「是無因緣！」阿難言：「佛往近之，此人見佛相好㊃光明，發歡喜心，為作因緣。」佛往近之，迴身背佛；佛從四邊往，便四向背佛，仰面上向；佛從上來，低頭下向；佛從地出，兩手覆眼不肯視佛。佛語阿難：「復欲作何因緣？有如是人，無度因緣，不得見佛。」以是故佛言：「阿難！佛難得值，如優曇波羅樹華。譬如水雨雖多，處處易得，餓鬼常渴，不能得飲。」

〔註釋〕

㊀《大智度論》：為西元三世紀時印度的龍樹論釋佛陀所說《摩訶般若波羅蜜經》之作。原《摩訶般若波羅蜜經》三十卷，《大智度論》論述其義，長達一百卷。內容闡述經義，析論般若理論，多引用其他佛經故事來解說。

㊁優曇波羅樹華：又譯作「優曇鉢羅華」、「優曇鉢華」、「優曇華」。「華」即是「花」。為無花果類，產於喜馬拉雅山及印度德干高原。傳說三千年才開花一次，要佛的出世才會出現。所以用來比喻希有難得而短暫易消逝，故有「曇花一現」的成語。

㊂舍衛城：古印度北方拘薩羅國的都城，為佛教著名祇園精舍所在地，釋迦牟尼佛有很長的時間在此說法。為佛教聖地之一。

㊃相好：指佛的三十二種「相」，八十種「好」。

〔大意〕

這段大意是說：

佛很難遇到，所以要珍視見佛聞法的因緣。

佛出現世間，如同曇花一現稀有短暫，沒有福德善根的人，是無法值遇到佛的，就算佛出現在你面前，想要渡化你，你不願意見佛，佛也沒辦法。

〔白話翻譯〕

佛說：「有一件殊勝的大事是很難遇到的，就是值遇佛陀世尊。」

又說：「在九十一劫這麼長久的宇宙時間裡面，其中只有三劫會有佛在世，其他八十八劫都沒有佛，所以眾生真是值得憐愍。佛因為這些身負重罪而過去生中沒有種下『能遇見佛』這樣的善根的人，而說佛出現世間很難值遇，如同優曇波羅樹的花，很久的時間才會開放一次。這些有罪的人，輪迴流轉於三惡道，就算能在人道與天道中，佛出世時，他也不能見到。就拿舍衛城中九億人家來說吧：其中有三億家能親眼見到佛，而三億家只有耳聞知道有佛卻無法親眼看見；更有三億家連聽都沒聽過，見都沒見過。佛陀就在舍衛城說法二十五年，而有這麼些眾生不聞、不見，何況是遠地的呢？」

接下來舉個例子：有一天，佛和弟子阿難進入舍衛城乞食。此時有一位貧窮的老婦人站在道路頭。阿難稟告佛陀：「這個人很可憐，佛應該去渡她！」佛告訴阿難：「這個人沒有渡化的因緣！」阿難說：「佛過去親近她，這個人見到佛莊嚴殊勝的相好光明，便會發歡喜心，這樣就可以為她作渡化的因緣。」佛於是走過去親近她，她卻轉身背對著佛；佛從四個方向走向她，她便四向背對佛而抬頭往上看；佛從上方下來，她就低頭往下；佛從地下出來，她就兩手搗著眼睛不肯看佛。佛告訴阿難：「像這樣還要作什麼渡化的因緣呢？看看就是有這樣的人，沒有渡化的因緣，無法見到佛啊！」所以佛說：「阿難！佛難得值遇，如同優曇波羅樹華。又譬如水雨雖然很多，處處容易得到，但餓鬼道眾生因為罪業報應而經常患渴，也不能喝到水呀。」

（民國一〇一年四月）

佛法修行篇

「修道」與「修法」的區別

〔問〕

末學最近親近道場發現，修道與修法是兩回事，但不清楚其義，請老師分別解說之？此二者又有何不同呢？

〔答〕

基本來講，「道」只有一個；「法」有八萬四千。

一、「道」的涵義

所謂「言語道斷」，「道」本不可稱說，無法以言語來描述。《老子》所謂：「道可道，非常道」，即是此意。所以勉強稱之為「道」。

儒家經典《大學》說：「大學之道，在明明德。」；《中庸》說：「天命之謂性，率性之謂道，修道之謂教。」

儒釋道各有所指的「道」，或者用「明德」、「天命之性」、「良知」來說；或者用「佛性」、「如來藏」、「法身」來說；或者用「根」、「自然」、「無為」來說。

這些都是對於「道」的不同層面與角度的「權說用語」。而「道」只是「一」。

二、「法」的涵義

「法」即是「修道」之「方法」、「法門」。佛教所說的「法門八萬四千」，即是有許許多多的修道方法之意。而因不同法門衍生的門派就非常多，例如淨土宗、禪宗、唯識宗、華嚴宗……，還有藏傳佛教，以及其他各種教派等等。各教派內，又有種種為達各種不同目的與程度的修練方法，譬如靜坐數息、觀想某形象、持咒語、結手印、種種儀軌等；此外還有「念佛」、「止觀」、「不淨觀」……等常見之法門，不可勝數，功能各不相同。是為「法」的涵義。

三、「修道」的涵義

「修道」的涵義，各家「說法」雖不一致，要在去除人內心中種種毛病、習氣、煩惱、垢穢，以合於「道體」的目的，則是相同的。儒家說「復性」、「成聖賢」；道家說「歸根」、「法自然」，而以「至人」為最高境界；佛法講「消三障、離苦厄、成菩提」——簡言之，就是心性的修持與道德的實踐，以期恢復本來純淨澄明的本心，而合於真理真道。這就是「修道」的目的。

四、「修法」的涵義

「修法」則對應於各種心靈苦惱或需要，或希望達到什麼功能法力，而有的修練途徑。因每個人的根機不同，所以需要修練的法門方式也不同，「修法」以達到該項目標為目的。

五、「修道」與「修法」的區別

「修道」與「修法」有時在事相行為上並無不同，「修法」可通於「修道」，也可以僅止於「修法」本身的目的。例如修習「靜坐」，可以是為心性而修，也可以是為了某種功能目的而修。為心性而修的，即是「修道」；為了某種功能目的而修的，即是「修法」，或稱「修練」。

具體來說，「修道」是「理念性」的奉持與實踐——奉持並實踐某種或某些「宗教理念」與「道德法則」，作為自己「心性修持，恢復本來純淨澄明本心」，以合於真理真道的目的，稱為「修道」。

例如儒家的「誠意正心」、「智仁勇」、「忠孝仁愛」……等；道家的「清靜無為」、「至柔」、「不爭」等；佛法的「五戒」、「十善」、「八正道」、「三十七道品」、「慈悲喜捨四無量心」、「布施、持戒、忍辱、精進、禪定、般若六波羅蜜」……等等之實踐——是為「修道」的「理念奉持」。

「修法」則是「功能性」的「反覆練習」，以達於修練該「法」的目的。可以是短期的，從數日到百日不等；也有的是長期的修持。

例如念佛法門依據《阿彌陀經》所說，「持阿彌陀佛名號，一至七日稱念不斷至一心不亂」；或《大悲心陀羅尼經》中說的種種持誦大悲咒與配合的相關儀軌等，都是一種「修法」。

正當正確的「修法」，能夠通達於「道」；不正當不正確的「修法」（修練），則可能有害而入於邪。

六、不執著於名相

當然，名詞的定義並不是一個蘿蔔一個坑那樣限定，有時也要看各道場或師父說話當時的意涵指涉為何。因為大部份的人，使用語詞是不太精確的，所以也不必太執著。自己在修行上釐清目標與方法即可。

阿彌陀佛！

（民國九十七年七月）

「佛教」、「佛學」與「佛法」的區別

〔緣起〕

有一位網友閱讀了我的說禪文章後回應說，佛教的一些理論，讓他很困擾；讀了我的禪法解說而頓然了悟，不再困惑，因此很感謝我。下面是我的回覆。

〔回覆〕

一般將佛教的性質分為「佛教」、「佛學」與「佛法」三個面向。「佛教」重在神佛信仰與祈願的宗教形式；「佛學」偏重哲學理論的研究；「佛法」則是一種教育，是宇宙人生真理的教育，是生命究極的教育，是心靈安頓的教育。

信仰並追隨以消災祈福超薦為主的「宗教」，不屬於「修行」層面，也難獲得心靈的解脫自在；研究深奧的佛學理論，在玄學裡面鑽研，在各派理論中爭執，得到的只是「世間學問」，也很難超脫苦惱輪迴。

只有把佛陀的教育拿來實踐，修習「佛法」，哪怕只是一句佛語，能徹底實踐，而使自己真正的解脫苦惱，得歡喜自在，才是真正的「修行」，也才是佛陀教育的本懷。

所以，學佛人要自己先釐清方向與方法，才不會困惑。

我自開始學佛，就很清楚自己的方向：

我不是純宗教性質的「佛教徒」，也對於「佛學理論」的「學術研究」沒有興趣——雖然我自己是研究中國哲學的，並且也深入佛教經藏，讀過百餘部佛經。

我是「佛法修行者」——

以修行大智慧為終極目標，將佛陀教育的真理，貫徹在自己生命與生活中，時時都是修行，無修無不修，無為無不為。

二十年一路行來，雖然無師無友，獨力修行，但沒有困惑，方向始終清楚，步伐依然堅定。

所以，佛友們應該深思：「佛教」、「佛學」與「佛法」，您清楚自己修行的方向嗎？

阿彌陀佛！

（民國一〇一年四月）

初學佛者修學之要

〔問〕

請問初學佛者該如何修行才能更精進？

〔答〕

一、把握學佛之初念發心

首先恭喜您能夠覺知自己心靈的需要，認識佛法的可貴而踏入佛門修行。佛經中常讚歎發心修行者有無量功德！

學佛，每個人根器不同，因緣不同，法門八萬四千，不同的師父又有不同的說法，該如何著手修行呢？

學佛，每個人最初的動機，不盡相同。所以，您當深切自問，學佛的初念是什麼，把握住此初念發心，來尋找「適合自己」的方式修行，才不會迷失在人云亦云的諸多道法中。

二、學佛的「入世」與「出世」

許多學佛者，對於佛法，總是會先想到「出世法」，或是受出家師父的影響，以為學佛就是要放下一切俗事，像出家人一樣，專門念佛誦經。

在現實中，能否如此，則要看每個人的因緣。不同因緣，有不同的修行方式。真正的道法，是不分入世與出世的。

六祖慧能說：「佛法在世間，不離世間覺。」古代大德也說：「盡得世間法，乃能論出世。」都是在強調，入世與出世是同一件事情。入世出世不二。

何謂「出世法」？「心不執迷」即是「出世法」。

何謂「世俗法」？我執，法執，情執，執著煩惱，就是「世俗法」。

六祖慧能說：「凡夫即佛，煩惱即菩提。前念迷，即凡夫；後念悟，即佛。前念著境，即煩惱；後念離境，即菩提。」

所以，萬法不離心，「出世法」或「世俗法」，總在於你的心念，而不是什麼都不做，單單念佛誦經就好。

一般在家修行人，有家庭兒女，有事業或工作等等，這是屬於你的責任。凡事盡本分去做，本著良心誠意，依著天理去做，認真盡分，做得問心無愧，心安理得，即是大修行也。

禪門所謂：「穿衣吃飯，挑水砍柴皆是修行」，修行不離生活，生活即是修行，要在當下清清楚楚，明明白白，認真去做而不胡思亂想，自然心無掛礙。

盡心盡分去做人處事，而不執著，內心清淨無掛礙，即是「出世法」也。所以佛說：「諸惡莫作，眾善奉行，自淨其意」，其中「諸惡莫作，眾善奉行」是世間法；「自淨其意」就是出世法。不是離了世俗，另外尋找「出世法」也。

這是很重要的觀念，是學佛應具有的正知見。

三、該讀什麼經書？

雖然學佛，儒家的經典不能偏廢，如《論語》、《孟子》、《大學》、《中庸》等四書，講述人生至理，都該讀讀。

佛教書籍可以先參考聖嚴法師著的《學佛群疑》，有很多初學法要在裡頭。

佛經方面，《阿彌陀經》、《心經》、《金剛經》、《地藏經》、《觀世音菩薩普門品》，以及《大悲咒》等，可說是基礎經典，都可以讀讀瞭解一番。可以選擇其中一部作為專門課誦的本子。

四、歸依而仰仗佛力

學佛要能歸依於一尊佛菩薩，仰仗佛力來修持。可以依自己的因緣或喜愛等，選擇一尊，例如阿彌陀佛，或觀世音菩薩；歸依於一尊，心中有個依怙，如同稚子有父母照顧引導一般。此外，要時時稱念佛號，將有助於定心，學佛也比較容易得力。

五、以平常心修持，將佛法融入生活

初學者不必急切要求自己一定要達到什麼程度，隨緣盡心即可，也不必給自己太大的壓力。學佛是一輩子的事，要能根植心中，融入生活中，才能真正受用，才能夠領受到甘露法喜，以及佛法帶給人生與心靈的提升。

六、避免門戶之見

建議不要太早加入某一宗門或道場，可以多觀察看看。因為道場與宗門，難免有門戶之見，產生許多糾紛與不好的影響，反而亂了修行的清淨心。要能慎選真正好的道場，並且適合自己的。不加入道場而自己修持的居士也很多。

回答如上。阿彌陀佛！

（民國一百年九月）

誦經應否了解經文及誦念程序

有幾位大德求教一些誦經相關問題，整理回答如下。

〔問〕唸經要先了解經文的意思嗎？

〔答〕

完全不懂經文意思去唸經，相信很多人會唸得心裡不踏實，不知道自己在唸什麼。故對於要唸誦的經文，可以先參考一些白話翻譯註解，以幫助自己先有個概念，也可以增加對經文殊勝功德的信心。

然而有些經文義理較為深奧，不是一時的閱讀就可以了解的，如《金剛經》、《般若心經》等，此時，註解翻譯初步參閱過即可，不必急於短時間內要求全懂。須知講述深法的經典不是用一般思惟理解去「懂」的，而是用長久的修行體證才能領悟的。但是約略讀過註解再來誦唸，仍然會比完全不知其義，是要來得容易上手的。

〔問〕誦經最好是在供佛的面前嗎？在房間唸誦可以嗎？

〔答〕

誦經當然最好是在供佛的面前進行。

在供佛的臺桌面前唸誦，必先有一個禮佛的儀式（五體投地的大禮，或簡單合掌，皆隨人心），這是對佛最基本的禮貌規矩。在佛像前誦經，就代表著佛在自己面前，這樣有助唸誦者的專心。

如果自己家裡實在沒有別的地方可以唸，不是夫妻房的話，可以清出自己房間的某一處，整理乾淨來唸。

但某些層級高的經典，如《金剛經》、《楞嚴經》、《楞嚴咒》、《法華經》等，還是在清淨的佛堂或書房，以正式禮儀來唸誦，是比較恭敬的作法。

對於經本與誦經之事，應該要抱著恭敬心來對待，這是學佛者最基本的一份「敬心」，如果連「恭敬心」都沒有了，馬虎草率唸經，唸個千萬遍也是枉然的。

〔問〕經文前面的「香讚」等真言需要念嗎？

〔答〕

這可以從兩種情況來說：

一、正式的念經

如果是正式的念經，有供佛之臺桌，有點香、禮佛、供養等儀式，那麼經文前面那些「香讚」、「淨身口意三業真言」、「安土地真言」、「普供養真言」等，最好照著唸——

一來，那是禮佛誦經，正式唸經文之前的一個儀式，這個儀式代表尊重、恭敬、莊嚴之禮儀。

二來，這也是使自己收攝散亂心的一個過程。如此依程序唸下來，再唸經文本身，比較容易專注。這也是修戒敬與定靜的一種方式。

二、非正式念經

若是非正式唸經，沒有前述禮佛等儀式，而是隨緣方便誦經，就不必唸前面那些真言。但在唸誦經文本身之前，最好能先稱唸佛號，再唸經文，有個開始。

〔問〕直接從經文本身開始唸不可以嗎？（承前問）

〔答〕

誦經修持是個人的事，沒有人規定一定要如何開始唸或哪些可以不唸。

一般誦經本子之所以那麼印，有「香讚」等那些程序，一方面是方便道場眾人共修誦經時，有個固定的儀式好遵從，而儀式代表著對佛菩薩與經本法藏的尊重。

自己在家修持，如上面所說，有正式與非正式誦經兩種情形。如果不唸前面的真言，直接唸經文，並沒有什麼不可以，只是在誦經時，心靈沒有經過一個儀式的收攝與淨化，就直接唸，可能會比較散亂浮躁而難以專心。

（民國一百年三月、十月）

念經時雜念很多該怎麼辦？

〔問〕

請問老師，我很誠心念經，希望消除業障，但念誦時總是雜念紛擾，頗感沮喪，亦覺對佛不敬，以致心理壓力很大。此事困擾許久，請問該怎麼辦，如何才能專注念經？

〔答〕

一、對於雜念的觀念態度

初學者念經時有雜念是正常，不必太緊張，照樣繼續念下去，不用理會，久而久之，雜念就少了。其實我們平時就活在雜念中，只是你念經時，心靜下來，才會「看見」自己的雜念。如同你去健康檢查，才會發現自己原來有什麼毛病。

所以，「看見」自己的雜念，是好現象。不用擔心，順其自然念下去即可。

二、如何才能專注念經呢？

（一）初學者宜選擇淺而短的經典

首先，所念的經典先不要選擇太深太大部的，可以從簡單簡短的入手，念一遍需要的時間不太長，這樣比較沒有壓力。

如《般若心經》、《普門品》、《藥師經》、《阿彌陀經》、《大悲咒》等，都是較短的經典。開始選擇一種唸就好，不要太多。

（二）注意念經的時間

注意不要選在夜晚念。夜晚有陰氣，容易干擾，加上一天下來雜事忙多了，身心疲累，精神也不易集中。所以最好是早晨起來念，清陽之氣上昇，有助提神醒腦而專注。

（三）念經前的靜心程序

念經不是經本拿起來就念。開始念經時，通常我們的心思還在雜務事相上打轉，一時很難專注，所以念經要有一些攝念靜心的過程，例如先收拾整理念經的環境場地，不可雜亂；接著擦拭桌子、盥沐洗手、更衣（應注意衣著整潔）、點香、供水、禮佛等等過程——如此一步步攝念歸心，到準備好時，心思就可以靜下專注而少雜念了。

（四）暫停而專念「阿彌陀佛」聖號

如果實在雜念太多，無法專注，那就暫停唸誦，專念「南無阿彌陀佛」，並且勤加禮拜；一旁可以放佛號音樂，佈置莊嚴氣氛，有助定心。

（五）平時的修持工夫

除了特定時間的念經之外，平時宜多念佛號。我輩處於末法時代，要憑己力修持是很困難的，必須仰仗佛力，己力佛力交感相契，蒙佛慈悲護持，修行始能得力，妄念雜想才能日漸減少。平時並注意持戒等修身養性的工夫，有過失要常懺悔（多唸懺悔偈），如此業障才能漸消，妄念才能漸除，誦經才能增益福慧功德。

解說如上。阿彌陀佛！

（民國九十八年四月）

誦經迴向的意義與如何迴向

有幾位大德求教有關誦經迴向的問題，整理回答如下。

一、迴向的意義

誦經持咒都應該要迴向。此應先了解迴向的意義何在，才知道要不要迴向，以及如何迴向，否則只是套用「公式」，徒具形式而失去真心與本意。須知宗教信仰，念佛誦經持咒，誠心最重要，迴向亦然。

迴向就是把你最初何以要誦此經咒的動機目的明確的說出來，讓自己很清楚明白而得到踏實的感覺。

我們任何念頭都是一種能量，迴向就是這能量要去的方向；有迴向，心念能量才能集中而不至於落空。如同駕車採油門，必先知道開往何處去；又如服藥，自己也必得知道此藥是為了什麼疾病而服。迴向就是這個意義。

二、迴向的類別

就迴向的目的與內容而言，迴向可分為修行的迴向與世法的迴向——

（一）修行的迴向

此即是如一般誦經本子上所印者，皆是為了修道成佛與度眾生的目的。例如：「願與此功德，普及於一切，我等與眾生，皆共成佛道。」或其他迴向文等。（參見第八項所錄）

（二）世法的迴向

這是屬於世間法的利益層面，可以是個人祈願，如祈願親人健康、事業順利，或是婚姻美滿、考試錄取等等。世法祈願是佛法允許的，如《楞嚴經觀世音菩薩耳根圓通章》所說，眾生稱念觀世音菩薩，求妻得妻，求子得子，求長壽得長壽……等。

三、迴向文要怎麼說？

迴向文又可以分為成文迴向與非成文迴向——

（一）成文迴向

成文迴向就是經本上面印好的那些文言偈子，多是屬於修行發心的迴向文。（參見第八項所錄）如果誦經者的發心與此相契合，可以照著唸，否則言不由衷，自欺欺佛，心虛而無意義。

（二）非成文迴向

非成文迴向，即是用自己的話，向佛菩薩稟告，自己誦此經咒有什麼心願目的。這個心願動機，可以是修行的，如求靜心、求智慧，求增長慈悲、減少嗔怒等；也可以是世法利益的目的，如前述種種。

學人誦經迴向時，可以參照經本上印好現成的成文迴向，也可以用自己的話來對佛菩薩稟告求願，此即是迴向。

四、如何迴向？

至於如何迴向，可以依誦經儀式在誦完發心持誦的遍數之後，稱唸所禮拜的佛菩薩名號，然後再唸迴向文或述自己的話，最後再次稱唸禮拜佛菩薩，如此即可合掌作結，圓滿誦經法事。

若是為了現世利益目的迴向，也可以在禮佛之後，持誦之前，先向佛菩薩稟告誦經的目的要迴向某人某事，然後誦經，誦畢稱說：「懇請佛菩薩大慈大悲，將弟子以上持誦經咒功德，迴向給某人（某事），祈願如何如何。阿彌陀佛！」

五、誦經迴向家人，最好勸家人同修

有大德求教說，因為家人身體不好，所以想誦經迴向他的冤親債主，該如何進行？

這除了可以依照前述方式進行之外，最好也能勸化家人自己來唸經。如果他因為身心狀況或教育程度，無法唸誦經文本身，就教他唸最簡單的佛號，持念「南無阿彌陀佛」或「南無觀世音菩薩」都可以，要一直持續念誦。只有親身唸誦，獲得的功德利益才最大。

六、迴向自己的心靈

許多人念佛或誦經初始，總是有一個目的或對象，如唸給家人、或求事業順利、身體健康等；但是記得也要迴向給自己，迴向自己的心靈，以求超脫煩惱執著、增長福慧淨心功德等，才能從祈願層次進入到修行層次。

七、可不可以迴向給佛菩薩？

另有大德問到，抄寫佛經完成後，是否可以迴向給觀世音菩薩？

其實是不需要迴向給佛菩薩的。因為抄經修行是為了自己心靈的淨化與利益眾生。經典就像是醫生開給病人的藥方，藥方當然是為了自己的病而服用，而不是給醫生用的。如果不知道該迴向給誰，就應該回到修行層面，回向自己的心靈，祈願消除業障，增長福慧功德等。

八、經本常用之迴向偈

茲錄一般課誦經本常用之迴向偈供學人參考：

（一）願以此功德。莊嚴佛淨土。上報四重恩。下濟三途苦。若有見聞者。悉發菩提心。盡此一報身。同生極樂國。

（二）願生西方淨土中，九品蓮花為父母。花開見佛悟無生，不退菩薩為伴侶。

（三）願消三障諸煩惱，願得智慧真明了，普願罪障悉消除，世世常行菩薩道。

（四）願以此功德，普及於一切。我等與眾生，皆共成佛道。

解說如上。阿彌陀佛！

（民國九十六年八月／九十八年九月／一百年十月）

自修念經該出聲與否及迴向問題

〔問〕

請問老師，我因為居住有室友之故，念經時皆以默唸或氣音來唸，但不知如此方式，無形眾生是否聽得到？又自修念經該如何念才得法？

〔答〕

大德這個問題，實包含兩個層面：

一是誦經應不應（或要不要）出聲唸的問題。

二是誦經是否要回向給其他眾生的問題。

在此就這兩方面來解說。

一、誦經應不應（或要不要）出聲唸的問題

南懷瑾先生在其《觀音菩薩與觀音法門》書裡，講到誦經問題時提到，默唸或氣唸是更高的境界。

姑不論境界的高低，誦經的目的主要是「修心」，故重要在於是否念到「心裡」去，而不是唸給誰聽。

我個人十幾二十年誦經，以默唸居多。依據自身的體會，開始唸的時候（以三十至四十分鐘的誦經時間而言），可能心思比較雜，還無法專注，這時可能會先以出聲的方式來唸誦，唸著唸著，心漸漸靜下來了，自然就回歸默唸或氣唸。

而過程中發現，出聲唸的時候，比較沒辦法專注在經文的深義上（當然誦某部經之前，已先讀過經文，了解經義），而默唸時，心思比較能專注於經文上。

故以「個人修持」而言，出不出聲，則是隨人方便的，有的人要顧及同住的室友或家人，故不必在意要不要出聲唸。

一般道場之共修，則以出聲唸居多。這是團體共修，配合梵唄等儀式，表現宗教活動的莊嚴感，也使共修之人，聽到誦經聲而淨化心靈。

故「個人在家修持」與「團體道場共修」的方式是不同的。

「個人在家修持」，隨其方便即可，重要在於用心專注，能唸到心裡去，當下必然有如飲甘露、法喜充滿的感覺。不是為佛唸，不是為別人唸，而是為「自己的心」唸。

二、誦經是否要迴向給其他眾生的問題

我自己平常誦經，皆是以自心修持為主。

曾有道友很困擾的來找我，說她每天很虔誠的誦唸迴向給「冤親債主」或「其他眾生」，但在精神上似乎很受到干擾，有被某種力量控制的感覺……。我勸她唸經改以修持自心為主，她說：「可是道場師父不都要我們發大願迴向『一切眾生』嗎？經本上的迴向文也都這麼印著……」她不勝其擾卻又不敢違背的來求教該怎麼辦。

我對她說：「那是道場共修的方式，第一，場所是莊嚴的道場；第二，有眾人的心力；第三，共修結束大家散了回家，所以不會對個人造成干擾。自己個人在家修持誦經，若意念放在迴向『一切眾生』上面，就容易被他道眾生所擾，很難擺脫。」其實，有些道場的出家師父也有類似的困擾，有的甚至造成身體健康上的問題。故這個方式是需要斟酌的。

三、個人居家修持誦經的態度與方式

綜結以上，「個人居家修持誦經」的態度與方式，重點應該放在：

修持誦經是為自己而修——誦經當下即是修戒（恭敬）、修定（專注）、修慧（深入經藏智慧如海）、修慈悲（發願修持好了來渡眾生）——故是為自己的心靈成長而修，為開啟智慧而修，為啟發覺性而修，而不是為其他人（佛或眾生）來誦經做課。

因此在方式上，出不出聲就不必特別理會了，隨方便即可。

但一般道友有時難免需要為自己或家人誦經祈福，此時方式宜為：先向佛菩薩祈請求願，然後請佛菩薩將自己的誦經功德回向給某某（或某事），而不是由自己「直接」唸給某人，以避免受到「其他眾生」或對方的「冤親債主」的干擾——這是本人親身的體會及其他道友的經驗。

如此在方式上，則以出聲唸誦為宜。這是為了使自己的氣與意念較為有力的「向外送出」，自己身心的氣場也會比較順暢。若環境不適合，小聲唸或氣唸亦可。

至於大德擔心默唸方式他道眾生是否收到，當知靈界眾生是以「念力」來傳遞訊息，而不是靠聲音之音波，否則人的「聲音」本身能傳多遠呢？（此部分可參考本書前面單元之《佛祖統紀‧有朋法師傳》解說）

解說如上。

附記：網友回應

這位求教的大德接受並使用我的意見與方式之後回應說：「現在念經念到後來就會自動變成氣音，並且感覺雜念減少很多，心也變得更為清靜，以前諸多的妄念都一掃而空。」

善哉善哉！阿彌陀佛！

（民國一百年三月）

抄寫佛經的修持功夫與相關實務

有幾位大德求教抄寫佛經的相關問題，整理回答如下。

一、抄寫佛經的修持功夫

大德問抄寫佛經有什麼用處？

抄寫佛經是一種很深的修持法。

佛經與佛教高僧大德都曾盛讚寫佛經功德。例如《金剛經》上面說：「若復有人，聞此經典，信心不逆，其福勝彼。何況書寫、受持、讀誦、為人解說。」很多佛經中也有這樣的說法。

抄寫佛經的修持法，最重要的功夫在於，寫的當下即是修「戒、定、慧」：

「戒」——寫經要以恭敬誠心來寫，此即是「持戒」，同時也是修持自己的身業意業，使歸向清淨道法。

「定」——寫經使自己靜心，學習專注，當下能夠觀照自己的內在心念，此即是修「止觀禪定」。

「慧」——寫經使自己更加深入於經文中，從經文中修習「智慧」，使自心「深入經藏，智慧如海」。

故寫經一事，當下即是修「戒、定、慧」。

我自己修行的前十二年中，日日抄寫佛經，每每寫的當下，如飲甘露，法喜充滿。有心寫經者，久之自見修持功夫。

二、抄寫佛經的相關實務

寫經要以恭敬誠心來寫，才能有功德利益。

（一）抄寫佛經的環境

寫佛經前，先要將環境（如房間、桌子等）整理乾淨，這個過程也等於是收拾自己雜亂的心。如果環境較雜而難以專心，可以播放平靜莊嚴的佛樂有助靜心。

（二）抄寫佛經的程序

我自己抄寫佛經十幾年，進行的步驟如下，供教友們參考：

整理環境↓淨几潔案↓沐手↓備置寫經用具（毛筆、紙等文房四寶）**↓禮請佛像與經本**（到桌上）**↓點香↓放佛樂↓再禮拜佛像與經本↓端坐斂心，開始抄寫↓寫畢**（此次抄寫的進度），**禮拜佛像與經本↓請回佛像經本。**

（三）抄寫的工具與紙張

有大德問到，抄寫佛經該用什麼書寫工具與紙張？

其實這是隨人方便與發心的。

我自己抄寫佛經十幾年，都是使用毛筆（小楷）。紙張方面，平常使用書法練習用的九宮格毛邊紙，印有格子剛好適合書寫。偶爾會特別用白色無格的宣紙寫，底下襯格子。每張角落寫上頁碼，單張單張寫好了再裝訂起來，加個封面。這是我平常寫經的方式。偶爾應某些大德之請，要寫全開大幅的來裱掛，會用中大楷毛筆、宣紙來寫。

現在一般道場或寺廟，或素食餐廳，常見有給人免費結緣的印刷成冊的寫經本（佛教文物書店有的也有販售），一般人寫經也可以使用。但那些本子的紙張是一般材質，格子不大，也不太適合用毛筆，故建議以黑色墨水之硬筆書寫即可；若要用毛筆，可能用自來水毛筆比較適合。

也有人用作文稿紙、硬筆（原子筆或細簽字筆）來寫，有格子，但沒有印上經文，寫好再來裝訂。

這些都隨人方便與發心。

我個人比較不喜歡格子內印好淺色經文讓人照描的寫經本，覺得是一種干擾與限制，寫起來不自由，好像小孩子學寫字（描紅）一般。所以還是選擇空白有格子的紙來寫。

另有大德問：「有人說要用紅筆，也有人說用毛筆，到底是要用哪一種筆？」

在過去曾有一些高僧大德，以血書佛經，是以有「血書佛經」的名稱。而一般修行是用毛筆黑墨書寫，著名的弘一法師也是以毛筆黑墨寫經，我自己也是。使用毛筆寫確實較一般硬筆，要有助於修心。

一般人若不擅長用毛筆，隨方便用什麼筆都無妨，重要在於恭敬心。

以上供有心抄經的大德們參考。

（四）寫經圓滿該如何迴向

有的大德想藉由抄寫佛經的功德迴向給某人，以為其祈福消災解厄，參考做法如下：

在抄經之前，先將經本供養於佛前，向佛菩薩稟告並祈求將抄寫此經之功德迴向給某人。

在經文抄畢之後，可於經文後面書寫回向內容：

「願以此功德，回向給某某，願其離苦得樂（或得遂所願），發菩提心，進求佛道。」

若大德欲迴向給病苦的母親，內容可以參考這麼寫：

「弟子某某（自署姓名），願以此功德，迴向給母親某某（寫姓名）女士，願佛菩薩大慈大悲，令其蒙佛法益，消災解厄，離苦得樂，進而歸佛修法，共成佛道。」

抄畢將此經本供養於佛前，並作禮拜，直至所求如願。如此即可，不要火化。

最好亦能勸所迴向祈福的對象一同念佛，或誦持您所抄的經文，更增法益。

（五）寫完不須火化（亦不宜火化）

一般觀念，及許多道場或師父大德說，抄畢的經本要拿去廟裡火化。其實，經本火化不是佛教的正確作法。

所抄經本火化乃是台灣民間信仰焚燒金紙的延伸，對於所抄經本而言，不是正確的作法。佛經中，佛陀總是勸人寫經，從沒說過經本寫完要火化。多是布施所抄經本。

在古代佛經的流通還不是很普遍的時候，聖賢大德勸人抄經，都是為了布施，抄經布施以廣流傳。現在經本大量印刷又美觀，所以所抄經本多是自己保存收藏或供養。故我們至今還可以看到一些高僧所抄寫的佛經，如弘一法師的手抄佛經等。

一般大德所抄寫的，可以自己收藏供養起來，或者過些時候回看自己所寫的，藉此檢視自己內在是否有從寫佛經中成長。

三、抄寫佛經的修心問題

（一）寫經時無法專心該如何？

這是很多教友唸經或抄經過程中會產生的問題。

這是一個正常現象。

其實我們的心念，平常就很雜亂，活在妄念中而不知不覺；寫佛經或是唸經，卻是將我們的心念，引導至更深層，所以當下就會「發現」自己的雜亂心。這是一個好現象，表示你已「照見」自心了。

故不必在意寫的過程中無法專心，這僅是初寫的過程；漸漸寫久了，心就沉靜專注下來了。

如果寫的時候無法專注，可以採用我上述的環境營造法，請佛像、點香、放佛樂等來幫助定心。

（二）抄經字跡的美醜——寫經學習自在

另外，關於抄寫佛經，很多人會在意字跡的美醜，以及不慎筆誤寫錯字等。

我自己抄寫佛經十幾年，偶爾也會有錯漏字的情況，此時就另外拿同樣的毛筆用紙，更正寫好貼上。但我不會在意這些字跡美醜或錯字等問題，因為，我很清楚瞭解——

我是藉由抄寫佛經來修心。「寫經」事實上是在「寫心」。所以重要在於過程中，自己寫經的領受，以及心靈沈澱的寧靜喜樂，還有深入經文的智慧吸收等。至於寫出來的字跡如何，那只是個「外相」，並不重要。

每次做完寫經的功課之後，我會檢視這次寫得如何，從字跡來觀照今天的心境，看是否比較有雜念，還是比較沈靜。字跡對我而言，就是觀照內心的工具。

多年寫下來，可以從寫經的字跡演變，看出自己的心靈成長。

十二年每日寫經，開始頭兩年，我的字跡比較鋒芒銳利；進而漸漸收斂，到沈穩清淨；而後至今是沈定而飄逸。字跡的變化，就是心靈成長的歷程。

所以，以寫經作為修持方式的學人，用心寫經，但不必在意「字相」上的美醜等，而應該把重心放在心靈修持上，這樣寫經才能增進自己的道業。

當然，常見有大德書法造詣高，用抄寫佛經來作為「書法藝術作品」，或是用來製成流通的印刷品，這時，就需要留意字跡的表現了。

例如我自己也曾經寫過幾幅全開或四開的《般若心經》與《大悲咒》，作為送給父母師長的贈禮。也曾有不相識的大德，透過我的親友，發心特別請我寫全開的《般若心經》，打算裱掛在客廳等。但每回我要寫這樣的「書法作品」，心裡就有壓力，因為只要寫錯一筆，整幅字就報廢了，就要重寫。所以我平常都不寫成「作品」，純以修持為主，寫得好壞或不小心筆誤都沒關係，如此才能自在優游「享受」於寫經的心靈悅樂也。

以上是我抄寫佛經的經驗與心得。

希望有心抄寫佛經的同修，也能夠同我一般，從自在的寫經中，領受到甘露法喜，與心靈的沈寧安適。

（三）抄寫佛經的個人習慣——學做自己的主人

有大德閱讀了我前面的回答後，接著提問，言其是左撇子，寫字都用左手寫，現在要練習毛筆字，是否必須改為右手抄寫？

答曰：

試問您是用「手」抄寫？還是用「心」來抄寫呢？左手抄經的「心」和右手抄經的「心」有不同嗎？沒有手的人，可不可以用腳來抄呢？

學習當自己的主人，由自己決定吧！

禪宗公案曰：「汝來問師，師在汝邊。」智者自能會意。

解說如上。阿彌陀佛！

（民國一百年三月、十月、十一月、十二月）

仰仗佛力加被，讀經修持易於得力

〔求教〕

有學生初學佛，自視甚高，自行讀經持咒修行，卻不免仍有若干困擾，遂來求教。

〔回答〕

一、修學須仰仗佛力

君欲修學佛法者，當以念佛為本、為根；持咒、讀經為輔、為資糧。

諸佛菩薩為一切眾生之師，一切眾生之大父母。眾生修行仰仗佛力，如同小兒生長仰賴父母師保；若無父母無師保，但憑己力修持，於此末法時代，殊難成就。

歸依於佛，繫念於佛，使吾人之心有根，有依怙，方不致徬徨迷失。依於念佛，眾生心與佛心，感應道交，故己力即是佛力；念佛即是念自性，故佛力即是己力。如此心中即有源頭活水，源源不絕，則修行易見功效也。

若認為「自己即是佛」，但憑己力，不必依於佛而可以修持者，多是愚痴狂妄之徒也。雖言眾生皆有佛性，皆是「未來佛」，但我輩凡夫無明深重，如同小兒稚小無知，須由父母保護教養，始能成長明理也。因此智者自知愚痴幼小，己力有限，須仰仗佛力方能前行也。故念佛之功，慎莫等閒視之。

君當求覓一尊與己相契之佛，如阿彌陀佛、釋迦牟尼佛，或觀世音菩薩等，一心繫念之，遇任何疑難苦惱，均可祈求佛菩薩助祐，則不論修行或處事，當有大助力。如此將己生交與佛菩薩，真誠感應，自能增福德、開智慧，此即是歸依於佛而得之大功德利益也。

二、讀誦佛經的態度

於經典修持方面，凡一切佛經，欲禮請、閱讀、誦持者，皆須以恭敬虔誠之心為之。以經典為修持，當以除滅自身貪瞋痴三毒之病、開啓如來智慧之藏為發心，期能「深入經藏，智慧如海」。於經典道法，由信而解義，而修行，而證悟之；而非將經典作咒語來持誦，希求達於何等境界也。

君言欲讀《法華經》而有若干障礙之情形，可見此經深重，非汝目前初學之所宜也，當假以時日，福德善根有所增長，方能求此大法。

凡學佛修道，莫貪功，莫心急。且讀經須有相應之修持，方能契入；若不契者，切莫貪心讀受，當先立其根本，本立而道生也。讀經之外，當善修身口意，持五戒十善，依佛所說而行之。

初學者建議持誦《普門品》，此乃一般入門之基本功課，能化除諸多無明蓋障，加上念佛之功，修持日久，漸漸能得清淨之心而歡喜自在。

其次引介二經，是為修菩薩道當讀之經典：《華嚴經普賢行願品》、《華嚴經淨行品》。前者為普賢菩薩所說，後者為文殊菩薩所說，二經有合刊之單行本。當常讀誦之，漸能契入菩薩願行，開展無量心，心無量故，便不執著我相；不著我相，三毒之病，漸可消除，一切煩惱習障，漸可化而無有，而達於自在無礙之境也。

以上，善思之！

阿彌陀佛！

（民國八十七年八月）

沒時間讀經，念佛即是好修行

〔求教〕

有一位女性網友來函求教，言其道心殷切，然家務繁重，頗感疲累，無暇讀誦經書，該怎麼辦？

〔回答〕

大德有心修學，誠然可喜。然體力不佳，操勞家務，兼照顧幼兒疲累，心有餘而力不足；此時不妨放鬆心情來生活，養好身體，顧好小孩，有時間就多休息。

學佛修行慢慢來，不必急於吸收什麼知識，或修什麼法。

道法不是知識，修法不是練功。佛法本不在增長什麼，而在減少掛礙與煩惱執著。執著於修行也是執著！心情放輕鬆，就是修行。

有一種最方便的修行法門，不限任何時地皆可修，那就是「念佛」！

隨時隨地在心中唸：「南無觀世音菩薩」或「南無阿彌陀佛」，依你喜歡而契心的佛號來唸。唸的時候可以使用佛珠來幫助專注，沒有佛珠就在心中默唸。此法可以定心，可以安撫情緒，可以解決困惑，可以安頓心靈、可以開智慧。隨時隨地，不拘多少，想唸就唸。

我十幾年修行是這樣唸，也教我母親唸。任何情況之下，緊張、煩惱、恐懼、憂慮……無所不唸，越唸越歡喜、越唸越開智慧。唸的時候，觀想自己就在菩薩懷抱裡，受到疼惜與撫慰；有什麼心事煩惱就向祂傾訴，祂就是心靈的母親！

沒時間、沒精神體力讀經修行，一切，唸佛就好！

願菩薩保祐你！阿彌陀佛！

（民國九十六年十月）

念佛修行是每日生活所必須

〔求教〕

一位中學生，有段時間常來我部落格留言，請求解惑。有次問到：

自在老師：

我今天想起自己剛開始接觸淨土宗時候的情景。那時候很用功，有幾次一整天都沉浸在佛法中，很多煩惱事都因此暫時忘掉了。不過這種現象沒有持續下去。現在雖然還是對佛法很有興趣，但懈怠多了。

看到部落格中〈自在老師的學佛修行歷程簡述〉說到：

「為求智慧如海，其間十二年深入經藏，日日抄寫佛經、讀佛經，亦曾抄寫《老子》一部。十二年以毛筆抄寫了五十幾部佛經，讀過了百餘部佛經原典，日日誦持佛號與大悲咒不斷……，領悟道法，深契於心，法喜充滿。」

自在老師每天都這麼精進用功，讓我很佩服！

依我目前的時間來講，我希望每天都能把剩餘的時間用在唸聖號或佛法上面，可是實在好難做到，到處都是誘惑存在……，不知道該怎麼辦？

〔回答〕

有心學佛，修行的心態很重要！

如果是「把『剩餘』的時間用在唸聖號或佛法上面」，那表示，念佛修行的功課是一天中最不重要的事，可有可無；既然如此，那必然是三天打魚兩天晒網！

如果把念佛修行的功課當作是每天的飲食與盥洗，是日常生活所不可無者，那就會持之以恆，並且很歡喜的去修，一點都不勉強，自然法喜充滿！

我學佛自始即是如此，十幾二十年如一。

因為我從誦經念佛中，領受到勝妙安樂。所以每一天，都一定要吸收「法食」、「甘露」並「淨心」；一天不如此，就如同身體沒有飲食與盥洗一般，不滿足、不安適！

所以，你如能這樣修，必然能不懈不退，修得喜樂自在而得到法益的。

阿彌陀佛！

（民國九十九年九月）

無相念佛持咒，更加歡喜自在

〔緣起〕

有大德與我分享修持的心得說：

「昨日我持誦六字大明咒一萬遍，今日我持了一萬五千遍，很歡喜！因為藉由持咒，我體悟了因果循環與大自然的奧妙，使我的無明頓開，法喜充滿。」

以下是我的回覆。

〔回覆〕

恭喜您法喜充滿！也分享了您的喜樂！

如果唸佛持咒能不計多少遍，忘掉要去數，只一心專注去念，此即無量無數不可思議之念佛持咒；無相念佛、無相持咒，功德更為殊勝、更為喜樂！

從「心地」來說——要去數，此念即是造作心機；有數即二心，而未能真正專注一心；數得結果很多遍，引以為喜，即是得失心、有所得心。

所以，如果念佛持咒不計多少遍、忘掉要去數，只一心專注去念，是「真心念佛持咒」、「實相念佛持咒」；實相無相，無相空相，無所得故，心無掛礙。

我十幾二十年就是這樣無相念佛持咒，從來不去計算遍數，隨時隨地、不拘場所、無時無刻、行住坐臥，想念就念：起床念、吃飯念、走路念、打拳運動念、騎車坐車念、做家事念、盥洗時念、睡覺念、睡夢中也念——皆在心中默念，念得不覺得自己有在念，念得很歡喜。有煩惱這樣念，就會茅塞頓開、撥雲見日；沒事照樣念，更加歡喜自在；念久了開智慧，更能領悟道法。

與您分享，您可以試試我的方法喔！

阿彌陀佛！

（民國九十八年十月）

「無相念佛」的真實意義是什麼？

〔問〕

請問善知識，末學念佛時，通常以口念或心念佛號，並在心中觀想佛菩薩的形象（不觀像的話，會覺得無法攝念一心），一段時間後，能漸攝一心，而於忽然間，一切雜念瞬間消除，心中只剩下一句佛號。再念一段時間之後，連佛號的那個「念」都消失了，只剩下莫名的空寂，而感到法喜充滿，業障消除。這樣的體驗經常出現。但只知道身心舒暢，卻無法確定自己是否修得正確？不過這樣修習之後，返回日常生活，一接觸世俗事情，又開始染著苦惱了。難怪聽說有些高僧進入定境後，都不肯出那樣的境界。很好奇我的經驗感受是否即所謂的「無相念佛」？「無相念佛」究竟是怎樣的念法呢？請為末學開解它的真實意義。

〔答〕

首先隨喜大德！

依所述，那是一種禪定境界，以念佛而進入一種「禪寂」之境，遂有這樣的感覺。此境界再深入，會連形體肉身的感覺也沒有了，只剩意念尚存，而得到一種很殊勝的禪喜。這是修持「持名」及「觀像」念佛會有的境界，我自己也有此體驗。《維摩詰經．方便品》有言：「一心禪寂，攝諸亂意。」可以印證。

但此種境界不宜貪求，否則著相著境，心反而不清淨；應以平常心視之。

大德問是不是「無相念佛」？

「無相念佛」即是「實相念佛」，以真實心來念佛，而不著相。「無相」者，無我相，無佛相，無念佛相。

觀大德於此境界起心動念，好奇是否即所謂的「無相念佛」，此念已是「著相」；進而提問求教，更是「染著」，染著於所修境界，執著於「無相念佛」之境界名相。如同小學生某科考試得高分，問自己這樣算不算「模範生」一般。如此焉能謂之「無相念佛」？

大德求解「無相念佛」之真實意義，解說如下。

「無相念佛」即是「實相念佛」。關於「無相念佛」，可先參閱本書前篇文章所述。念佛法門，在佛典中，要以《楞嚴經．大勢至菩薩念佛圓通章》為依據。經中云：

「（超日月光）彼佛教我念佛三昧。……十方如來，憐念眾生，如母憶子。……子若憶母，如母憶時，母子歷生，不相違遠。若眾生心，憶佛念佛，現前當來，必定見佛，去佛不遠，不假方便，自得心開，如染香人身有香氣。此則名曰香光莊嚴。我本因地，以念佛心，入無生忍，今於此界，攝念佛人，歸於淨土。……都攝六根，淨念相繼，得三摩地，斯為第一。」

大勢至菩薩說的「念佛」是麼呢？什麼是真正「念佛」呢？

「念」就是「想念」、「思念」。不是口唸的「唸」。「念佛」就像遊子思家念父母般「想念佛」、「思念佛」。真心念佛的人，自然而然的，時時刻刻想著所思念的佛，沒有一個「要念佛」的「功課」想法，也沒有什麼企圖意念目的，很「單純」的就是「想念佛」。雖天天「念」，時時「念」，也不覺得自己有在「念」，越念越歡喜，越念越與佛感通，越念越與佛相契，漸漸也與佛心的慈悲、智慧相應……，而仍然不覺得自己有念佛，對於別人的稱譽也不覺得有何可稱道者——這就是「實相無相」的「念佛三昧」。（見本書前面「《金剛經》般若法與《心經》要義闡釋」）。

所以，「無相念佛」即是「實相念佛」；「實相念佛」以無相故，不會著於自己念佛之相，不會起心動念問「這是什麼境界？」或「我已到達什麼境界？」心中如如了知，沒有疑惑，心無掛礙，是為「無相」。

解說如上。阿彌陀佛！

（民國一百年三月／二〇一一年八月）

念佛如父母，往生是歸家

〔緣起〕

網友在部落格發表了自己念佛的心得，其中寫道：

「阿彌陀佛念念都是十方眾生！呼喚著：『十方眾生呀！什麼時候要回家呢？』阿彌陀佛！末學要回家，末學要回到您的懷抱！

末學朝朝暮暮時時刻刻想您念您，稱念阿彌陀佛的名號。」

以下是我的回應。

〔回應〕

大德言：

「阿彌陀佛！末學要回家，末學要回到您的懷抱！

末學朝朝暮暮時時刻刻想您念您，稱念阿彌陀佛的名號。」

真是很讓人感動的真切呼喚！

念佛就是要用這樣真切的心，而不單是「口念」，還要計數念了多少遍。

我從學佛以來，一直也是這樣真切的心，念著觀世音菩薩，念著釋迦牟尼佛，念著阿彌陀佛。我自己是念著：「孩兒要回家」，因為覺得佛菩薩就是我的「父母」，而我是佛菩薩的「小孩」。

《妙法蓮華經》上面說：

「如來為一切眾生之父，諸眾生皆是我子。」

《楞嚴經．大勢至菩薩念佛圓通章》也說：

「十方如來，憐念眾生，如母憶子。……子若憶母，如母憶時，母子歷生，不相違遠。若眾生心，憶佛念佛，現前當來，必定見佛。」

所以佛菩薩就是眾生的「大父母」，眾生都是佛菩薩的「孩子」。有這樣真切念佛的心，必定能夠感應「父母」來接「孩子」回家。

用真切的心念佛，就會覺得佛菩薩與我同在，我與佛菩薩同在；如此念佛或誦經持咒時，心中也會有所感覺與感應，不過那是無法言說的，如人飲水，冷暖自知。

大德文章言：「阿彌陀佛！末學要回家！」

沒錯！念佛人都求「往生」極樂世界；然而在真切的心中，不是「往生」，而是「回家」！我也時時想著要「回家」，回到佛菩薩的「家」！

然而，想「回家」，不只是想回「極樂世界」阿彌陀佛的「家」，同時也要回歸「自性」的「家」，回歸我們的「本心」，不要流連在外面的世界，競逐一些虛幻不實的事物而忘了「回家」。常常觀照自己的內心，心時時「回家」、「在家」，就能夠相應於佛菩薩的「家」了。

阿彌陀佛！

（民國一百年十一月）

如何行善累積福報？

〔問〕

請問老師，我想行善累積福報，迴向自己與親友，即使是生活小事亦可，該如何做呢？

〔答〕

一、對於「做善事」與「福報」的正確認知

大德發心行善，值得鼓勵。然須認知：

有所求、有目的的、為了「福報」而去做善事，並不能成為「真正的善事」。福報雖有，但有限。

無所求、發自真心幫助別人，看到眾生因此而離苦得樂，獲得滿足，自己也跟著歡喜滿足，才是真正的行善，也才有真正不可思議的福報。

二、行善的心念與條件

（一）悲智雙運

學佛修行或做善事，應存有慈悲心、同理心與同情心，並且要學習知識技能。行善而方法正確恰當，能真正使對方得到利益或解決問題，才能圓滿行善的功德。所以不是單純依恃一份「善心」就好。如果方法不妥當，幫倒忙了，造成別人困擾，也會成為一件使彼此不愉快的憾事。

故而，菩薩修行，重視「悲智雙運」，有慈悲心，還要有知識與智慧，才能圓滿成就一件「善事」。

（二）尊重對方並迴向佛道

做善事時，要能夠尊重受施者，不要認為自己做好事，就比別人高一等。這是很重要的態度。做了善事，不宜沾沾自喜，貢高我慢，而應該感謝這些受施的對象，是他們的苦難困擾，使我有機會布施行善。事情完成了，祝福對方離苦得樂，並且把布施功德迴向一切眾生與菩提道。

三、行善的途徑與方法

（一）隨機隨緣行善

心中存有慈悲心、愛心，隨時隨地都可以做好事。

佛經中說「菩薩四攝事」：布施、愛語、利行、同事。

「布施」，就是主動去幫助別人，如財物上的、知識上的、精神上的都是布施。

「愛語」，就是說話含有慈悲心，不粗暴，以溫和言語來安慰別人，時時感恩說謝謝，並時常祝福別人……，這些都是「愛語」。

「利行」，就是協助他人完成事情。別人有什麼事需要幫忙，協助他，這就是「利行」。

「同事」，就是與他共處而完成事情。譬如一起工作的伙伴、一同生活的家人、乃至所處的團體，大家一同努力完成事情，就是「同事」。

（二）真誠與淨心

做善事，不在事情的大小，而在於是否出於「真誠」，發自真正的善心。

佛陀教誨說：「諸惡莫做，眾善奉行，自淨其意，是諸佛教。」有很深的含義：

第一要能斷惡；不斷惡而行善，功德福報也是枉然。

第二，眾善奉行；只要是真誠心，任何有益他人的事都是善事。

最後要「自淨其意」，就是指雖然做了善事，也不覺得自己有什麼不得了，內心清淨，不求福報，歡喜感恩，一切功德迴向眾生與佛道。

（三）做好分內事

將自己的本分事做好，即是修行的「善事」。

儒家講：「盡己謂之忠」；禪宗祖師則以「本分事」來教導弟子。所以分內事——如家庭照顧好，使父母、眷屬、家人等都幸福和樂；自己所從事的工作事業都盡心盡力；朋友人際關係能夠和諧；並且修養自己的品德……等等。分內事做好，不愧不怍，對得起良心，就是最好的「善事」。

（四）參與慈善團體長期固定行善

可以隨自己的能力、興趣、與地點，選擇正當的慈善團體，參與慈善事業，長期投入學習成長，也會有很多收穫。

四、行善自有因果福報

只要依照上述方法態度去做，人在做，天在看，不用刻意求福報或迴向誰，自然有因果福報的。記住：有所求的福報總是有限，無所求的功德才是無量無邊。

謹答如上。阿彌陀佛！

（民國九十八年八月）

佛法中「供養」的意義與類別

〔問〕

請問佛法中「供養」的意義與類別有哪些？生活上如何運用呢？

〔答〕

一、「供養」的意義

我想，學佛人最常聽到的法要就是「供養」與「布施」了。「供養」與「布施」，基本上都是「給予」。在一般的意義上，也就是狹義的，指的是財物的「給予」。二者的差別在於——「供養」的本質是一個「尊重恭敬心」；「布施」則是「慈悲憐憫心」。

對於父母、師長、善知識、聖賢尊者，乃至神明佛菩薩等，我們以尊重恭敬之心，所表現的「給予」行為，稱為「供養」。

對於眾生，因於慈悲心的流露，願其離苦得樂，所表現的「給予」行為，稱為「布施」。

所以，「供養」與「布施」之差別在於「存心」的不同。

大修行人，慈悲謙下，等視眾生，敬之如佛——如《法華經》中，常不輕菩薩說：「我見眾生皆是佛，唯我一人是凡夫。」——如此對一切眾生皆存敬心者，則一切「布施」，菩薩皆視為「供養」也。

至於時下一般請法師做法事，誦經超薦奉紅包，若無尊重恭敬心，則與服務業的交易無異。甚至有些寺廟訂了一些消災祈福之等級差別的「價目表」，要求信眾「供養」三寶，這已完全失去「供養」意義；且往往「價位」很高，對於苦惱求助的善男信女形同「宗教勒索」，那就等而下之了！

這個道理，我想，孔子說過的話，很能詮釋這個意義：

子游問孝。子曰：「今之孝者，是謂能養。至於犬馬，皆能有養；不敬，何以別乎？」（論語・為政第二）

所以，「供養」者，主要在於一個「恭敬心」，從「恭敬心」出發的行為，都可以稱得上「供養」。所以有物質上的，有精神上的，有實地修持的，都包含在「供養」的意義裡頭。這是必須要把握住的基本觀念。

因此，「供養」與「布施」（或者「交易」），不在於所施的對象之地位高低，而完全在於其「存心」如何。是故——

出於「恭敬尊重」心，則「給予」就是「供養」；

出於「慈悲喜捨」心，則「給予」就是「布施」；

出於「利益交換」心，則「給予」就是「交易」。

二、「供養」的類別

（一）物質的供養

上面說過，在一般的意義上，也就是狹義的「供養」，指的是日用生活所需等物質上的「給予」。例如根據佛經記載，佛教僧團所受之供養有「飲食、衣服、臥具、醫藥」等，稱為「四事供養」。

（二）精神心靈的供養

基於「供養」的本質之「尊重恭敬心」，引申其義，除了財物上的供養，還有精神心靈上的供養。此在佛教稱為「法供養」。

例如對於道法或善知識，以恭敬禮貌的態度對待、尊重、歡喜讚嘆，以及行禮參拜等等精神上的崇敬態度，稱「法供養」或「心供養」。

（三）發菩提心及修持的供養

進一步言，發菩提心而修行道法，即是以具體的行動表示對道法與善知識的真正尊重，則是最高的「供養」。

例如我們說「尊師重道」，如果只「尊師」而不「重道」，則不是真正的「尊師」。

又如儒家的《孝經．開宗明義章》說：「立身行道，揚名於後世，以顯父母，孝之終也。夫孝，始於事親，中於事君，終於立身。」道理是一樣的。

故物質上的「供養」是最基本的；尊重恭敬的「心供養」則為更進一層；必得要「修身行道」，才是真正的、最高境界的「法供養」。

佛教的「法供養」，指的是發菩提心，修行自利、利他之功德也。佛經中有「身、口、意三業供養」的說法，即是修行法供養的具體說明。

修行「法供養」，真正的目的與意義，是在於供養我們的「自性三寶」、「自性佛」。故而，真正的供養，不是停住於所供養的對象，而是藉由「供養」之心念與行為，回過頭來開啓與增進自身的福德智慧，以成就大菩提道也。

三、「供養」的典範

在佛經中，所說的「供養」，要以《大方廣佛華嚴經．普賢行願品》最為典範了，兼具了「物」與「法」供養的最高境界。經中云：

「言廣修供養者，所有盡法界……一一佛所……我以普賢行願力故，起深信解，現前知見，悉以上妙諸供養具而為供養。所謂華雲、鬘雲、天音樂雲、天傘蓋雲、天衣服雲、天種種香、塗香、燒香、末香，如是等雲，一一量如須彌山王；然種種燈，酥燈、油燈，諸香油燈，一一燈柱如須彌山，一一燈油如大海水——以如是等諸供養具，常為供養。

善男子！諸供養中，法供養最：所謂如說修行供養，利益眾生供養，攝受眾生供養，代眾生苦供養，勤修善根供養，不捨菩薩業供養，不離菩提心供養。……何以故？以諸如來尊重法故；以如說行，出生諸佛故。若諸菩薩行法供養，則得成就供養如來。如是修行，是真供養故。」

四、生活上如何運用？

以上說明了「供養」的本質、意義與種類。學佛之人在生活上要如何運用呢？簡要的說，即是對於三寶，以及父母、師長、諸善知識等，常存恭敬之心。有了恭敬心，則自能隨緣產生「供養」的行為，或物質的，或精神心靈的。

故平常對於善知識真誠的表示恭敬尊重、歡喜讚歎，即是一種「心供養」也。因為，心念就是一種「能量」，恭敬地給予「心念能量」即是一種「供養」也。而「供養」佛菩薩、諸善知識，即是供養「自性佛」也。

解說如上。阿彌陀佛！

（民國一百年十一月）

布施福德與修心功德

〔緣起〕

有一位熱心公益，從事慈善事業的網友，說她「特別」的「敬重」我，並說自己很少會「敬重」什麼人。以下是我的回覆。

〔回覆〕

感謝大德對我「特別」的「敬重」！

然則，世事歷練以來，了悟讚美與批評，於我實無有增損，譽我不增，毀我亦無損；觀照之，則僅為顯示其人之修養與器量而已。

感謝您對我的「敬重」，還希望您將此「敬重」普施一切眾生，謙和待人，包括您所布施的對象。佛經上說：「心、佛、眾生，無二無別。」

《法華經》中，「常不輕菩薩」說：「我見眾生皆是佛，唯我一人是凡夫。」菩薩修行，慈悲謙下，等視眾生，敬之如佛。

從前達摩東來，梁武帝問：「朕一生造寺度僧，布施設齋，有何功德？」達摩答曰：「實無功德。」有為有形的善行，只是「福德」，有相當的「福報」；無為無形的心性修持，才是「功德」，才能真正「消業障、離苦海」。

六祖慧能將「福德」與「功德」的區別說得很好。慧能大師說：

「功德在法身中，不在修福。」

又曰：

「見性是功，平等是德。
念念無滯，常見本性真實妙用，名為功德。
內心謙下是功，外行於禮是德；
自性建立萬法是功，心體離念是德；
不離自性是功，應用無染是德。
若覓功德法身，但依此作，是真功德。
若修功德之人，心即不輕，常行普敬。
心常輕人，吾我不斷，即自無功；
自性虛妄不實，即自無德，為吾我自大，常輕一切故。
善知識！念念無間是功，心行平直是德；
自修性是功，自修身是德。

善知識！功德須自性內見，不是布施供養之所求也，是以福德與功德別。」

《金剛般若波羅蜜經》也說：

「無量百千萬億劫以身布施；若復有人，聞此經典，信心不逆，其福勝彼，何況書寫、受持、讀誦、為人解說。」

「（我）於燃燈佛前，得值八百四千萬億那由他諸佛，悉皆供養承事，無空過者；若復有人，於後末世，能受持讀誦此經，所得功德，於我所供養諸佛功德，百分不及一，千萬億分、乃至算數譬喻所不能及。」

此即是說，有為有形的布施，或供養諸佛等，不論其量再多再大，都無法與受持讀誦此《金剛般若波羅蜜經》，開啟自性如來之般若智慧、修持自我心性之無為無形的功德相比啊！

世人皆看重有為有形的「善行」與「福德」，此固有相當之「福報」；然而「做慈善」越大、「福德」越多的人，往往容易犯了貢高我慢的過失。

無為無形的心性修持與品德修養，才是真「功德」；於個人，才能真正「消業障、離苦海」；於社會群體，也才能祥和安樂美好。

阿彌陀佛！

（民國九十七年六月）

修道的「出世」與「入世」

〔緣起〕

有一位從事「慈善公益」的網友與我互動留言，說到她選擇的是「入世修道」，而認為我是「出世修行」。以下是我的答覆。

〔答覆〕

其實，入世法即是出世法，出世法不離入世法。所謂「以出世之心為入世之事」是也。

六祖慧能說：「佛法在世間，不離世間覺。」古德也說過：「盡得世間法，乃得論出世。」故大德自述的「入世修道不離凡間事」，其實可說是「出世修行」的基礎。

二者的區別在於：入世修道是「有為法」；出世修行是「無為法」。

然則，所謂「無為」，並非無所作為也。猶如清代張潮《幽夢影》說：「閒非無所事事之謂也」，「能閒世人之所忙者，方能忙世人之所閒。」其中義蘊，頗值得吾人深思。

眾生修道，先階段必然是修「入世法」，修行善布施等，這即是「有為法」；其終極旨趣要在「世法」中悟「出世法」，在「世法」中修「出世法」。

進一層次則是在「出世法」中修「入世法」，修「無為而無不為」，從事一切世間事而無相無著，心無掛礙。

這就是「觀世音」又名為「觀自在」的深義。

真正的道，「世間法」即是「出世法」，「出世法」即是「世間法」。出世、入世不二；有為、無為不二，是為「不二法門」也。

以上說的是「理」；在「事相」上，入世修道者，慈悲眾生，故積極於布施救濟等慈善事業；而出世修行人，則有更大的使命——

《金剛般若波羅蜜經》說：

「若有人能受持讀誦，廣為人說，如來悉知是人，悉見是人，皆得成就不可量、不可稱、無有邊、不可思議功德。如是人等，即為荷擔如來阿耨多羅三藐三菩提。」

「荷擔如來阿耨多羅三藐三菩提」，即是「出世法」「無相修行」之菩薩的使命也。

阿彌陀佛！

（民國九十七年五月）

佛法修行在於啟發自性智慧

〔求教〕

有位年輕學生，來我部落格留言，請求解惑。言其學佛，因法師之教導，而產生道理與現實問題之衝突，以致內心掙扎，不知如何是好。其來信如下：

自在老師：

您好！有問題想要請教您。

我很喜歡佛法，但正值青春期，有些事情真的很困擾，不知道該怎麼辦？很多學佛人或出家師父都是男性，不太好開口，所以來請教自在老師。

我現在是中學生，剛好是青春期，跟很多同年齡的人一樣，想要談戀愛，同時也很愛漂亮。雖然接觸了佛法，認為身體不過是臭皮囊，我還是很在意外貌。

幾個月前我看了某位知名法師講法的影片，看完頓時發現男女情愛根本就是虛假的東西。再看看很多人為戀愛而受痛苦折磨，我卻還盲目去追求，真是可笑至極。

此後我就避免去接觸少女漫畫、言情小說之類的東西，努力逼自己認清事實。經過一陣子後，我已經不再每天為了沒機會交到男朋友而煩惱了。

但我發現自己還是很介意外貌，在乎我不好看的長相和身材。雖然佛法告訴我，身體這個軀殼只是虛假的東西，但我還是克制不了這種心態，希望能美美的出門，不想被別人批評美醜。好難做到不在意，可能是我業障重吧？

請自在老師教我怎麼做才能拋去對外貌的執著呢？謝謝！

〔回答〕

很多人學佛，受到善知識教導：「不要執著！」，於是就聽從的壓抑自己，強迫自己「不要執著這」、「不要執著那」……，卻往往造成更多的苦惱，並沒有因為「不要執著」而自在無礙，反而身心如同套了重重枷鎖——其實這是「執著」於所聽聞得來的「佛法教條」。這是很多「虔誠的佛教徒」的苦惱。

當知佛陀說法都是「隨緣說法」，猶如醫生，應病與藥，故而沒有一定的法藥，如金剛經說的「無有定法」、「一切法皆是佛法」、「法尚應捨，何況非法」——學佛修行，要先明白這個道理。明白了這個道理，就要能夠尋找並分辨，哪一個法才是適合自己的，哪一種藥才對自己的症。

絕大多數的在家信眾，都是跟隨出家師父修學，聽其講道說法。這固然很好；然而「出家師父」所說的，有時只適合其「出家因緣」來修，未必適合在家眾。

《六祖壇經》有謂：「佛法在世間，不離世間覺。」古德也說：「盡得世間法，乃得論出世。」故而世間法即是出世法。世間的種種事，沒有經歷過、品嘗過、深入體驗過，是不可能真正「看破」與「放下」的。世間眾生唯有隨其因緣，經歷並且在其中學習體會，才能真正的成長，獲得真正的智慧。

而不是「逼」著自己「接受」那些所謂「大師」、「法師」所說的境界很高、遙不可及的「聖法」——在尚未經由自己的體證之前，那些高超境界的「聖法」即是「教條枷鎖」，徒令自己苦惱！

世間事，包括男女情愛，包括喜愛美好的外貌等等，基本上，都是人性之自然，佛教亦不反對婚姻，只有對出家僧侶要求戒色欲。

佛法的修行其實也有它的進路與階段程度。故不需要拿那些高超的境界來要求自己——你教一個剛學走路的小娃兒，去參加奧運馬拉松比賽？那是非常沒有智慧的作法！

曾經讀過報紙上一篇精神科醫師寫的文章，講到人的情緒要適度的紓解，否則積在體內會變成毒素。他說，有個患者前來求診。此人是個佛教徒。原來他自覺脾氣不好，想要改掉壞脾氣，於是去學佛修行。學佛之後，凡遇到想發脾氣的事，他就「忍耐」（壓抑）下來，不敢發脾氣；表面上看，修行得很好。一段時間之後，發覺身上出現很多無名的病痛。這位精神科醫師說，那是因為積壓的情緒沒有紓解，留在體內變成毒素。他還說到，很多傳統的「賢妻良母」，長年忍耐壓抑，身體毛病很多，也都是因為情緒沒有紓解所致。

老師舉這個例子，是要說明，學佛修行，要順其自然，不要過於勉強。禪宗祖師說：「無趨向，無造作，平常心是道。」所以，不要勉強逼迫自己「遵守」什麼教條。任何「道理」都得要出於自己的真心去做、去實行，那才是真學佛、真修行。被灌輸的教條，稱為「他律道德」，即使做到了，也是盲目無智慧的。

當知，「佛」的真義是「覺者」；佛法是「啟發」你的「真實自性」，做自己的主人，做一個真正的「醒覺」的人，而不是「灌輸」教條，要你「盲目的服從」。

學佛要學得歡喜自在，而不是修得一臉苦相——只有出自於真心真性的實行，才能有真正的喜樂平和與自在無礙。

老師從根本道理處來解答你的疑惑。至於你所問的具體事情，就由你自己的智慧來思考如何去做了。因為，你才是自己的主人！

阿彌陀佛！

（民國九十九年七月）

學佛要從積極面大乘菩薩行來修

（續前篇之問答）

〔前篇小網友回應〕

感謝自在老師！

自在老師真有智慧！的確，太壓抑反而讓自己更苦惱，也沒有真正放下執著。

不過我覺得放下男女情愛，真的讓我比較快樂、輕鬆。此外，我得要努力修白骨觀才行。至於外貌，我想，修行到某個程度時，應該就會自然而真正放下了吧？

〔自在老師回覆〕

「修白骨觀」是佛教為了對治凡夫於肉身的執著而設的方便法門。是小乘羅漢的修法，其法刻意用觀想意念來進行對肉身的否定，並不是真正的「覺悟」。

在家人要修這個法門，也只是另一種壓抑，尤其是年輕人。

學佛要學積極面，要從大乘菩薩行這個方向來修，修慈悲心，修智慧，修布施、持戒，修待人處事等——也就是先修利他之「德」，並且改正自己的毛病習氣。

當你真正從道法上獲得了真實的喜樂；當你真正開啟了自我內在的生命，契入了永恆之真身（法身）；當你得到了宇宙人生的至樂——道法之樂——自然而然就會放下對肉身的執著，「了悟」（而非刻意認知）肉身不過是短暫無常的幻影，世俗情愛或其他種種虛妄不實的追求，自然而然就放下了——一切是自然的來到，不帶半點刻意。

不需要刻意「修」什麼或「否定」什麼，那永遠不真實，只是自我欺騙、自我壓抑罷了，並非究竟。只要內在的「種子」還在，就勢必還要「重修」。

家父是醫師；我自己則考過中醫師，並學過生物學、解剖生理學，也在國立自然科學博物館看過生命奧妙為大自然恩賜的影片——對自然生命的生成過程與種種活動及人體知識等，我自幼熏陶學習，了知生命本身的深奧與複雜，因此懷抱著讚歎、驚奇並感恩。

所以，學佛當以歡喜心來生活，肯定、接納並感恩此「肉身」為大自然神奇造化所成、父母之所賜，且健康完好，並為天地萬物、社會百工無數資源之所養所育——因此要感恩、要愛惜，並善用此肉身，好好行道，利己利人，方不負此肉身之生之養也。

以這樣積極面去修，才會得到喜樂自在。這才是真正大乘菩薩行的開端，也才是佛法的真義。

不要弄錯方向了，如同多數佛教徒一般（包括出家、在家），一味的否定，一味的禁戒，結果修得一臉苦相，如此便希望往生「極樂世界」？那是不明佛法真義與真精神的。

好好思考一番！善根深厚的女孩！

阿彌陀佛！

（民國九十九年七月）

附錄：小網友回應

感謝自在老師！

經自在老師的一番講解後，我才恍然大悟，原來有些東西並不是去逼著自己放下就可以完全輕鬆放下了。逼著自己放下，其實只是壓抑自己。我想修行還是一步一步來比較好，不然感覺好像逼著小學生去讀大學一樣。

修道依於真實心，沒有宗派的分別心

〔前篇之小網友留言〕

看到部落格中，〈自在老師的學佛修行歷程簡述〉說到：「我學佛修行將近二十年，無師無友，直依於觀世音菩薩，勤苦獨力，堅修大乘菩薩行，而以大智慧為根本方向。」

喔！真是巧耶！我也一直覺得跟觀世音菩薩比較投緣說。

但我現在修的是「淨土法門」，最喜歡的經典是《無量壽經》。通常認為修這個法門的是跟阿彌陀佛比較投緣，為何我個人喜歡、並且平常主要修持的是唸觀音聖號呢？實在是想不透呀！

〔自在老師回覆〕

關於各個「法門」的問題，例如哪一部「經典」、哪一位「佛菩薩」、哪一種「咒語」，其歸屬於什麼「法門」或「宗派」——這樣的畫分方式，那都是宗門教派的「分別心」。「分別心」是不正確的修行態度喔！

妳應該注意我在「修學歷程」中說的：

「修學超越宗門教派，不屬當今任何道場。以禪法、止觀及念佛為契心法門，而歸宗於般若究竟之法。以《金剛經》為核心修持法典，旁及諸多方便法門。」

當知，佛陀說法時代，並沒有這些天臺宗、華嚴宗、淨土宗、禪宗、密宗等各個宗派的分別，那都是後來修學的僧徒們，依其自己的根器旨趣，創立而分別出來的。宗派發展到後代，就畫分得壁壘分明，產生門戶之見與對立紛爭。

對於宗派的對立分別心，其實都是俗人俗見，不是真正「修道」應有的！真正的修道，只依於一個「真實心」，而佛法八萬四千法門，與自己契合投緣的就去修，不需要去分別屬於此宗派或他宗派。

這樣修行就很喜樂。而到得契悟根本究竟之道時，就會了悟「一法通萬法，萬法本來是一法」，根本沒有界限的，因而能夠融會貫通了。

這是我修行一貫的心法。

學佛要修智慧，不應人云亦云，被俗見牽著走！

阿彌陀佛！

（民國九十九年八月）

實地修行才明白——回應宗教門戶之見

〔緣起〕

一位年輕網友來部落格留言，表達其服膺「禪宗」，標榜「無法」，堅持「自悟自度」，不屑「淨土」，拒絕「佛力」的觀念態度。乃答覆如下。

〔答覆〕

現今佛教界，概分為「禪」、「淨」、「密」三大派別。常見其門徒自我標舉而攻擊他派，認為只有自己的才是「唯一究竟之法」。

我自己雖然契心於禪門的微妙深法，然而，佛門八萬四千法門，有「究竟法」，有「方便門」。實地走過修行之路，才深刻體會單靠「自悟自度」的有限與吃力，也才能領受「自力感通佛力」的殊勝力量。

我不排斥任何法門，只要能治「心」之病，一切法皆是佛法。而執著「無法」即是「有法」也，是亦「法執」也。

我十幾二十年實地修行，正是一步一腳印的走來。因為認識到自己的渺小與有限，所以我謙卑於一切法之下，用心學習。如同我知道肉身的脆弱，而謙卑於一切食物與醫藥之下一般。

實地修行最難！絕大部份的人還在「意識層面」的「理論」與「知見」上打轉而繞不出來，真是可悲。

當你實地去修、去做、去實踐之後，你就會明白「認知」與「實際」的差異。一個人也只有經歷「實際」，才懂得謙卑。

研究旅遊手冊、閱讀愛情小說，始終不如實際體驗來的真切與深刻，並且在其中學到經驗與教訓，得到智慧與成長。

你還年輕，也許福報大，不曾有過什麼挫折困難，我在你這個年紀時候也是，年輕氣盛。其後經歷人生種種，工作、婚姻、家庭、兒女、社會價值觀……等等，現實中的一切一切都是磨練與考驗——要在其中堅持道心與修持。十幾二十年，仰仗佛力護持，我的人生與修行之路，如今才漸得自在。

事非經過不知難。不知天高地厚，就不知謙卑與虔敬——虔敬宇宙、虔敬神佛、虔敬生命、虔敬人生、虔敬每一個人、虔敬內在心靈的殿堂！

我語重心長的分享自己的體悟。年輕朋友，你的道路才要開始呢！

末了，我虔敬至誠的稱唸一聲：

「南無阿彌陀佛」！

（我心中的「阿彌陀佛」，不是那一尊佛，而是「一切法身藏」。）

（民國九十七年二月）

不只要修「慈悲」，還要修「智慧」

（與網友之意見交流）

我曾經在自己的書裡說過：「慈悲容易有，智慧最難修。」（見於《雲水無心》）

修行，不只要修「慈悲」，還要修「智慧」，才不會流於濫慈悲，助長別人的惡業。

我觀目前佛教界普遍強調「慈悲」，而較少重視「智慧」的修行，以至於普遍存在著不辨是非、不明事理的濫慈悲現象。

智慧是「明燈能照」，智慧是「金剛能斷」，所以代表智慧的文殊菩薩，其塑像手中所持法器，即是一把「劍」（智慧劍）。

修行者不只要有「慈悲」，還要有「智慧」，更要有金剛能斷的「大勇」，才能成就菩薩道。

以中國儒家來說，就是「智仁勇」三達德——可見「智」是擺在第一位的。

我常說：「慈眉善目是菩薩，金剛怒目亦佛心」。看佛教寺廟，前面都會立著怒目持劍的護法神，大殿最裡面端坐的才是慈眉善目的菩薩。明白這個道理，就知道該如何修行了。

我也曾比喻，就如同父母教育小孩，要有慈愛的照顧，也該有嚴謹的管教，恩威並施，悲智雙運，才能教育出健全成熟的孩子。

所以我自己學佛的目標與方向，即是修「智慧」，修行世間與出世間的大智慧，立志成為一盞明燈，來引導與照亮眾生——發願修行，二十年來未曾忘失與懈怠，始終如一。

願與所有修道者共勉！

阿彌陀佛！

（民國一〇一年四月）

學佛要修智慧並能隨緣

〔求教〕

有一位網友寫信給我，說她是一位單親媽媽，不慎被牽扯進一對夫妻的婚姻糾紛裡；此對夫妻後來離婚，便怪罪於她，她因此遭受許多誤解與打擊。於是看透世俗而開始學佛，但該位離婚之夫仍想與她聯絡，她很煩惱，寫信來求教該怎麼辦。

〔回答〕

妳好！來信知悉。

信中所言：「佛教導我們要慈悲，那麼，我還要因為可憐他（該位離婚之夫）而與他聯絡嗎？」

這是很多學佛者的迷思。以為學佛了就要秉持著「慈悲心」去「渡人」。

先想，一個剛學游泳的學生，如何能夠去擔任「救生員」？即使能在小游泳池當救生員，如何能在濁流湍急的浪潮裡救人？

且所謂「慈悲」，是要發真心的才叫作「慈悲」；為「慈悲」而「慈悲」，只是「法執」，或者是不明事理的愚善。台灣的宗教界似乎頗為鼓勵這樣的愚善愚行。

學佛固然要修「慈悲」，但更要修「智慧」。悲智雙運，才能成就菩薩行。

須知佛法凡事講一個「緣」字；遇事不可勉強，應隨緣而行，故有所謂「佛渡有緣人」的說法。若因緣不適合而勉強作為，只會招禍而救不了任何人。如同剛學游泳的學生，就想要去當「救生員」，只會讓救人與被救者同時溺水而已。

另外，根據許多社會新聞案例，在男女問題的糾葛中，女人常被「慈悲」二字所累而成為受害者。故而單親家庭的婦女，要學的不是「慈悲」，而是「智慧」與「堅強獨立」。

慎思之！祝福您！

阿彌陀佛！

（民國一百年二月）

附錄：網友回應

自在老師：

您好！

在徬徨無依又不知可以相信誰時，因為看到您的部落格，耐心又清楚的回覆大家的問題，於是抱著信心請教您。沒想到這麼快就收到您的回覆，好似抓到浮木般的安心許多了！

感激您明確的指引我方向，解了我迷思已久的疑惑，感恩再感恩！

我終於知道該如何做，也可以專心學佛，而不再起煩惱心及執著無明。

慈悲仍要有智慧作依據！蒙您指點，我已能體會到甚麼叫做有智慧！

我會學習堅強獨立！謝謝指導與祝福！

阿彌陀佛！

某某合十感恩

談如何修智慧

〔求教〕

有大德閱讀了前篇文章之後，求教該如何修智慧。我回答如下。

〔回答〕

大凡人，慈悲容易有，智慧最難修。

智慧略可分為「世間智慧」與「出世智慧」。茲分別說之。

世間智慧

「世間智慧」，包含各種「知識技能」與「人生哲理」。一個人，他的知識技能越多、越熟習時，便能以自信心，從容自在的處理許多現實上的事情；處理事情，又可以累積許多經驗，成為自己的智慧。這是生活在現世中所必須修習的「知識技能之智慧」。

此外，我們還有許多人際關係及人生問題，這就要學習「人生智慧」了。我們可以從許多先哲的思想著作中，學習宇宙人生的智慧。例如孔子、孟子、老子、莊子、易經、佛經……等諸多聖賢經典，都值得我們好好學習，使我們了解當以何等態度來生活，如何與人相處，如何面對人生困境等。

我們學習這些技能與知識，要想成為人生中有用的智慧，必須用心吸收，還要能思考，並且活用在自己的生活上與人生中；而不是僅拿來作為學術研究的對象——這樣可能使人很有學問，卻不見得能有智慧。這是學習態度要注意的問題。

上述是屬於世間智慧，學習多了，熟習了，可以使自己的生活與人生，得以自在從容。

出世智慧

如果要更進一步了脫生死苦惱，尋求心靈的安頓，離苦得樂，就要修行出世的智慧。出世的智慧要靠修行而得，基本上，要修習佛法的「戒定慧」。持戒，而後少欲少過；少欲少過，而後心清淨安定；心清淨安定之後，內在本來的智慧就能自然產生。

佛陀說過：「大地眾生，皆具如來智慧德相，但以顛倒妄想，不能證得。」每個人的本來心地中，皆有如來藏、智慧藏，那是本具的佛性，卻因煩惱妄想無明遮蓋，而無法產生智慧明覺。所以，修行就是要除去這些無明業障，才能恢復本心的智慧光明。

本心的智慧光明，作用大體有二，一是內覺觀，向內觀照自我的起心動念，觀照內在思惟種種皆是如幻的空相；二是外覺觀，能夠洞察世間人情事理，又能觀照歸於空相而不為所動。

修習出世智慧，佛法有八萬四千法門，一般有念佛、誦經、持咒、靜坐、止觀……等，無非是讓紛雜的心念得以沉靜內斂，恢復清明，如此自能產生靈覺智慧。

這就是佛法從「聞、思」，而修「戒定慧」的意義。

相信這些都是許多道場法師會開示的教義，但少有人成就。何以故？因為許多修行的人，是「為師父」「為佛祖」做功課，好像是做老師規定的作業，做了交差，或是做多了自以為很高尚……，這樣的心態是絕不可能成就的。

要修得智慧，一定要能有內在的需求感，為自己心靈而修。每天做功課，就像吃飯飲水般需要，是心靈的糧食——有這樣的需求感，才能修得法喜充滿，而漸漸顯露出心靈智慧之光。

謙卑而恆久的學習

世間智慧，包括知識與哲理，使我們方便生活與處世。

出世智慧，則是內觀覺照與外觀洞察，能使我們超越世俗煩惱而得到心靈的安頓與自在。

修智慧，不是一時的工夫，而是一生乃至累生累世的修持功課，要抱著決心與永不停歇的精進心來修，才能有所得。

要能謙卑修學，學習從任何正負面事情中汲取智慧。《金剛經》所謂：「一切法皆是佛法。」只看學人如何思惟與體悟。

例如，我自己常如此思惟：「醫生要感謝病人磨練了他的醫術；做父母的要感謝小孩磨練增長了自己的耐心與慈悲；為師者要感謝學生增進了自己傳道授業解惑的智慧與能力。」

《大方廣佛華嚴經．普賢行願品》中說：

「諸佛如來，以大悲心而為體故，因於眾生而起大悲，因於大悲生菩提心，因菩提心成等正覺。譬如曠野沙磧之中，有大樹王，若根得水，枝葉花果，悉皆繁茂。生死曠野，菩提樹王，亦復如是。一切眾生而為樹根，諸佛菩薩而為花果，以大悲水饒益眾生，則能成就諸佛菩薩智慧花果。何以故？若諸菩薩，以大悲水饒益眾生，則能成就阿耨多羅三藐三菩提故。是故菩提屬於眾生，若無眾生，一切菩薩終不能成無上正覺。」

佛經中大菩薩們謙卑求道的發心，令人動容，也值得我們深思學習。因此我總是認真看待來向我求教的人，盡我的能力為其解惑，因為求教之人正是啟發修行人的善知識啊！

阿彌陀佛！

（民國一〇〇年二月）

如何修學以求智慧？

有一位讀博士班的網友來函求教，問了一些關於學佛讀經與求智慧的問題。以下為其問題與我的回覆。

〔問一〕

在學佛方面，我沒有什麼基礎，目前只有聽某位知名法師講解佛經而已，不知道您有什麼學習上的建議嗎？

〔答〕

一、修學要確立方向

一切修行之路應先確立目標方向，才不至盲學瞎修。

佛門廣大，法門無量，如無明確目標與方向，門派眾多，眾說紛紜，各自成理，如何決擇？

如同國學浩瀚，各人興趣專長不同，或喜哲理，或擅詩詞，或攻魏晉，或究隋唐，或愛現代白話文學、戲曲小說等等；目標明確，專致以修，始能有成。

修學佛法，應先明瞭「佛法」、「佛教」、「佛學」三者之性質差異，以及探尋自我內在真正渴望需求為何？如我未學之時，即深感內心渴求一個「安身立命」的基點，此心得以平安、喜樂、自在；並以追求宇宙人生究竟真理、超越而透徹之大智慧為終極目標。故步步皆朝此方向邁進，而不致有偏離。

二、確立目標，不致迷失

世間眾生，求佛學佛者不一：或求世間福報、消災祈福；或求解脫了生死、求生極樂世界；或希求密法神通以自顯；或奉行慈悲喜捨有為法之菩薩行；或求心靈安頓、人生喜樂自在……等等。目標不同，法門有異。故需詳審自我內心之真實渴望者為何，方不致迷失於眾多法門與眾家、眾師之說也。

此吾行道十餘年，觀此佛教界紛亂不寧，有心者往往不得其門而入，惑於眾說而無所措其手足，所深致感慨者也。

望您深思！待您明確之後，我再給您參考意見。

〔問二〕

上次向您求教，您要我確認自己的方向，我想了一段時間——「追求智慧」——最終覺得只有這個才是學佛的根本，也才是我追求的目標。我所希望的那種智慧，應是能夠對宇宙、人生、萬物現象皆能有徹底的了悟，對自己能真正了知，對於各種境界都能因為明白而坦然自在吧？

〔答〕

一、修行要經過自己的思考

這是很正確的方向。看來你的目標和想法與我很契合呢！

其實從幾次通信中，我也能大略知道你的目標和想法，只是你還沒有自己深入思考過，還沒通過自己的思惟透徹釐清，所以先要你自己思考一番。求智慧的人就應該如此，不是別人給什麼，你就接受什麼，一定要經過自己的思考。這就是我給你的「入門功課」。

二、修行要歸依於佛菩薩，仰仗佛力修持

上次你提到覺得自己心不定，這是是因為你還沒有找到一個引導人生與修行的心靈依託——一位與自心相契的佛菩薩。

我自己是歸依於觀世音菩薩。末法時代，我輩凡夫，要憑己力修持，是很困難的，必得仰仗佛力護持才有力量走上心靈修持的道路。

我不贊成「歸依」於當今現世的所謂「法師」。當今現世中的學佛人，再怎麼號稱「大師」，也仍

是凡夫，固然有所成就，也難免有所偏頗，他們的思想見解只能作為「參考」，還不足以成為修行路上一切的「依憑」。所以，找到一位與你相契的佛菩薩，屬於你心靈的母親、宇宙性體的源頭，你的心就會有「根」；有根，心就會定了，這就是「歸依」的真實意義。

三、關於聽經與讀經

你希望求智慧。求大智慧是大根器的大修行，沒有大願深心，是不容易堅持下去的。所謂「深入經藏，智慧如海」，對於經典，你可以參考我的文章〈對佛經的認識與讀經的方法〉（見本書前面首篇）。

你要聽法師講經，我的看法是，以「知識份子」而言，最好自己先將那部經典讀過，再來聽講。以你的程度，對於經典文字應該沒有什麼困難，只是一些專有名詞術語，參看注解即可。儘量能掌握經典原文，不要被注解文字演繹引申得支離破碎。如此自己研讀過，有了一番了解，再來聽法師講，才能思考，知所取捨。不要像一般信眾，往往未曾讀過經典，也不加思考的就聽受法師講述，而且在態度上十分執著，甚至把「師父」說的看得比聖旨還強！這種情形很常見，我看了心中很是悲切。如今能遇到如你這樣的知識份子，要求大智慧者，故特別致意也。

關於經典的學習，依時下狀況，「聆聽」法師講述，往往不如獨自靜心「閱讀」時候的深入，而且方便靜心思考。所以，跟隨大眾「聽法」「聽經」，很容易變成「他律灌輸式」的教育。要修習大智慧，必得是「自律自發式」的，唯有「自律自發式」的修持，才是邁向智慧、邁向覺悟、邁向正覺的道路。

四、幫助定心的功課

關於幫助定心的功課，我不希望用「給答案」方式，僅以自己的方式提供你參考。

我自己修持定心的根本功課，就是「念佛」。你可以參考我有關念佛的文章（見本書前面），就會比較清楚了。

除了「念佛」，我十幾年來的寫經與讀經功課，對內在的修持與智慧的啟發，有很大的幫助，你也可以斟酌參考。

相信有智慧的你，會找出一些適合自己的修行方式。你讀我的文章便知，我不大給人明確而固定的答案，我只替你分析，給你參考，並且教你如何去找出屬於自己的方式。

多參考，以及多思考，就會找到自己要的法寶了。

〔問三〕

在我之前的因緣中，我覺得與我相契的佛菩薩是「釋迦牟尼佛」！請問我要如何來修？

〔答〕

一、歸依於契緣的「本尊」佛菩薩而無分別心

很高興你找到了與自己相契的佛菩薩，當以祂為自己的「本尊佛」。歸依於與自己相契的本尊佛菩薩，是讓自己心靈有個依託，以及修行路上的守護。佛菩薩的法門在根本處是沒有什麼分別的，一切法皆是佛法，只問你自己要求什麼法。

如我自己，雖然以觀音為歸依的「本尊」佛菩薩，但我也讀誦受持釋迦牟尼佛講說的經典，學習文殊菩薩的出世智慧。「本尊佛」對我而言，重要在於心靈的歸根，以及守護。基本上，一切佛菩薩的「法藏之身」皆是一體的，只是我們自己覺得與哪一尊比較契合投緣而已。

不過，為了幫助與堅定對所歸依的佛菩薩的信心，相關經典傳記是要讀一讀來加深了解的。

二、隨順因緣讀經，修行契入為要

至於該讀什麼經典？其實，一個人會接觸佛法、信仰哪位佛菩薩，乃至讀什麼經典，都是有宿緣的。所以，我的態度是——隨緣隨心。

回觀我自己的歷程，似乎我所讀過的經典，甚至讀的先後順序，都覺得冥冥中彷彿有佛菩薩給我「安排進度」。所以我修持始終秉持「隨緣」的態度。

所謂「隨緣隨心」就是說，你現在遇到什麼經，你會有興趣，想拿來讀，就拿來讀。你若對那部經典目前沒興趣，或不相應，就不必勉強自己，也許以後機緣到了，自然就會去讀。最主要是要保持

一顆求法的心。我自己十幾年是這樣一路走來的，所以才會說是佛菩薩護持我，而自己一切隨順佛菩薩安排的因緣的。

是以，佛經很多，該讀什麼經，就看你的機緣了。

所謂「深入經藏，智慧如海」，求智慧者，我自己的確是讀了很多，有百餘部佛經原典（沒有註解的純經文），可說目前一般流通可見到的大乘經典都讀過了，一般學佛人講的相關佛理我差不多都了解，甚至出自那部經也大略記得。但最重要是要有「相應的修行」。經典深義懂不懂，其實不在於文字上的知解，而在於「契入」與否。修行到了，一讀便了知印心；修行不到，雖千言萬語也解說不清。這是修行讀經應有的認識。

謹覆如上。阿彌陀佛！

（民國九十六年十一月）

「聞思修」——思惟是智慧的開端

〔緣起〕

有位大德，在部落格發表了學佛的一些心得，我看了很歡喜，回應如下。

〔聞思修——思惟是智慧的開端〕

很高興看到大德有自己的心得。修行多用心，多寫，哪怕只是三言兩語，都是覺性智慧的開端。有自己的心得，才是真正的修行，表示有用心，有修到心裡頭去。

我自己學佛修行二十年，也寫了很多心得筆記，手寫有十幾本之多，還加上部落格上面的（電子檔）數百篇等等。

我想起很多年前，遇到一位台灣最高學府、一流明星大學之哲學博士班的學生，三十出頭的年紀。

他在哲學博士班主修中國哲學，於是我便與他交流交流。

聊到學佛。他說在北部一間知名禪修道場學打坐。我問他修學了多久？他說，有五六年了。於是我就請教這位一流明星大學的準哲學博士：「您在這個道場修習打坐，修了五六年，有何心得？分享看看！」我期待著他應該會有一番豐富而深刻的體悟的——對於一個學哲學的高級知識份子而言。

沒想到，他居然愣在那裡，一臉疑惑的久久說不出來，好像從來沒有想過「打坐修行還有心得」這回事。

我提示他說：「譬如你有沒有覺得修了以後心比較沈靜啊？或是身心有何感覺呀什麼的？」他居然還是傻在那裡，不知道學佛還有「感受」可言……。

我非常訝異——一個台灣最高學府的準哲學博士，竟然不會思考，沒有感受！不曾想過自己修習這麼久，有何心得收穫！那真是不知道修這麼久在做什麼呀！也可見台灣的教育向來只重死記、忽視思考的影響有多麼深！

所謂「感受」，就如同飲食，你吃了這個東西，覺得滋味如何？飲食當下，用心品嘗，必然覺得很有滋味；反之則食不知味。故《中庸》說：「人莫不飲食也，鮮能知味也。」用來比喻「道」在日常生活中，用心處，就能得之。學佛修行就是這樣。

每當我遇到一些修行有一段時間的人，就會請他說說感受與心得，目的就是要啟發他——學佛要用心體會，才是自己的，不是人云亦云，傻傻跟著師父或善知識盲修瞎練。

因為，所謂「學佛」——佛者，覺者也。要成為一個「覺者」，必須用心體會，有自己的心得，才能開啟與增長心靈智慧，進而開啟自性如來之覺慧。

佛經中有所謂的「聞、思、修」:「聞」而不「思」而「修」，再好的道法，也難以進到你的身心裡頭去，即使勤修也仍是「迷失」啊！如何開「智慧」？如何成為「覺者」呢？

記得我初學佛三年之後，想找一間佛寺為我辦理皈依三寶的儀式。因緣所至，在某間佛寺完成了皈依儀式之後，方丈師父便要我與大家分享學佛的心得。我很歡喜的在一群出家師父面前，分享了我學佛三年的心得。

我講的很多都是從生活中實地修行的體會。一講，不知不覺講了三個鐘頭沒有休息，讓那些出家師父們聽得歡喜出神。等我講完，方丈要他的弟子們也來說說心得。結果一群出家二三十年的「師父」們，沒有一個人敢講。他們表示，他們都是學理論，講不出什麼「心得」。

很多學佛人，跟著「師父」修，跟著善知識修，或是讀經典等，總是過於推尊師父、祖師、佛祖或經典，而把自己看得過於渺小卑微，以至於從來不去思考，或者不敢有自己的想法感受與體會，總是先把自己否定，再來修行。所以問到有什麼心得，便傻住了。也許他們心中反問：「我哪敢有什麼心得？」

這是十分錯誤的心態。

學佛修行固然要謙卑，對人謙下，虛心學習，卻不是把自己否定、丟掉。

如果把「自己」否定、丟掉了，如何確立「主體性」？如何產生自信心？又如何開啟本心佛性？開啟真正的覺性智慧？

以致大部分的人修了許多年，甚至二三十年，心靈智慧還是沒有開啟，只知盲目的遵守一些教條，而不知其中意義何在？

修行不思考，不知在修什麼，就是瞎修盲修，就是迷失，跟「迷信」沒有兩樣。

學佛要明白一件事：「自己」才是修行的主體與主角，自己就是「未來佛」，修行是為了開啟自性中的佛性，覺悟這個「自性佛」。

外在的佛菩薩、師父、善知識，以及經典等，都只是引導，藉由他們來引導「我」。他們不是主體，不是主角，主角是「自己」。

認識「自己」才是主人，才能夠知道修行的目的何在，而不是在那裡瞎忙聽聞道法，瞎忙修行。聽聞任何道法，都要靠自己用心體會，吸收學習，有自己的體悟，才能真正成為自己的智慧，也才能真正有益自己的身心，提升自己身心靈的境界。

我也曾聽聞有某些佛教大德，教人讀經或修行，不可以思考，認為「思考」就會落入「無明知見」，認為「思考」都是眾生的「胡思亂想」，所以教人不要思考；經典，唸誦就是了；法門，照著做就是了云云。

其實，學習任何事物或學問，都要用心體會並且思考，才會深入，才會成為自己的學問智能，增進自我的成長。

學佛修行，也許你還不會「思考」，但是，總有「感受」吧？不管「思考」是對是錯，「感受」是好是壞，總是經過自己內心的一番「反芻」；而身為「老師」或「師父」的施教，就在這裡見真章了。

為師者不是單單「佛教知識與法門」的傳授，更重要的是在於修學者思考與感受之後的引導，導向正確的方向；或是指點迷津，解其困惑——這就考驗為師者的智慧了。

對於修學者而言，如果「明師」尚未能尋得，就只有自我策勵，多讀經書，多用心體會，多與人切磋請益，總是會有所收穫的。

阿彌陀佛！

（民國一百年十一月）

心如何「安」？學佛是否要去道場修？

網路上有個充滿理想熱誠的碩士班大男孩，寫信問我關於學佛修行之事。以下為其問題與我的回覆。

〔問一〕

請問導師，從前達摩為二祖慧可「安心」，而我今心中有不安，請導師亦為我「安心」。

〔答〕

看來你的佛學書也讀了不少，也正反映出你求法熱切的心。

心如何「安」？不必求「安」。

二十幾歲的你，人生正待飛揚，如何能「安」？「安」了又如何去追求理想？

正是這顆「不安」的心，要帶著你探索人生、接受挑戰、尋求真理，要走遍八千里路雲和月！

心如何「安」？

「安」於「不安」，當下即是「所安」。

人問趙州禪師：「萬境俱起時如何？」禪師答曰：「萬境俱起！」

宋朝石屋禪師偈曰：「著意求真真轉遠，擬心斷妄妄猶多。道人一種平懷處，月在青天影在波。」

善男子，明白嗎？

【問二】

二祖斷臂求法，是否意謂學佛修行要放下很多寶貴的東西？

【答】

所謂「寶貴」，「寶貴」的定義是什麼？

何者為「貴」？何者為「賤」？每人價值觀不同。

《老子》說：「為學日益，為道日損，損之又損，以至於無為。無為而無不為。」

有心求法的你，《老子》說的道理，可以好好思考一番，就知所取捨了。

【問三】

我是否該去尋覓一個道場，跟隨師父修行？

【答】

你應該先反觀、反問自己：為何要學佛修行？內在的需求與自己的目標方向何在？內在的那個「你」，就是自己最好的「師父」，他會帶著你去尋找你渴望的生命答案，你要的心靈資糧。

給你一個「實際」層面的建議：

時下「道場」的素質不一。以你的慧根，在明白確認自己的方向目標之後，靠自己讀書、修行、請益，會比去一般「道場」跟隨那些本身可能教育程度不高，於真理真道的認識也不甚清楚明白的所謂「師父」盲修瞎修要好。

目前一般的「道場」，並非皆以佛陀的經典教育為依歸，而是喜歡「灌輸」他們自己那個「道場」的理念宗旨，然後形成一種「門派思想」，形成一種「集體意識」和「群眾心理」的制約；這跟佛法的「醒覺」、「覺悟」、「明心見性」的真理，是背道而馳的。他們到後來，往往變成一種「造神運動」或「思想控制」，信徒們皆積極熱衷的傳播「師父的法」—而非「佛陀的法」—來從事他們自認神聖的「渡眾生」。這樣的情形，我見過很多；雖然許多人後來覺得很困擾，可是卻無法擺脫「道場」的控制，因而苦惱不堪。

以上給你參考，相信聰明的你，能夠慎思明辨而找出適合自己修行的方式。

阿彌陀佛！

（民國九十六年九月）

為甚麼會恐懼不安又易怒呢？

〔問〕

我經常覺得心裡不安，請問為甚麼人會有恐懼？還有，自己為甚麼易怒而難以控制？

〔答〕

一、恐懼不安而易怒的原因

這可以從身心兩方面來說：

甲、身體方面

（一）因為人類有肉身形軀的生存需求，所以會對生存環境有不安感，這是生存的本能，也是求生存的動力。

（二）以中醫觀點來說，腎虛則恐，心虛則惕然不安、肝虛則火旺易怒。所以有此現象，可能身體虛勞而致肝腎不足、心血虛。好好調養就會改善。

乙、心理方面

（一）可能過去生中、潛意識裡，留下什麼不愉快的記憶，長久潛在內心中所致。

（二）還沒有找到真正的自我，活在別人的期許與給予的框架中，使你的靈魂不自由，而你又不敢嘗試突破，總是得過且過，長久下來，就會恐懼不安與易怒。

（三）修行還未悟道，未能明心見性，還未領受真正的甘露法喜，沒能體會當下的禪喜，尚在道法的外圍打轉，迷失在規矩教條與玄之又玄的理論中，所以會有恐懼與不安。

二、對治的方便法門

常感恐懼不安而易怒，該如何對治？方便法門可以從身心兩方面來進行：

甲、身體方面

（一）如前述以中醫觀點來說，可能是身體虛勞所致。可以求醫診治調養以求改善。

（二）從事運動以及適當的休閒，可以調劑身心，紓解壓力。

乙、心靈方面

（一）真誠的歸依於一尊佛菩薩，使心靈有依靠寄託；並經常念佛，感通佛力護持，就能獲得心靈的安頓。

（二）學習向內自我探尋，找到真正的自我，找到自己人生的真正方向，努力自我實現，從而肯定自我，展現生命的意義和價值，就會得到心靈的豐盈喜樂。

（三）學習慈悲，付出關懷，幫助他人，能使自己成長，肯定自我價值，心靈就會充滿美善喜樂，恐懼不安易怒等，自然消失無蹤。

三、覺慧觀照心識如幻

禪宗二祖惠可，雪地跪求達摩「安心」。

達摩說：「將心拿來，為汝安之。」

惠可默然覓心，然後說：「覓心不可得也！」

達摩說：「已為汝安矣！」

修行更上層樓，當觀心識如幻。《金剛經》說：「過去心不可得，現在心不可得，未來心不可得。」恐懼、不安、易怒等情緒，當觀照皆是幻影，如風雨雷電。修行人當悟：「青山原不動，白雲自去來」又何憂何懼？

阿彌陀佛！

（民國九十八年六月）

修行人如何面對情緒起伏？

（答網友之問）

有心修行的人，容易為喜怒哀樂之情所困擾。

我接觸過許多佛教徒，總是煩惱自己妄念太多、情緒起伏，為此常抱有罪惡感。

然而，情緒本身是問題嗎？接不接納情緒，才是問題。

煩惱本身是問題嗎？煩惱於你的煩惱，才是煩惱。

禪法認為，煩惱則已，於此又更添一重煩惱也。

情緒之於心，猶如波瀾之於水，受因緣影響而有起伏波動，本是自然。

那麼，修行人該如何面對與修持呢？

六祖慧能說：「慧能沒技倆，不斷百思想，對境心數起，菩提這麼長。」（參閱本書前面〈慧能：「不斷百思想，菩提這麼長」之禪義〉）

所謂「無為自然天之道」。對於起心動念、情緒起伏，保持觀照，心中了然而隨順自然，則自過去。

《老子》曰：「飄風不終朝，驟雨不終日。」

情緒起伏亦如風之起，隨之而去，自有風去平和之時。造作壓抑，風反不得息也。如果情緒起伏過大而覺得困擾，可以藉由念佛號來幫助定心，或者用其他休閒靜心的方式來調整紓解。不需要因此自責甚至產生罪惡感。

修行要快樂的做自己，而情緒也是自己，不要拿枷鎖套自己，便可以自在安樂也。

阿彌陀佛！

（民國九十八年四月）

修行人的自然真性——談喜怒哀樂之發

〔緣起〕

有一位年輕網友，因為經常向我請教國文方面的問題，稱我「老師」，自稱「學生」。有一次我在網路上回答另一位網友的國學問題，對方一直理不清頭緒的反覆再問，費日多時，而我也耗費了非常多的心力，前後用了幾千字，很耐心而詳盡的回答他的問題，對方似乎仍不滿意。這位經常與我互動的「網路學生」也在該網頁上參與了一點意見，替我說話，故知道事情經過；於是我就在電子信中私下向其略發了一點牢騷。沒想到這位年輕的「網路學生」竟然回信指責我「修行不夠」云云。

其實，社會上「寬以待己，嚴以律人」的情形實在屢見不鮮，我也常因為直率的向較為熟識的朋友顯露與表達對某事的心情感觸，而被其「指教」——似乎「修行人」必須與「聖人」劃上等號？因為經驗不少，這回，我就好好寫了一篇文章，發表在部落格，來回覆這位年輕的「網路學生」，並分享大眾，修行人該如何來面對「喜怒哀樂」。

〔修行人的自然真性——談喜怒哀樂之發〕

關於我抒發心情之事，感謝你的「指教」！

我不過一時情緒想找人抒發一下罷了，而你是我唯一知道那件事情的網友！

基本上，我做事的原則是，凡事盡心，仰俯無愧，也就了無遺憾。別人如何，就隨他去了！但當下卻不可能完全沒有情緒的波動。

是的，我的修持誠然未臻至善聖人之境。然則，「修行人」是不是就必須與「聖人」劃上等號呢？況且，喜怒哀樂，人之常情，何必矯情掩飾以博美名？

觀當今很多所謂的「大師」，道理演說得頭頭是道，其本人也喜怒不形於色，道貌岸然，不苟言笑，與信徒保持一定距離，高高在上，展現崇高神聖之姿，以獲得大眾的崇敬膜拜！那是否真實呢？「聖人」真的是這樣的嗎？

佛法講的是真性，喜怒哀樂順其自然。所以六祖慧能大師說：

「**慧能沒伎倆，不斷百思想，對境心數起，菩提這麼長。**」（見本書前面單元之文章解說）

禪法這個道理是說：修行人平素持戒嚴謹，但過於嚴謹則是執著於法，造成身心的束縛，所以，有雜念情緒等，不必掛礙，順其自然。馬祖禪師講的「平常心是道」，就是這個意思，都在強調真性情的意義——不縱情任性，卻也不壓抑；道法自然，以造化為師。

唐朝有名的趙州禪師，我讀過他的語錄，其中有一篇〈十二時歌〉，從亥時寫到子時，寫他在偏遠荒村修行的艱苦生活。全篇可說都是牢騷話，說托缽多麼辛苦、衣食住行多麼破爛缺乏、天氣又熱、托缽乞食遇到的施主又不恭敬供養等等。（原文見附錄二）

我讀了真是非常開心與尊敬——尊敬他這麼坦白率真，毫不矯情，對自己誠實！

至聖先師孔子也有喜怒哀樂。例如《論語》記載：

「子於是日哭，則不歌。」

哭是喪事的弔哭。這個記載表示，孔子平日是很喜樂的，不時開心就唱歌。可是若當天參加喪禮，為喪家哀戚哭泣，就沒心情唱歌了。可見孔子多麼真情！

弟子懈怠，孔子也會責罵，最有名的例子就是：

「宰予晝寢。子曰：『朽木不可雕也，糞土之牆不可杇也。於予與，何誅？』」

不但罵，還罵得兇，並且最後說：「我對你呀，連罵都懶得罵了！」

也曾發牢騷：

「莫我知也夫！知我者其天乎！」

感歎世間沒有人能瞭解他，只有上天能明白他的道心。

所以，修行人能不能「有」情緒？「有」了情緒，可不可以「表達」呢？

《中庸》說：

「**喜怒哀樂之未發，謂之中；發而皆中節，謂之和。中也者，天下之大本也；和也者，天下之達道也。**」

這就是說，喜怒哀樂等情緒，是自然本有的，但是要「發而皆中節」；「發而中節」使自我內在與人我關係都達成和諧，這是天下的達道。

喜怒哀樂，人之常情，我們應該正面看待、接納它，而非斥為罪過；這樣接納之後，情緒反而容易撫平與恢復，但卻非任性放縱而「鬧情緒」、「發脾氣」。

《中庸》說的很「中庸」：情緒要「發而皆中節」，順其自然抒發而合乎法度不放縱；自己能適當、適度的紓解，而不會傷害他人，依然能維持人際關係的和諧，所以《中庸》謂之「和」也。

這個「和」是很不容易的。自我內在要和諧，人我之際要和諧，所以才稱為「天下之達道」也。

這個道理很深，修持的工夫更深啊！

一個人唯有接納自己的情緒，才能了解並接納他人的情緒，如此將能產生包容與諒解，人與人間才能有真正的和諧與美善。而不是動不動就用「大道理」直接來指責別人；指責別人的人，試問您自己又如何呢？

這是面對自己的情緒，與他人的情緒時，我們需要學習的功課。《金剛經》說：「一切法皆是佛法。」所以，「情緒」也是我們的「老師」呢。

試想，大自然尚且有陰晴風雨，何獨人不能有喜怒哀樂？就佛法修持來說，規規於教條戒律不敢違失，不敢有喜怒哀樂，有了情緒不敢顯露，即是是一種「法執」；若藉此顯示自己「道行崇高」，博取尊重恭敬，豈不是一種「假象」與「虛名」？

心理學、心靈學，乃至奧修大師都認為，那些壓抑情緒的道德教條是虛假而不利於身心健康的。

可是一些如木石般的宗教「大師」，卻教人不可以「有」情緒，不可以「有」喜怒哀樂，看到人有一點喜怒哀樂，就指責其修行不夠！遂造成社會大眾如此普遍的錯誤認知，產生一種對於「神聖」的「幻想」，以為「修行」就是要「心如止水」、「心如木石」，以致自然的情緒不斷被壓抑，甚至造成憂鬱症與身心的毛病！（參見前面〈佛法修行在於啟發自性智慧〉一文）

因此也造成社會大眾只要看到學佛的人有點情緒，就要對其「曉以大義」——然則真正的「大義」是什麼呢？是要將人塑造成為「木石」、「雕像」的教條嗎？真正的修道，道法自然，是成為活脫脫的「真人」，而不是塑造成為讓人供奉膜拜的「木石」、「雕像」啊！

觀一般佛教徒，有兩種比較特別的面相，一種是心懷罪惡感與恐懼心的悲苦相，覺得自己業障深重；一種是刻意莊嚴的慈悲相，自認是菩薩，時時準備要來「渡」你。我想，這都是因為受教條灌輸而失去了真實本心，失去了自然真情，活在虛妄幻想之中所致，實是可憫！

以上是我從經典書中，學到的真正的「聖賢的智慧」，與你分享！相信你能夠思考的！大家都知道，指責別人容易，自己修行最難！大多數人喜歡輕率的「寬以待己，嚴以律人」，我們是不是應該回到原本，來學習「嚴以律己，寬以待人」呢？

阿彌陀佛！

（民國九十八年四月）

附錄一：回覆網友

此文發表之後，有網友回應說，很高興讀到這篇文章，認為那些道德教條就可以丟在一旁，隨興自在了。以下是我的回覆。

◇　◇　◇

去到佛寺、道場，應存恭敬心，而不是嘻哈玩樂。有心修行的人，對人對事，起碼的尊重恭敬之心是要持有的，這就是「持戒」的根本。否則一切修持都是做假。

所謂的「平常心是道」、「順其自然」，是建立在深厚的「持戒」基礎之上的。不壓抑勉強，也不任性放縱。請審思我上文的涵義，不要以為讀了我此文，就得著了佛法的便宜，找到了放肆的理由和藉口。

所謂「無規矩不能成方圓」，初學者還是要在規矩中修。「持戒」而後能「定」，「定」而後能生「慧」。無「戒定慧」，非修行也。規矩圓熟，才能超乎規矩，不拘規矩而又自成規矩。

慎思之！阿彌陀佛！

（民國九十九年七月）

附錄二：趙州禪師〈十二時歌〉

（趙州禪師，見本書前面單元文章之簡介）

雞鳴丑，愁見起來還漏逗。裙子褊衫個也無，袈裟形相些些有。裩無腰，袴無口，頭上青灰三五斗。比望修行利濟人，誰知變作不唧溜。

平旦寅，荒村破院實難論。解齋粥米全無粒，空對閑窗與隙塵。唯雀噪，勿人親，獨坐時聞落葉頻。誰道出家憎愛斷，思量不覺涙沾巾。

日出卯，清淨卻翻為煩惱。有為功德被塵埋，無限田地未曾掃。攢眉多，稱心少，叵耐東村黑黃老。供利不曾將得來，放驢吃我堂前草。

食時辰，煙火徒勞望四鄰。饅頭鎚子前年別，今日思量空咽津。持念少，嗟嘆頻，一百家中無善人。來者只道覓茶吃，不得茶喫去又嗔。

禺中巳，剃髮誰知到如此。無端被請作村僧，屈辱飢悽受欲死。胡張三，黑李四，恭敬不曾生些子。適來忽爾到門頭，唯道借茶兼借紙。

日南午，茶飯輪還無定度。行卻南家到北家，果至北家不推注。苦沙鹽，大麥醋，蜀黍米飯虀萵苣。唯稱供養不等閒，和尚道心須堅固。

日昳未，者回不踐光陰地。曾聞一飽忘百飢，今日老僧身便是。不習禪，不論義，鋪個破席日裡睡。想料上方兜率天，也無如此日炙背。

哺時申，也有燒香禮拜人。五個老婆三個癭，一雙面子黑皺皺。油麻茶，實是珍，金剛不用苦張筋。願我來年蠶麥熟，羅睺羅兒與一文。

日入酉，除卻荒涼更何守？雲水高流定委無，歷寺沙彌鎮常有。出格言，不到口，枉續牟尼子孫後。一條拄杖粗棘藜，不但登山兼打狗。

黃昏戌，獨坐一間空暗室。陽燄燈光永不逢，眼前純是金州漆。鐘不聞，虛度日，唯聞老鼠鬧啾唧。憑何更得有心情？思量念個波羅蜜。

人定亥，門前明月誰人愛？向裡唯愁臥去時，勿個衣裳著甚蓋？劉維那，趙五戒，口頭說善甚奇怪！任你山僧囊罄空，問著都緣總不會。

半夜子，心境何曾得暫止？思量天下出家人，似我住持能有幾？土榻床，破蘆蓆，老榆木枕全無被。尊像不燒安息香，灰裡唯聞牛糞氣。

「用心」就是「修行」

（答一位從事慈善公益、援助弱勢的網友）

很多人說，沒有時間修行。其實，有心，隨時都是修行，隨處都是道場。

《金剛經》說：「一切法皆是佛法。」所以，只要「用心」，任何時候、任何事情，都是「修行」。從事「慈善公益」援助弱勢，是修行；在家中「做母親」教養兒女，是修行；進入「網路」，更是修行。

在網路與人互動，當對方不知你的真實姓名身分、看不見你的真實相貌，你還能秉持一貫修持的心，以真誠、尊重、不欺、不傷、不害，來面對網路人群，就是很有意義的真修行啊！

在〈奇摩交友〉，曾經有一些男性網友，向我要電話，我總是回說：「本人不使用電話或即時通，請使用留言板或電子信箱。」

我小孩說：「媽，妳幹嘛那麼客氣？給他一個假號碼或警察局的電話打發就好了！」我說：「人家知道被騙會生氣，也會浪費人家電話費，我寧願誠實以對。」

「一切眾生皆是佛」，網路上不相識的人也是人啊！自我保護也要儘量尊重對方，不傷害別人，這是我一貫的原則。

《中庸》說：「君子戒慎乎其所不睹，恐懼乎其所不聞。莫見乎隱，莫顯乎微，故君子慎其獨也。」這就是說，一個君子，即使獨處無人知曉，也依然謹慎不違背天理良心。

所以，「網路」上的人際互動，更是一種很具有考驗性的修行啊！

有一次我去銀行辦事，看到辦事人員手上戴著一串很有光澤的佛珠，於是就跟他聊起來。看他相貌堂堂，便問他：「你也在修行嗎？」他不好意思的說：「很忙，沒時間修。」我於是對他說：「把你的工作做好，對得起自己良心，對得起工作上的要求，對得起主管和客戶的信任與託付，這就是最好的修行了！」他聽了很高興的釋懷了。

禪宗的祖師說：「吾皆以本分事接人。穿衣吃飯、灑掃汲水，皆是修行。」

《金剛般若波羅蜜經》開頭敘述佛陀托缽乞食、洗缽、洗足等的生活細節，也就是在教導眾生：修行不離生活，生活即是修行；修行不離本心，用心即是修行啊！

阿彌陀佛！

（民國九十七年五月）

「承擔」即是「放下」

（回應網友）

讀過一則禪宗的公案：

弟子問師父：「請問師父，要如何放下？」

禪師答言：「承擔它！」

弟子很疑惑……

禪師說：「你無法『放下』，是因為你不能『承擔』！」

這是我很喜歡的一則公案。十幾年前讀過之後，一直銘記在心，做為我修行的指引。這公案說明了，「放下」不是逃避，遇事而直然「承擔」；「承擔」之後才真正的心無掛礙，也才能真正「放下」！

人生在世，總有不少困境與苦惱。許多人口頭禪喊著「放下放下」，卻仍然牽腸掛肚，揮之不去。究其因，是錯把「逃避」當「放下」，把「壓抑」當「轉念」。

遇到困境與苦惱，要直然「承擔」起來，面對它，找出困境與苦惱的根源，解決它、處理它、對治它。真正解決了，就自然「放下」了，毫不勉強費力。

如同身體有病，就會苦惱，一定要看醫生，找出病因，對治、服藥；病好了，自然就放下無礙了。佛法有所謂「盡得世間法，乃得論出世。」是值得許多執著於講求「放下」與「出世」的學佛者深思的道理。

羅漢離世覓菩提；菩薩塵世修佛道。修行人勇於「承擔」，以出世之心，為入世之業，心無掛礙，無為無不為，是真修行也。

釋迦牟尼佛示現在此五濁惡世為眾生說法四十九年，即是「承擔」之最偉大的典範。

所以，生而為人，當自我負責，自我承擔，承擔人生責任，承擔理想的實現，承擔自我的真實永恆之生命。

阿彌陀佛！

（民國九十八年十二月）

知諸法如幻，亦不可執於幻

〔緣起〕

一位與我在網路上互動多年的網友，近來因緣所至，進入佛門，修行淨土法門，甚為精進。某次留言，忽然將暱稱改為「幻人」。以下是我的回覆。

〔回覆〕

大德何必改暱稱呢？

自稱「幻人」，是執著於「幻」也。

一切法非真亦非假，「色即是空，空即是色」，真空而妙有。

《金剛經》說：「發阿耨多羅三藐三菩提心者，於法不說斷滅相。」

是故，自稱「幻人」，是執著於「幻」也。

君不見諸佛菩薩各各有聖號，諸佛菩薩豈不知諸法如幻乎？何以又各有名號？若此，「阿彌陀佛」何不稱為「幻佛」？

故知，諸法如幻不可執，而「幻」亦不可執。

《心經》言：「色即是空，空即是色」，真空而妙有；色不礙空，空不礙色；真不礙幻，幻亦不礙真也。

觀大德原來暱稱很好，很有光明之意；「阿彌陀佛」又稱「無量光佛」，即是「大光明」的意思，所以您何需改呢？意義吉祥美好的暱稱，建議您還是改回來，免得大家不認識您了。

阿彌陀佛！

（民國一百年十二月）

學佛不尚高論玄談，以實修為要

一次在某個佛教的網站上，有兩位大德討論關於有錢沒錢而起煩惱的問題，我提出了我的看法。記之如下。

〔網友討論〕

甲大德問：

「曾聽聞淨空法師在某次論述中提及：『如果身上有錢，就會起無明煩惱，所以把身上的錢通通捐出來，這就沒了煩惱。』設若身上沒錢，不就生起更多貪瞋癡等無明煩惱嗎？不解法師此言其義為何？」

乙大德回答：

「身上沒錢而起煩惱時，就一句『南無阿彌陀佛』唸下去，念頭轉了就不煩惱了；身上有錢而起無明煩惱，一樣念阿彌陀佛，就不煩惱了。

遇順境善緣的時候，貪愛之心要斷除；遇逆境惡緣的時候，瞋忿之心要斷除。心不染污，常保清淨，即可身心自在。」

〔自在老師回答〕

甲大德引述淨空法師語:「如果身上有錢,就會起無明煩惱,所以把身上的錢通通捐出來,這就沒了煩惱。」

淨空法師這段話,我剛好在電視上看過。他說的是他自己,說信徒常常在他說法之後,給他很多供養金,他以前都會數一數有多少,看著這些供養金就會起貪念等種種煩惱,後來通通捐給淨宗學會,自己身上沒錢,就沒煩惱了。

聽這段話,我們要懂得思考:

他是出家人,有自己的道場,道場平常也依靠信徒捐獻,故法師能有起碼的「四事供養」(飲食、衣服、臥具、醫藥),以維持日用生活所需,所以他可以不需要信徒多餘的「個人供養」,就捐出來了。他說的「自己身上沒錢」的前提,應該是「道場有錢」,使他的基本生活不虞匱乏。

一個人若真的「身上沒錢」而起煩惱,如乙大德所說:「身上沒錢而起煩惱時,就一句『南無阿彌陀佛』唸下去,念頭轉了就不煩惱了。」

試問這個「妙法」對社會上那些失業沒錢、三餐不繼的人而言,能有實際的用處嗎?失業的人,上有老父母要奉,下有妻兒要養,又該怎麼辦呢?念了佛了,還要不要想辦法謀生呢?

真正「身上沒錢」的處境,「念佛就沒煩惱了」,所謂「信、解、行、證」,您實際體驗證明過嗎?

我向來不說自己做不到的高妙之法,因為,小有福報的我,至今未嘗經歷「身上沒錢、三餐不繼」

的困境。

我只知感恩佛菩薩賜給我的福報，並多多體會民間疾苦，從而悲天憫人，學習慈悲與智慧來分享眾生。

故我學佛不尚清高玄妙之言談，總以實修實行為要。自己做到的法，有所體會領悟，才說給人聽。所以，學佛修行，不能一味崇尚不切實際的高妙之法，聽得、講得自己心滿意足——當問自己是否真正做得到呢？

記得我初學佛三年之後，有機會到佛寺與出家師父們分享修學心得。我獨自講了三個鐘頭，出家師父們非常認真的聽我分享，頻頻點頭讚許。我說完之後，方丈師父請那些出家二十幾年的弟子們也來分享，結果無人敢發表。他們表示，我說的都是自己在生活中實修的心得，而他們只學得理論。

我是一個從深法妙理中走入世間法實際修持的人。常觀世間，「無上甚深微妙法」人人說得，並且使得能說高妙法理之人被尊奉為「大師」。

我學佛二十年，有十二年深入經藏，讀過百餘部佛經原典，高妙法理，可說懂得比一般修學人多；但我平時隨緣為人說法，總是隨其根器，用自己的語言，只講我自身修學的體會，對方聽得都非常歡喜讚歎。

故我很希望學佛之人，能從經典理論文字中走出來，多用心去「生活」，看看這個世界，了解體會眾生的苦惱，以培養「真正的慈悲心」，修學「真正的智慧」。

而不是如一般廟裡的師父們，凡遇信徒苦惱問事，只有回答：「你這是業障！」；信徒：「我該怎麼辦？」師父：「布施捐錢（給廟裡）做功德消業障！」——凡事套用「公式」，那還修什麼慈悲智慧呢？

這是我一直放在心中，十幾年未曾公開發表的心得看法，望有心修學的人深思。

如果有人問我：「身上沒錢而起煩惱時」這個問題，我會回答：

您是什麼情況的「沒錢」？是真的沒錢生活，還是沒餘錢享受？

要是真的沒錢生活而煩惱，您可以念觀世音菩薩，祈求菩薩保佑你，賜給你福報，然後想辦法找謀生的工作賺錢。

若是沒餘錢享受而煩惱，您可以念觀世音菩薩，學習菩薩的慈悲，看看世間苦難的眾生，就能得到知足常樂的智慧。

阿彌陀佛！

（民國一百年八月）

真實修行者不事無益之戲論

〔緣起〕

有一位網友，在大學中文系任教，來我部落格，執持文章中的某些字詞用語，別為玄解，以為「指教」。吾答之如下。

〔答覆〕

吾自學佛以來，常見諸多接觸「佛理文字」者（出家在家皆有），多喜效顰於禪門公案，於他人文字間，見縫插針，執持某文字句意而拆解之，再套用「空法」公式，玩弄「佛法文字遊戲」，以顯己能，炫惑於初學、未學之人；似是而非之「玄解」，猶自以為高明。凡此，佛經中皆謂之為「無益之戲論」。尤有甚者，將此「法理文字」成為攻擊他人之工具，末流之下，不值一哂也。

此皆因徒「聞」其法而未能「思」、「修」；徒「信」而未能「解」與「行」「證」所致之「文字障」也。

須知若真達「空法」者，則不應有此「文字之執見」而事於虛玄之論。「有法」固不可執，「著空」

而落於斷滅，更非佛法也。《金剛經》云：「不取法，不取非法。」「於法不說斷滅相」是也。

深入經藏之真實修行者，於經藏法語，及實際事物，自應明於「法理」、「事理」，「形上」、「形下」，「體」與「用」之分際，而不務此「文字上」視之「玄妙」之空談論辯也。

君於佛學，亦頗有涉獵，須知「佛法」、「佛學」與「佛教」三者意涵之異，與「聞」「思」「修」層次之別，此間宜其深思之，當可入於道也。

（民國九十七年七月）

出世法不事戲論，反身自求本心即是

〔問〕

如何以禪門的「不立文字，直指本心，見性成佛」之理，來面對家庭發生不幸之事。請以出世間法之見性經典論之，如《金剛經》、《六祖壇經》……等。

〔答〕

君以出世法而欲問世間事者，曰：

世間事有因有果，出世法無相無住；因果不失，明理不惑。盡得世間法，乃得論出世。況君既要求「不立文字，直指本心」，欲以出世法來論者，既「不立文字」，「言語道斷」，又何須有此一問乎？答者又何須以「文字」來答乎？閣下反身自求本心即是。

《老子》有言曰：「為學日益，為道日損，損之又損，以至於無為，無為而無不為也。」徒事論理言辯，佛謂之「戲論」也。道在當下，法門無二，實修實學為要。望大德深思之。

阿彌陀佛！

（民國九十七年一月）

「因果業報」與「慈悲心」

〔緣起〕

民國九十七年五月，發生四川大地震。地震之烈，災情之慘，舉世震驚，同感悲悼。台灣同胞立即發揮血濃於水的同胞愛，踴躍捐助救濟。我也寫了兩首哀悼的詩，在部落格發表，並為四川同胞唸誦大悲咒與觀音聖號祈福，祈求大慈大悲觀世音菩薩救苦救難。

有位署名「釋某某」的網友，料想是「出家師父」，來我部落格文章留言回應，其列舉了中共政權過去所做之屠殺暴行，言外之意認為此次地震大災難乃其因果報應，不須同情。並指責我說：「每個擁有數百億身價的中國富豪，究竟捐了多少錢給自己的同胞？妳知道嗎？沒有智慧的慈悲，還要誤導大眾！」意謂大陸的富豪捐得不多，台灣人卻過於熱情大量捐款？

以下是我給這位「出家師父」的回覆。

〔答覆〕

很訝異這竟然是「出家師父」的「智慧」！真是令人遺憾！

首先，吾為閣下留言中所提及之數百萬被殺害者哀悼！阿彌陀佛！

然而，徒為記恨而沒有慈悲心的「智慧」，能算是「智慧」嗎？

佛經上說，眾生之因果，只有佛一切智者悉知悉見，眾生不能得知。是故，甲事之因果，未必是乙事之因果；政權與政治人物之因果，未必是廣大無辜人民之因果。

況且慈悲心之祈禱與災難捐助，皆出於自我本心，只問良心之安否，而不必理會別人家做了多少？觀世音菩薩救苦救難，豈不知眾生之因果？地藏菩薩地獄救拔，發大願心：「地獄不空，誓不成佛！」豈不知地獄眾生之因果？

試問閣下今天敢將此篇留言，拿去質問那些發動大陸災區賑災的大型宗教團體之領袖乎？難道他們都是「誤導大眾，沒有智慧的慈悲」嗎？

悲哉佛徒！心念之偏執若此！請勿在此「誤導大眾」！吾為閣下此篇留言之「記仇之智慧」哀慼悲禱也！

阿彌陀佛！

（我隨後即另外發表文章如下）

〔因果業報與慈悲心〕

常見有一些佛教徒持「因果論」，認為世間災難都是「業報」，因果自受，不值得同情。說來似乎有理。

然而，如果思考體會「大慈大悲救苦救難觀世音菩薩」的慈悲精神，就能夠明白「真理」何在了！佛菩薩難道不知眾生的「因果業報」嗎？那為什麼還要「大慈大悲救苦救難」呢？

「因果業報」只是「靜態認知」的事理；「慈悲心」卻是宇宙萬有生生不息的「創生動能」，二者不同層面。前者是「認識」之「知」；後者是「德性」之「仁」。

舉例來說：一個醫生「知道」吸煙會致癌，然而面對這樣的病人，你能說活該而見死不救嗎？即使是罪犯，受傷有病，依法仍然要給予人道的救治。

持「因果業報論」而不願同情之人，假設他日遭遇了什麼意外不幸，會欣然受報而不希望有人救助嗎？

道理至為簡單明白！卻有不少人依然迷惑在「因果業報論」中，而喪失了本性良知的惻隱之心。

孟子說：「無惻隱之心，非人也！」學佛修道者應慎思之！

很多接觸佛教思想的人，對道理一知半解，偏執其法而奉行為真，並且廣為宣揚，甚是可畏！

錯誤思想殘害心靈之重，更甚於毒藥之害身也！身體毀壞尚有來生；思想中毒，百千劫輪迴不盡而難以解脫！而且毒藥害身，時空有限；思想害人，百千萬劫無數心靈中毒，難有出期！

許多良善大眾，面對「無慈悲心的因果論業報論」，不敢言其「非」，亦不能受其「是」，都覺得「似乎不大對」，卻又無從辯駁起，徒然增加對真理的疑惑。

我深感此事重大，遂本於自身之修學，撰文發表，依理駁斥此種邪見而導正之，期望良善大眾，面對這般偏執的「因果論」之時，能有正確的認知依憑，而依然本著人性良知的悲憫同情，散發慈愛的光輝，來照亮人間的苦難！

南無大慈大悲觀世音菩薩！

阿彌陀佛！

（民國九十七年五月）

「做母親」是一項了不起的大修行

（回覆網友）

世人皆歌頌「母親」的偉大。「母親」的角色，要照顧家庭，生養教育兒女，一生辛勞奉獻，無怨無悔，真的非常偉大。

就佛法來講，「做母親」則是一項了不起的大修行，大乘菩薩所修的六波羅蜜都在其中：

修布施——養育照顧兒女，無私無盡的慈愛付出。

修持戒——愛是不輕易發怒；身口意業的修持都在其中。

修忍辱——忍疲苦，持耐性，躬自操勞，照顧幼兒，為其滌除臭穢不淨；以及為了磨練小孩成長，還要能忍於不忍之心。

修精進——為母自身要學習成長，包括養育的知識技能，以及心靈智慧等。

修禪定——要學習靜心，理智清晰而沈穩的處理家務兒女的無數繁雜瑣事。

修智慧——要學習處理事情的智慧，以及不執著於「他是我的小孩」之無我無私的超越智慧。

難行能行，「六波羅蜜」都在其中，正是世間法與出世法不二的大修行啊！

小孩就是佛菩薩磨練你的功課——這是我深深的體會。在照顧與教育小孩的實際經驗中，我也藉此深刻體會了佛菩薩對於眾生的慈悲與智慧。

尤其是不執著於「他是我的小孩」的超越智慧。世間父母大多將孩子視為「自己」的「財產」或「寵物」，視為「自己」的「一部份」或「複製品」，因而產生了難以割捨的「情執」，並且想要掌控操縱，於是衍生了很多親子間的對立與糾葛。

我始終沒有執著「小孩是我的」這樣的心態。我始終將小孩「還原」成為「他自己」，清楚認知「小孩是一個獨立的個體」，因而能夠給予「個體性」的尊重，尊重他的一切。以這樣的心來照顧他們、教導他們，並且給予適度的磨練。

由於沒有「情執」，才能「正確觀照」到他們的「需要」，給予「合理適度」的幫助，而不致過度寵溺，或以自己的觀念想法與欲望強加在小孩身上。如此讓小孩在合理範圍內，得到最大的自由與自我發展空間。

由於沒有「情執」，不會「依戀」小孩，才能在小孩長大離家後，我不會有所謂的「空巢感」，而依然自在生活。小孩在家，就快樂的享受在一起的當下；小孩不在家，就喜樂的享受獨處時的清心自在。

這是我做母親二十一年一路行來的心得。

所以，我深深體會：「做母親」是一個很了不起的大修行，尤其要學到「無私」。真正「無私」，就沒有了「情執」，沒有了「情執」，也就超脫而不會再「輪迴」了。這是真正的大自在啊！

人生每一個因緣當下，都是修行。「做母親」亦然。所以我感恩一切！

阿彌陀佛！

（民國九十七年五月母親節）

關於修習靜坐的問題

有大德來函求教，問了一些關於修習靜坐所產生的問題。以下為其問題與我的回覆。

〔問一〕

最近遇到一位師父教我禪坐的入門，她教我數息觀。不過我發覺，我如果沒有數息，氣息自然順暢；一開始數，就覺得很喘，氣息也變得很亂。請問我是太緊張了嗎？

〔答〕

基本上，修習任何法門，要能以智慧來明瞭它的原理法則，才能知所運用，並且因時、因地、因人而制宜。目前一般的師父、老師，還無法達到如此程度，只是一味的因襲原有的規矩方式，而「代代相傳」。

靜坐法本身，無有對錯好壞，但在運用上就要知所斟酌變通了。

基本上我不太贊成目前一般所教的靜坐之法，原因是現在一般人都缺乏運動。缺乏運動，週身氣血不通，就直接靜坐，反而體內濁滯之氣擾亂心緒而難以靜心，只是徒然肢體不動的「靜坐」罷了！

應該是在一番適度的運動之後，如打太極拳、做瑜伽之後，再來靜坐，才能在靜坐時，享受氣血調暢、身心安寧平和的舒悅，甚至進入更深的禪喜中。這是我的經驗與體會。

〔問二〕

為何我沒有數息，就氣息順暢；一開始數，就覺得很喘，氣息也變得很亂？

〔答〕

這是因為你的意念放在「數」的上面，而不是氣息上。你是讓氣息來配合「數」，所以會喘會亂。應該放鬆，呼吸自然舒緩而深長，然後慢慢去「數息」，數息是配合呼吸，而非呼吸配合數息！

數息的目的是在學習專注。更好的方式是「唸佛」。靜坐唸佛，在心中默唸佛號，不去數它，而將心念專注在佛號上。因為唸佛時，即是仰仗佛力，與佛感通，更能定心除妄。徒事數息，但憑己力而欲定心除妄，處此末法濁亂時代，我輩凡夫，較難致之。此亦我多年修行之體悟心得。

〔問三〕

所以我應該先練太極拳或瑜伽，然後再進行靜坐或念佛，這樣比較能得力是嗎？

〔答〕

您可以實驗看看！

靜坐時應身心放鬆，坐姿不必刻意講求標準雙盤坐法，以肢體安舒為原則；背不駝不僵，自然中正，可用一小靠墊稍微倚壁而坐。如刻意講求雙盤坐法，很多初學者因而肢體不適，身心不調，徒增困擾，甚至造成膝蓋疼痛受傷，矯枉過正，反而有害。

放鬆而坐，心無雜念，亦不刻意除妄，無有任何求功求境界之企圖，但安舒寬心自然唸佛而去，也可輕聲播放宗教或心靈音樂，點香，以利靜心。漸漸自達安寧舒泰之妙境。

〔問四〕

您在網站文章中有提到您學了一些瑜伽功法，請問您學的是一般的瑜伽練習，還是特別的修學方式？我知道瑜伽其實是一種很深的修練，包含身心靈三者，不過在台灣一般多半只著重在身體的鍛鍊和拉筋而已，不知道您有修學到較深入的瑜伽法門嗎？

〔答〕

我修學瑜伽的時間不長，若以「肢體」的動作來講，我只有學習初級的而已。與我一起學習的學員也只是做做拉筋的體操罷了。但因為我自己學佛修行十幾年，加上二十幾年練太極拳及禪修氣功等，修學已進入內在的身心靈層次中，所以在做瑜伽動作時，在靜心、放鬆、專注的情形之下，能夠很快進入並體會到內在的奧妙之處，甚至在做的過程中會與很深的內在相契而感動哭泣；做完之後，整個身心舒悅勝妙無可言喻，並感受到背脊潛在能量被開發出來，潛意識中的許多感覺漸漸明晰，自我認識更加清楚，也更有能量去實現自我。這是我粗淺學瑜伽的深深體會與心得。

（民國九十六年十一月）

修行當於自我身心安頓處求益

〔求教〕

有位程度不錯的練太極拳的學生，初學佛法，產生了一些身心問題來求教。

〔回答〕

君因修行而感覺敏銳以致頭痛者，乃因取相、著相也：著世間相、著不淨相、著紛擾相，以致心生苦惱，加之君本身性情躁急，肝氣上攻所致。

當觀諸法空相，不生不滅，不垢不淨，五蘊皆空，無色受想行識，無眼耳鼻舌身意，無色聲香味觸法，無眼界，無意識界，一切諸法皆是心之幻化，而非實有如此。雖覺而不住，雖感覺而不著相。《金剛經》云：「凡所有相，皆是虛妄，若見諸相非相，即見如來。」如此，雖見一切不淨相而無所見，心自安然而無憂惱，躁急之性，亦可化而平和自在。

能如此修，亦不著空，當發菩薩悲智願行，想眾生沒此苦海，五濁惡世，我今知此覺此，而眾生不覺不知，吾當修行佛慧而渡脫之。能發此心，復應勤修功德。何謂功德？「諸惡莫作，眾善奉行，自淨其意」是謂功德；懺悔無明，是謂功德；種諸善根，增長悲智願行，是謂功德。

能如此發心，如此修行，於世間法與出世間法，清淨與垢穢，自修行與處眾等，方能無有衝突，無有矛盾，無有掙扎，無有對立，而能於其中超然解脫，獲得圓融與自在。

其次，君問處此世間，習太極拳何益者——

凡習拳、學佛，當於自我身心安頓處求益。學太極拳如何可以安頓身心？人處於世，當求身心協調，剛柔並濟，陰陽調和，動靜不偏，如此能入道跡。

蓋太極拳，一者，調和周身氣血經絡、五臟六腑，於身於心，皆頗有助益。二者，太極無形無相，即剛即柔，即陰即陽，即動即靜；拳法一動周身皆動，與道契合，可以入禪，可以入佛。三者，練時無思無念，靜默專一，才臻上境，始達其道，是為修道之路也。

目前一般人多缺乏運動，百病叢生；修行人偏執於靜，身心不調，妄念難除；習武者又競逐於勝賽——此皆不利於身心靈之安頓也。

是故，習太極拳，對吾人修行，有如上之助益，莫單以武術視之，亦非體操舞蹈，當以太極道心、道法及禪修之法相應之，可達身心安適、舒泰平和之境也。此吾修習心得，君可用心體會，自知妙處。

（民國八十七年八月）

修行就是面對自己的身心靈

〔緣起〕

有位大德留言給我，說到自己會去學佛是因為被親友叨唸好多年，才姑且學之，而斷斷續續進出道場觀望著。以下為我的回覆。

〔回覆〕

大德若是這樣，那勸您不必去「學佛」，不必徒具形式的參與「道場」這些活動。

我常遇到不少人，當與他提到我學佛時，其人就帶著閃躲的眼神說，他不信或者沒興趣等等。於是我對他說，學佛只是我的一部份，我真正追尋的真理是「身心靈的安頓」，所以我也從各方面來探索學習，如中國哲學、中醫、太極拳、心理學、奧修的心靈書等等。

你可以不信「佛」，不信任何「宗教」，因為那都是「外在」於自身的東西——但是，你不能不回頭來面對自己的「身心靈」！

人生在世，種種身心靈的苦惱與困境，你要如何解脫與獲得安適——這才是真正重要的、內在於自己的根本問題。

當你能忠實的面對自己的身心靈，看見自己的問題，這時，你的求道之路才會真正開啟，這「真道」不是外在的，而是專屬於自己的，能解決自我困境的「藥方」！藥方（法門）八萬四千，又豈拘於「形式上的宗教」呢？

大德，念您年紀不小了，如今人生還在徬徨，所以鄭重的將此番話贈予你！願善思之！

阿彌陀佛！

（民國九十九年八月）

修行才能化除苦惱得到安樂

〔緣起〕

有網友因請教《莊子》問題，與我談起佛法，也道出許多對於人生的無奈。以下是我的回覆。

〔回覆〕

大德您也是有慧根的人，只是內在的困境尚未到出路，所以於道法上有些障礙。所謂「盡得世間法，乃得論出世」。佛法不是避難所，而是一條引導出離苦惱的道路。觀信所言，可以窺知您的心境。您可能現實中還有許多未盡圓滿之事，煩憂苦恨縈繞心頭，於是在現實與道法中掙扎，而使心緒雜亂。

道法不是讀讀經書就能進入。未了的塵緣、寃親債主等，也不是看看書就能解決。一切必須透過信仰與修行，才能漸漸化除而清朗。

很多人想學道，總以為憑己力讀讀經書就能進入，那只是經解，經解猶是「外事」，還沒有進入自己的內心。要消除化解人生與心靈的障礙，以我自身的體驗，宗教佛菩薩的信仰歸依是必須的。凡夫如同無知小兒，諸佛菩薩如同父母；沒有父母照護帶領，無知小兒如何走出黑暗叢林？

所以，凡夫眾生要能找到自己心靈上的父母，覺得哪一尊佛菩薩與自己相契，便歸依於祂，如此心靈才能安頓下來，才能進一步來修道。

您說：「本來只是想將人生剩餘歲月，在探討聖賢學說中打發而已。」

這個想法是消極的。不應該說「剩餘歲月」，而是「尚有的福報」，「尚有的恩典」，使自己的人生還來得及聞道修行。

半杯水，愁眉苦臉的人看是「剩」半杯；歡喜感恩的人看是「還有」半杯！

「打發」二字，也是無奈的心態，應該說「利用」！

我十幾年獨自在家修行，家父常打電話關心我：「一個人在家如何打發？」我說：「我從來不用『打發』，我沒時間無聊，時間都不夠用呢！」學佛修行十幾二十年，我有整整十二年的時光，每天誦經持咒、抄寫佛經、讀佛經，三件事每天各一小時，可說比一般出家人還精進。十二年抄寫了五十幾部、三十幾種佛經，讀了百餘部佛經——時間都不夠用，哪來閒工夫「打發」呢？

普賢菩薩警眾偈曰：

「是日已過，命亦隨減，如魚少水，斯有何樂？當勤精進，如救頭燃！」

大德切莫妄自匪薄！佛菩薩不捨一切眾生，當好自珍重，善用人生啊！

阿彌陀佛！

（民國九十八年四月）

「尊師」的迷思

〔緣起〕

有網友因請教姓名用字問題，與我談到他從師學習姓名學的問題。以下是我的回覆。

〔回覆〕

大德信上說，您目前跟隨的佛教老師，雖然社會大眾皆對之有「誤解」，然而為了可以免費學命理與姓名學，您不得不隨順「尊師」，繼續跟隨修學。

關於「尊師」，這固然是中國傳統倫理道德，然而也要慎重，審視其人是否值得「尊敬追隨」。釋迦牟尼佛說的「依法不依人」，與你們基督教說的「不要崇拜偶像，要相信真理」意思是一樣的。佛陀甚至說：「連我這個佛，你們都可以不必依從。因為，到後世，會有很多妖魔假裝是我，說是我的化身等等，所以我要你們一開始就不要崇拜『人』這樣的偶像。」

佛陀要涅槃的時候，弟子們很傷心，問說：「佛陀大導師，您要走了，我們怎麼辦？我們將要以什麼作為遵循的依據？」佛陀很簡單明瞭的開示說：「以戒為師」，就是要弟子們從最根本的戒律去實踐修持，而不是指定什麼「接班人」或造個佛像來膜拜。

所以，您的「尊師」，可以只是一種「禮貌」，卻不一定要接受他的思想與說法。有些宗教團體，宣傳而吸引信徒的手段，就是「免費」，免費授課，免費供應所需，讓人心生感恩，不得不依從，如此就被套牢了。

一個人有那樣的「身分地位」，我們形式上依禮尊重——譬如「總統」，做得再不稱職，形式上還是要依禮尊重——但是不一定要「認同」，不一定要「跟隨」。

學習「真理」，要能夠明理、慎思、明辨，並有自己的主見。何況姓名學，天下可為師者很多，您可自行斟酌。至於宗教方面，既然您說社會大眾對令師有「誤解」，也希望您三思，否則，宗教問題將來恐怕會有麻煩而難以脫身。

最後，願您能用自己的智慧來抉擇。祝福您！

（民國九十八年三月）

關於所謂的「開悟」與「得道」

「開悟」與「得道」，在佛道領域裡是一個很吸引人的境界，教徒們或追求那個境界，或追求達到那個境界的人。於是，種種「開悟」與「得道」的談論，或自稱，或聽說，是真是假等，經常成為話題。以下是隨緣所遇的大德們的討論，以及我的回覆。

〔事例一〕

有修道網友到處留言，自述「開悟」體驗，敘述其在禪坐的境界中，看到了種種現象等，也可以憑自己的「功力」為人治病，自稱是「開悟」者，並認為此境界即是「十地菩薩」境界云云，還特別親身來拜訪我，希望從我這裡得到印證認同。

以下是我的回覆。

〔答〕

現在有許多修法而號稱自己「開悟」的人，有的因而自命某某「大師」、「導師」、「菩薩」者，實在是一件值得深思的事情！

就大德所述來看——

第一，不管所悟、所見、所體驗的為何，抱著不放就是一種執著，又加以到處宣傳，所求為何呢？

應從佛法中來了悟。《金剛經》云：「應無所住而生其心。」又云：「法尚應捨，何況非法。」《圓覺經》云：「菩薩常覺不住。」《楞嚴經》云：「覺所覺空。」經典法理應詳參了解。

其次，真實開悟者，無有我相，無有「我悟」，無有「所悟」，無有悟不悟、覺不覺，當下朗然自知，無有疑惑，不須求人印證認同，亦無需抱持境界廣為宣傳以自顯也。

時時刻刻活在當下，如如真實，如如自在，如如了知，如此是為「覺者」。

《金剛經》云：「實無有法名為菩薩。」「菩薩」尚且是空，何況「開悟」乎？

佛經中，關於「開悟」的說法，在於「悟自本心」、「覺自本性」。而後世視「開悟」為修道者所追求的境界，甚至代表某種「地位」，遂對「開悟」之狀態境界為何，賦予種種想像描繪，或以妄覺為「開悟」；人人追求，不亦另一種「虛名」乎？

唐朝馬祖禪師說過：「道不用修，但莫染污。何為染污？但有生死心，造作趨向，皆是染污。若欲直會其道，平常心是道。何為平常心？無造作、無是非、無取捨、無斷常，無凡無聖。」如此，是真契合於「道」也。

〔事例二〕

另有網友留言，感歎現今所謂的「名師」，沒有一個是「開悟」的！

〔答〕

您認為的「開悟」是什麼樣的呢？「悟」了又如何呢？就可以奉為「神仙佛祖」而把一切交給他嗎？悟不悟是他的事，與自己何干呢？又於我何益呢？

每個人都是走在自己生命的道路上，就連佛菩薩對於我們，也僅是啟導教化，修還是要自己修。別人開悟於我何益？別人不悟於我何損？修行乃是自家事！

孔子說：「天何言哉？四時行焉，百物生焉！」天地萬事萬物無一不是「師」，無一不在「說法」，只看我們如何領悟。用心處便有體會、便有增長。

佛經云：「依法不依人」。天地萬法在，古來聖賢之經典文字在，我心在，即可以修行，何必理會世間凡夫「大師」、「名師」之「開悟不開悟」呢？

望深思之！

〔事例三〕

有網友求教，言：「佛經云：『末法億億人修行，罕一得道。』請問真正『得道』者是甚麼樣的人？而台灣現今究竟有沒有『得道高僧』？如果沒有的話，為何自稱『得道』者那麼多，滿街都是呢？」

〔答〕

大德問：「為何自稱『得道』者那麼多，滿街都是呢？」

佛法認為，若修學人說自己開悟得道了，那肯定他是沒開悟、沒得道。

為什麼呢？開悟與得道者，無有我相，而「說自己開悟得道了」這個意念本身，是建立在有「我」的意識前提之下的；建立在有「我」的意識前提之下，那就是沒有開悟、沒有得道。

當今那些自稱「得道」者，可能對於「得道」缺乏正知見，以為自己有某種特殊能力，或是具有某種境界，便以為那是「得道」。或有一些是妄語假稱，用來博取恭敬尊重與名聞利養。

真悟道得道者，悟無道可悟、無道可得，亦無有我悟道得道之想。外無所得，內無能得，無道無我，亦無其事。能契於此，是真悟道。

《文殊師利所說不思議佛境界經》記載：

「長老須菩提語諸比丘言：『汝何所得？以何為證？』諸比丘言：『大德！無得無證是沙門法。所以者何？若有所得，心則動亂；若有所證，則自矜負。動亂矜負，墮於魔業。若有自言我得、我證，當知則是增上慢人。』」

至於台灣究竟有無得道高僧？也許有，但道人不自稱，遂也無人知曉。若要在那些世俗名利中的僧道中找尋，恐怕會讓人失望。

與其追求所謂「得道高僧」，不如自己靜心依法修行。

經云：「依法不依人」，有經典、有道法可修，又何必去理會或尋求他人得不得道呢？

〔事例四〕

有大德問：「如何知道一個人是不是有修行？修行的境界如何？其證悟之後又該做些什麼？」

〔答〕

許多人都喜歡「檢驗」並「談論」別人是不是有修行，其境界造詣如何，是否證悟了？

所謂：「閒談莫論人非，靜坐常思己過。」修行乃是自家事，別人修行如何，證悟與否，於己何干呢？

有人說：「即使證了阿羅漢，卻犯了殺盜淫妄的重罪，還是要受法律制裁的。」

當明瞭，證了「阿羅漢」果位者，已是清淨的聖者，過失尚且無有，又怎麼可能犯重罪呢？可能是一些未悟謂悟、未證謂證之凡夫，妄語自稱，才會違法犯戒。

也有許多人，尋尋覓覓，希望找到一位修行境界很高的「大師」，甚至證悟得道的「高人」，從其修學；或者，期望透過「大師」「灌頂」，短時間內自己就可了脫證悟。所以，喜歡去「檢驗」並「談論」他人的修持。

孔子說：「三人行必有我師焉，擇其善者而從之，其不善者而改之。」有心修學，與其尋覓「得道高人」，不如反身虛心學習，不必理會別人證悟與否或自稱什麼境界，任何人、任何事，都有值得我們學習與借鏡的地方，用心處皆會有所獲益的。

阿彌陀佛！

（民國九十六年十一月／九十八年四月／一百年三月）

關於「佛菩薩的化身」之語

（答網友）

有網友看到我部落格文章裡面提到有人對我的讚美，特別是其中提到有關網友讚美我是什麼佛菩薩的化身等等，因而認為我似乎「太自大」，不夠「謙虛」云云。

這是一個頗為耐人尋味的問題。

首先，這個頗不以為然的網友，不知道您為何在我整篇文章中，只注意到這個小細節，而沒有看清楚我整篇文章的主旨意思呢？

中國人有些習性是有點虛偽的，明明心裡希望人家讚美，可是又怕人家窺知，怕被說「驕傲」等，於是在受到讚美時，趕緊假謙虛的推辭一番，因此也不敢把別人對自己的讚美說出來。

基於這樣的心理認知，看到有人這麼「大膽」，把別人對自己的讚美，甚至說成是神仙佛祖下凡或化身之類的話語，都「張揚」出來，簡直是「狂妄自大」。這是有這種質疑者的心態。

第二，我文章裡要表達的意思與重點，應該是很明確的，頭腦清楚的人都應該看得懂。對於那些讚美，我只是在「敘述」一件事情，而對這件事我是如何的「看待」。那些讚美本身，在我心中，既無所受，諸法空相，所以我也就沒有什麼「謙虛不謙虛」的避忌，只是當一件「客體事實」來平實的敘述。

第三，就當時讚美我的人來說，可能他聽了我的說法、讀了我的文章，或接受了我的指導、啟發等，有很大的收穫，非常歡喜感謝，自然的用他「知見裡的象徵」來讚美我。如同有人在歡喜感謝時，自然會說：「啊！你是我的上帝！」或「啊！你真是觀音菩薩的化身！」等等。那只是一種「感謝讚美的語言」，並不是某些「道行高深的通靈人士」，其「確實觀知」某人是「神仙佛祖下凡或化身」之事實。

第四，佛經上說：「心、佛、眾生，無二無別」。就「道」的「本體」來說，我們與佛菩薩都是同一「本源」，「道」的「本體」是「一而無別」的，眾生與佛「不一不異」，人人都有「佛性」，都是「本來佛」。因此，我不見自己與「觀音、文殊」或其他佛菩薩，有何相異，如同一滴水在大海裡，不見自己與海水有何相異，亦不見有海水的存在。同體而空相。所以對於別人的這樣的讚美，我心無相無礙。

第五，就「道」的「大用」來說，人人都是「佛菩薩化身」。《觀世音菩薩普門品》說，觀世音菩薩視眾生應以何身得度者，即現何身而為說法。推而廣之，佛菩薩百千億化身，以種種因緣而為我們說法，宇宙人生、山河大地、無窮的生命、複雜萬變的人情事理……，無一不在說法，只看我們如何領受學習。《金剛經》說：「一切法皆是佛法。」所以，當我們從某個人身上獲得「啟發」，增進了我們的「福、慧、德、智」時，哪怕是犯罪的人，也都可以在「形而上」的層次，感恩的說：「啊！那是佛菩薩的化身啊！」

以上是我對於有人把「佛菩薩的化身」此語，認為是種「非常不得了」的「指陳」或「讚美」，於我心中的體會與看法。有網友如此質疑我的態度，為了釋其所疑，才將其中的內涵意蘊與哲理陳述之。

許多人喜歡去「關心」、「檢討」別人的修行，在「以友輔仁」上是一件很好的事。但在「關心」別人之時，也不要忘了「關心」一下「自己」的修養，這是此生責無旁貸的大事。要照顧好自己的「心地」，以消業障，增福慧；否則下輩子「重修」，就比較辛苦了。

阿彌陀佛！

（民國九十七年四月）

汝來問師，師在汝邊

〔緣起〕

我多年來在網路上傳道解惑，分享修學心得。文章發表於部落格，不少網友閱覽之後，對我有過高的推崇與期待。有位教友來函求法，其中便如此問到：

「試問自在老師，閣下已得正法否？或今已成現世文殊師利菩薩正等正覺，功圓果滿，得證菩提否？如自在老師答如是，大善知識！請速引領不才，皈依尊師，令吾得聞本師釋迦牟尼佛現世活佛法音，當法喜充滿，未來世永不退轉。」

〔回覆〕

阿彌陀佛！來函敬答如下。

一、佛言：「依法不依人」。

二、禪宗祖師曾答來問者曰：「汝來問師，師在汝邊。但向汝自性中尋。」

三、《金剛經》云：佛未曾渡一眾生。

以上三項要點，請深思之！

其次，觀閣下如此殷切期望於我，即便我是佛，是文殊，亦不能渡於大德也——乃因閣下如此殷切之期望實屬「愚癡妄想」也。

蓋眾生皆自渡，非佛能渡。若佛能渡眾生者，無量無邊恆河沙之諸佛出世，眾生應早已渡盡。諸佛菩薩說法渡眾生者，僅為助緣耳。

吾觀當今世人皆欲求一名師、明師、大師、活佛等，以為遇一神聖之「異人」，自己就能得渡。緣此一愚癡妄想，遂令當今宗教界神佛滿天，人人自謂得道、得正法，標榜宣傳自己是「大師」、「大菩薩轉世」、「活佛」等，以博取廣大徒眾之崇拜與供養。

此乃當今頗為成功之「偶像崇拜」、「造神運動」也。

且試問如此期待神佛出現者，閣下豈識得真法、真佛耶？君若不識，但憑人之自言為正法、為得道，閣下便信而尊奉之？

《菜根譚》有言：「濃鹹肥甘非真味，真味只是淡；神奇卓異非至人，至人只是常。」禪宗祖師亦有言：「道法自然，平常心是道。」

故勸君莫將「神聖」來期望於我，而我亦不求他人之崇拜，亦不受外在名聞利養之拘礙也。我只能醒覺的做自己的主人、以成就自我，不會依著別人所期待的虛妄模式而「雕塑」自己，包括所有被認為的「神聖」模子。

閣下但細思我上面所說之深義，或可覓得「自性法身佛」；若要來求我，期望我是什麼「神聖」，大德定不能得渡——因為，我得不得道，與閣下之得不得渡，二者之間，並無關係。

古人詩云：「拋卻自家無盡藏，沿門持缽效貧兒」悟者自知「道」在何處也。

最後敬覆：君問我得正法否？

答曰：正法無有可得或不得。萬象森然，本自如如，有何法可得？！言止於此。若吾以上深心所言之真義，君不能領會，則不須再問也。當今「大師」、「活佛」、「神聖」多如繁星，可任君去尋求也！

阿彌陀佛！

（民國九十九年七月）

文殊遇緣則有師

——敬答教友問吾所從師

〔問〕

請問自在老師，您有跟隨什麼老師或師父修學嗎？

〔答〕

文殊遇緣則有師

大德問到我的老師？我的老師非常多呢！

觀世音菩薩、釋迦牟尼佛，是我的本師；文殊師利菩薩、十方三世一切佛菩薩，是我的老師；世間古今所有聖賢、大德、善知識，也都是我的老師；一切經典書籍是我的老師；一切眾生是我的老師；乃至一切善緣惡緣，順境逆境……，無一不是我的老師。

所以，發問的大德閣下，您也是我的老師——一切凡是能啟發我，增長我的慈悲智慧的因緣，都是老師。

佛典中有云：「文殊為七佛師，文殊有師否？文殊答曰：『文殊遇緣則有師！』」我也是如此修學。

依法不依人

《金剛經》說：「一切法皆是佛法」；又說，「法不可執」。

一般佛教徒認知的「佛法」，通常是比較狹隘的、局限於宗教界域的「教法」（教義與戒律）。真正的「佛法」，並不是依於外在的權威神佛，而是廣大無邊，又內在於己的；此理無法稱述，只能用「道」來權宜稱說，所謂「言語道斷」是也。

所以，真正修道、修學佛法，必須跳開界域限制，打破一切領域，超越一切界限之上，才能體會、領受、契悟真正的「道」是什麼！

修行抱著這樣的胸襟視野，與謙卑的心來學習，才能成長超越，才能深厚廣博，才能圓融無礙。而不是「歸依」且固守著一個目前還在世的，尚未成道的一位特定對象—稱做「師父」或「老師」的—局限的跟隨他學習修行，那樣會變得狹隘，而且容易執著於門戶之見——所以佛說要「依法不依人」。當然，一般初學者有這樣的需要，就像幼稚園、小學生，需要一位保母般的導師來帶領；到了大學生、研究生，就靠自己修學了。

真正的師父就是自己的「本心」

禪宗公案曰：「汝來問師，師在汝邊。」其義是說，真正的師父就是自己的「本心」。依著本心，修行自性法門，用心處，一切法都是佛菩薩的說法；遇緣處，無一不是老師——只看你如何去領受而成為自己的智慧了。

唯有如此，才能真正成就「佛法菩提」，而「佛」者，「覺者」也。

阿彌陀佛！

（民國九十六年八月）

菩薩做諸眾生的「不請之師」

〔緣起〕

一位與我在網路上互動多年的網友，近年因緣所至，進入佛門修行，甚為精進。我常去他的部落格關心，給他一些指點意見。他留言表示很感謝我。以下是我的回覆。

〔回覆〕

修學有善知識可問或給予指點，是一件很幸福、很殊勝的事啊！

你可知我學佛二十年來，無師無友，通通自個兒摸索的艱辛！

十幾二十年修學，我無師無友，孤軍奮鬥，常常有困惑而無人可求教，心中十分苦惱；只有急切而不斷的念佛、念觀世音菩薩，請佛菩薩指點迷津。常常念著念著，心中靈光一閃，就開竅想通了！這就是念佛之功！我修學的心得智慧都是這麼來的。

常常在那困惑苦惱的深淵，我心中就發願：願將來我修學有所成就時，能為眾生做導師、做明燈，為有緣眾生來解惑與指引，不致如我般困惑苦惱。

自己發願的那份心，使我想到寫〈茅屋為秋風所破歌〉的詩人杜甫。詩中杜甫描寫自己生活非常困苦，所住的茅屋被秋風吹破了，還被村裡兒童欺負等等。在這般困境之下，詩人卻還能在詩的末尾，為天下寒士發願祝禱：「安得廣廈千萬間，大庇天下寒士俱歡顏，風雨不動安如山！嗚呼！何時眼前突兀見此屋，吾廬獨破受凍死亦足！」那份悲願心，與我的發願悲心，可說是相契合的。

佛經中常讚許菩薩，做諸眾生的「不請之師」。因為，眾生無明深重，常常不知自己問題所在，若要待他主動求師請教，恐怕為時已晚；故菩薩慈悲，做眾生的「不請之師」，為有緣眾生指點迷津。我修學至今，這幾年已漸漸少惑，對於道法有自身的體悟，能夠為有緣人指點，分享所學，也很歡喜！

其實從與你結緣以來，我一直很關心你的修學，能說時說，不能說時便不說，總是視機緣而說。我曾經跟你的另一位老師通信，討論如何幫助你等等，他說你很幸運，有我這個老師這麼關心你。我也很高興你能夠接受我的意見，虛心學習。

願你修行，精進不懈，法喜充滿！

阿彌陀佛！

（民國一百年十一月）

依法不依人，自覓心中佛

〔求教〕

有大德求教，列舉了一位出家僧人種種不如法之事，問吾人當如何看待出家人此類言行？

〔回答〕

大德慎思！所謂：「閒談莫論人非，靜坐常思己過。」修行乃自家事，別人修行如何，自有其因緣果報，重要在於自己能知是知非，自我惕厲。

孔子曰：「三人行必有我師焉，擇其善者而從之，其不善者而改之。」有心修行，當從此修也。

聽吾偈曰：

依人不依法，亂象何其多；依法不依人，自覓心中佛。

古德有偈曰：

「佛在靈山莫遠求，靈山只在汝心頭；人人有個靈山塔，好向靈山塔下修。」

阿彌陀佛！

（民國九十七年一月）

學佛者當如何面對生死之事？

〔問〕

生死乃人生之必然，此理人盡皆知，但幾人真能看破放下？請問學佛者該如何面對生死之事，才能安然自在？

〔答〕

善哉問者！

聽吾偈云：

生死未到，論理高妙，
時限到時，才知了了。
未到之時，唯勤念佛；
既來臨時，亦唯念佛。
活在當下，生死無憂；

清心自在，喜樂悠遊。

孔子曰：「朝聞道，夕死可矣。」

佛教有所謂：「人身難得今已得，佛法難聞今已聞。」今既已聞得佛法，聽吾偈曰：

一心修行去，便已無掛礙；

此生不空過，生死何自在！

五濁惡世何可貪愛？

西方極樂唯是仰渴！

念念思家心慕如來，

早日得脫不亦快哉！

阿彌陀佛！

（民國九十七年一月）

吾道一以貫之

〔緣起〕

網友某君，為大學之中文教師，留言交流，答之如下。

〔回答〕

閣下謂吾文章：「儒釋道，三者均能融入。」

答曰：非三也，吾道一以貫之。吾一切所學所修，皆一以貫之。

吾本修中國哲學，早習儒家、道家之理。其後學佛修行，無宗無派，以心契道，直心修行。禪淨兼修，經咒皆持。一即一切，一切即一。

阿彌陀佛！

（民國九十七年七月）

佛教生活篇

學佛是不是要皈依呢？

許多初接觸佛教或佛法的人，常有這樣的疑問：學佛是不是要皈依呢？關於這個問題，其實應該要問自己，問自己的心理是否覺得需要。固然，許多佛教界的善知識認為，學佛應該要皈依，如同學生讀書要到學校註冊一般，這樣的學習才正式。

但我認為，這個問題應該由自己來決定、來做主。有意願想學佛修行的大德，可以問問自己內心，與佛法、或佛教，親近的程度。有的人雖然修學「佛法」，卻不想成為「正式的佛教徒」，接受佛門的「宗教形式」；有的人喜歡佛法佛教，覺得沒有皈依會不夠具體、踏實，缺少一份歸屬感。故皈依與否，其實是因人而異的，沒有人規定學佛修行非通過「皈依儀式」不可的。

「皈依」，很多人會追隨一些頗負盛名的道場來「皈依」，其實應該先了解皈依的意義，再來決定。皈依是皈依「佛、法、僧」三寶，這有心靈上的「自性皈依」，與形式上的「宗教皈依」兩個層面，都是藉由「外在的三寶」，來開啟我們內在的「自性三寶」。

經云：「依法不依人」，宗教皈依時，須注意正確的是「皈依三寶」。若打算皈依時，應留意是否會成了皈依某個「偶像大師」。一般人「皈依某某法師」，不僅不合於佛法皈依精神，而且也容易形成執見與門戶之爭。當代的淨空法師，經常主持皈依儀式，他說得很好：「你們不是來皈依我，我只是做為你們皈依三寶的見證人。」真是正確的知見。

至於一般佛教徒或學佛人士，以某位善知識為師，入於其門下或道場，跟隨修學，這有如世間「拜師學藝」；對於佛教而言，猶如進入學校之後，有自己的班級導師一般，而與佛法「宗教皈依」層面的意義是不同的。有心皈依佛法佛教的大德，應留意思辨。

（民國九十六年三月寫）

學佛一定要吃素嗎？

——佛教信眾飲食態度的探討

許多信仰佛教或修學佛法的人，常有這樣的疑問：學佛是不是一定要吃素呢？這個問題，自古善知識們的宣講或文章，已經討論很多了，一般認同的觀念原則是：素食培養慈悲心，故最好能素食；若不能素食，也僅限於「三淨肉」（不自殺生、不教他殺、不聞殺）等等。本文則從另一個角度來討論此問題。

學佛是否要吃素呢？這個問題，其實應該由自己來決定。「佛法」不應該是呆板的權威教條，而是啓發自我覺性的「教育」。故而，「吃素」與否，應該問問修行的「主人」——自己。

基本上，佛教雖鼓勵吃素，卻並沒有規定非吃素不可，前面說過，基本上以「三淨肉」為限。故不必勉強吃素，或以吃素為高尚而追求之。

在煩惱吃素與否之前，修行人應該先要問自己：為何而「吃飯」？「吃飯」，當然是為了身體生存的需要。是誰的身體？當然是自己的身體。既然是為了「自己身體」而吃飯，那麼，與佛何干呢？

明白我們是為了「自己身體」而「吃飯」，則可以研究研究如何「吃」才健康。市面有很多關於飲食健康的書籍，網路也有很多相關的文章，都可以參考，尋找最適合自己的飲食方式與材料。

除了飲食的內容與方式之外，吃飯時的氣氛與心情，也會影響我們的身心健康。只有愉快的心情，吃下去的食物，才會變成營養、被身體吸收；勉強的、不愉快的心情，吃下去的營養食物，也可能會變成毒素，積留體內，影響健康。

所以，如果你認同吃素、喜歡吃素，或是覺得身體需要吃素（譬如有人因為體質關係，不能吃肉，一定要吃素），那麼就以歡喜愉快並且感恩的心來吃；如果不是，就不必勉強，不需要一邊「努力」吃素、「奉行」素食，心裡卻在掙扎——吃得愁眉苦臉，身心不協調，吃了也未必能達到健康的目的。

君不見許多「辛苦吃齋」的佛教徒，吃的內容「簡單」，吃的心情無奈，結果「修」得一臉苦相，且面有「菜色」。何必如此跟自己的身心過不去呢？

另有些佛教徒，則因為執著吃素且吃得很「清」而生貢高我慢心，甚至與他人較量誰吃得比較「清」，有的「清」到所有烹飪器具、碗盤餐具等等，一概不得碰過葷食。如此「法執」與憍慢心態，可說已經偏離佛教主張吃素的本意了。

學佛的目的本在「修心」，所以要學得歡喜自在，學得和氣待人，使身心健康，悲智增長。而「吃飯」本乃自家之事，吃素與否，應由自己做主，既不必與人爭長短，亦毋需過於執著；吃得身心平衡，才會健康而增進道業。

我佛慈悲，定不希望眾生為了執著吃素而起煩惱心及我慢心，造作罪業。

是故，修行人當以清淨心、感恩心、歡喜心，來「好好吃飯」，才是真修行。禪宗所謂的「穿衣吃飯，皆是修行」，不外乎此理也。

阿彌陀佛！

（民國九十六年三月寫）

談佛教的「不飲酒戒」

〔緣起〕

我在部落格發表了一篇文章：〈從書法藝術談起〉，裡面一段說到：「藝術的最高境界，就是『真』『善』『美』的融合。『真』，是創作之心的真誠，不為名利，沒有頭銜，沒有造作，沒有心機，完全是自然本真的流露，是謂『真』。傳說王羲之有名的〈蘭亭帖〉，是酒後半酣之際寫成的，待酒醒之後再寫，卻寫得不如原來的好。可見那酒後半酣之際，就是自然本真的流露。」

有佛友看了之後，來函求教云：

「請問老師，『李白斗酒詩百篇』，也是因為飲酒而成就詩名。古代文人雅士多因飲酒而寫出佳篇，有所謂『無酒不成詩』。那麼佛教五戒中的『不飲酒戒』，其道理何在呢？我知道一般善知識都會以所謂的修行功德、因果禍福等教條作答，其實難以令人信服難。自己思考了許久，仍不得其解。故請老師開示。」

〔回答〕

關於飲酒的問題，喝點小酒，的確是會讓人放鬆神經，心情愉悅。但是否任何人飲了酒皆能作詩或創作藝術作品呢？

所以，「酒品」，飲酒之後的表現，還是因人而異的。

本來有才華的人，因為飲酒，放鬆了許多人為約束，真性流露，所以能創作出好作品。

而有更多品行不良的人，飲酒之後，藉酒壯膽，為非作歹，家暴打老婆等等。

佛教為了防止酒後壞戒，犯下殺盜淫妄等罪行，所以制定了這個「不飲酒」的「遮戒」。這「遮戒」只是一種限制與約束，不是絕對的。

現在一般佛教徒卻把這個「不飲酒戒」遵奉得像天條一般神聖不可違犯，連烹調料理使用幾滴酒都不行，真是「法執」得矯枉過正也！

然而佛教素食也有「藥膳當歸湯」等，須知其中所用的中藥材，如當歸、熟地等，都是用酒浸泡炮製而成的，很多中藥材都需要「酒製」。他們食用了酒製的藥材藥膳而不自知，卻自以為「守戒」？

當明白，所謂「飲酒」與「用酒」是不同意義的。適度「用酒」是一種「藥」，不僅用在藥材的炮製方面，有時煎煮中藥也需要使用酒（例如「炙甘草湯」）。傳統中醫更有許多「藥酒」，搭配相關藥材以促進血液循環而達到養生保健的目的。所以，視需要適度的「用酒」，也有其作用的。

佛經裡，也有佛弟子向佛質疑這「不飲酒戒」。

有一位國王，是佛弟子，他向佛陀質疑說：喝了酒，心情愉悅，有何不可？說他曾經宴請幾個有紛爭的豪族大臣，大家喝酒愉快，就消除了彼此恩怨，和平共處。這樣飲酒應該有大功德才對呀！

佛解釋說，飲酒是「遮戒」，是為了防範飲酒之後亂法造罪所制定的；如果飲不致醉，且有利益，就不在禁止之列。但是仍須靠長久持戒功夫的養成，才能成就智慧方便。（此為經義概述，原文詳見附錄《佛說未曾有因緣經》卷下）

所以，學佛要明法理、明事理，才能有圓融的智慧。若執著於某一個「法條」，頑固執持而不明其理，不知隨緣變通，再如何的「守戒」，也只是盲目依從而已。

我觀世間眾生，絕大部分不是迷失於世俗名利之事，就是迷失於所謂的「佛教」教條，信教「修行」一輩子，還是一個迷失的人，真是可悲可歎啊！

學佛要修智慧，才能成為「覺者」；而「佛」之本義，「覺者」也。

阿彌陀佛！

（民國一〇一年二月寫）

附錄：《佛說未曾有因緣經》卷下（節錄）

爾時會中，國王太子，名曰祇陀，聞佛所說，十善道法，因緣果報，無有窮盡。長跪叉手，白天尊曰：「佛昔令我，受持五戒，今欲還捨，受十善法。所以者何？五戒法中，酒戒難持。畏得罪故。」

世尊告曰：「汝飲酒時，為何惡耶？」祇陀白佛：「國中豪強，時時相率，齎持酒食，共相娛樂，以致歡樂，自無惡也。何以故？得酒念戒，無放逸故。是故飲酒，不行惡也。」

佛言：「善哉！善哉！祇陀汝今已得智慧方便。若世間人，能如汝者，終身飲酒，有何惡哉？如是行者，乃應生福，無有罪也。夫人行善，凡有二種，一者有漏，二者無漏。有漏善者，常受人天快樂果報；無漏善者，度生死苦，涅槃果報。若人飲酒，不起惡業；歡喜心故，不起煩惱；善心因緣，受善果報。汝持五戒，何有失乎？飲酒念戒，益增其福。先持五戒，今受十善，功德倍勝十善報也。」

時波斯匿王白言：「世尊！如佛所說，心歡喜時，不起惡業，名有漏善者，是事不然。何以故？人飲酒時，心則歡喜，歡喜心故，不起煩惱，無煩惱故，不行惱害，不害物故，三業清淨，清淨之道，即無漏業。世尊！憶念我昔，遊行獵戲，忘將廚宰。於深山中，覺飢欲食，左右答言：『王朝去時，不被命敕令將廚宰，即時無食。』我聞是語已，走馬還宮，教令索食。王家廚監，名修迦羅。修迦羅言：『即無現食，今方當作。』我時飢逼，忿不思惟，瞋怒迷荒，教敕旁臣，斬殺廚監。臣被王教，即共議言：『簡括國中，唯此一人，忠良直事，今若殺者，更無有能為王監廚稱王意者。』時末利夫人，聞王教敕殺修迦羅，情甚愛惜。知王飢乏，即令辦具好肉美酒，沐浴名香，莊嚴身體，將諸伎女，往至我所。我見夫人，莊束嚴麗，將從妓女、好酒肉來，瞋心即歇。何以故？末利夫人，持佛五戒，斷酒不飲，我心常恨。今日忽然，將酒肉來，共相娛樂，展釋情故，即與夫人，飲酒食肉，作眾伎樂。歡喜娛樂，恚心即滅。夫人知我，忘失怒意，即遣黃門，輒傳我命，令語外臣，莫殺廚監，即奉教旨。我至明旦，深自悔責，愁憂不樂，顏色憔悴。夫人問我，何故憂愁？為何患耶？我言：『吾因昨日為飢火所逼，瞋恚心故，殺修迦羅。自計國中，更無有人堪監我廚如修迦羅者。為是之故，悔恨愁耳。』夫人笑曰：『其人猶在，願王莫愁。』我重問曰：『為實如是？為戲言耶？』答言：『實在！非虛言也！』我令左右喚廚監來，使者往召，須臾將來，我大歡喜，憂恨即除。」

王白佛言：「末利夫人，持佛五戒，月行六齋。一日之中，終身五戒，已犯飲酒、妄語二戒；八齋戒中，頓犯六戒。此事云何？所犯戒罪，輕耶？重耶？」

世尊答曰：「如此犯戒，得大功德，無有罪也！何以故？為利益故。如我前說，夫人修善，凡有二種，一有漏善，二無漏善。末利夫人，所犯戒者，入有漏善；不犯戒者，名無漏善。依語義者，破戒修善，名有漏善；依義語者，凡心起善，名無漏善。」

王白佛言：「如世尊說，末利夫人，飲酒破戒，不起惡心，而有功德，無罪報者，一切人民，亦復皆然。何以故？我念近昔，舍衛城中，有諸豪族、剎利王公，因小諍競，乃致大怨，各各結謀，興兵相罰。兩家並是國中豪強，復是親戚，非可執錄。紛紜鬥戰，不從理諫，深為憂之。復自念言，昔太子時，先王大臣，名提違羅，恃其門宗，富貴豪強，而見輕慢，形調戲弄，劇於畜生。當時忿恚，情實不分，意欲誅滅，力所不堪。訴向父王，復不聽省。懷毒抱恨，非可如何。以是因緣，飲食損常，懊惱愁悴。爾時太后，見我愁苦，種種諫曉，愁故不息。於是太后，愛子情重，便遣使人，求覓好酒，勸我令飲。即白母言：『先祖相承，事那羅延天，奉婆羅門。今若飲酒，懼恐天怒，為婆羅門之所謫罰。』太后當時，懼子致命，於夜靜時，關閉宮門，不令異人黃門婢使而得知者。太后語言：『夫天神者，有慈悲心，救一切苦；婆羅門者，皆應如是。子今愁毒，唐自失命，天神豈能救子命耶？寧當服藥，消散憂患，得全身命。諸婆羅門，未得天眼，安能知子隱密事也？』逼迫再三，俛仰從之。既飲酒已，忘失愁恨。太后見子，還復顏色，心即歡喜，召集宮女，作倡伎樂，三七日中，受五欲樂，所追忿恨，從是得息。思惟是已，即敕忠臣，令辦好酒，及諸甘膳。又使宣令國中豪族群臣士民，悉皆令集，欲有所論國中大事。諸臣諍競，兩徒眷屬，各有五百，應召來集，於王殿上，莊嚴大樂。王敕忠臣，辦琉璃碗，碗受三升許，諸寶碗中，盛滿好酒。我於眾前，先喫一碗。王曰：『今論國中大事，想無異心，坐此會也。今當人人辦此一碗甘露良藥，然後論事。』咸言：『唯諾！奉大王命。』並敕伎官，作倡伎樂。諸人得酒，並聞音樂，心中歡樂，忘失仇恨，沛然無憂。王復持碗，白諸君曰：『士夫修德，歷世相承，遵奉聖教，不應差違。諸君何為因於小事，忿諍如之。若不忍者，恐亡國嗣。是故重諫，幸息諍事。』諸臣白曰：『敬奉重命，不敢違也！』因是和平。」

王白佛言：「諸人起諍，不因於酒，然因得酒，息忿諍心，而得太平，此豈非是酒之功也？復次世尊，察見世間，窮貧小人，奴客婢使，夷蠻之人，或因節日，或於酒店，聚會飲酒。歡樂心故，不須人教，各各起舞。未得酒時，都無是事。是故當知，人因飲酒，則致歡樂，心歡樂時，不起惡念，不起惡念，則是善心，善心因緣，應受善報。復次世尊！獼猴得酒，尚能起舞，況於世人。如世尊說，施善善報，施惡惡報。如世間人，緣前布施福德因緣，今致大富。貧者從乞，慳惜不與，慳貪因緣，受餓鬼報。或有世人，若男若女，受形端正。男人好者，為女所愛；女人好者，男情所樂。若有強力，制斷男女，不令會合，不得合故，則致憂苦，此之殃罪，當歸何處？末利夫人，皆由前身以好施人故，今得好報。世尊云何，令持五戒，月行六齋。六齋之日，不得莊嚴香華服飾，又復不聽作倡伎樂，又復不聽附近夫婿愛好之姿，竟何所施？徒亡其功，豈非苦也？」

佛告王曰：「大王所難，非不如是。末利夫人，在年少時，若我不敕令受戒法修智慧者，云何當有今日之德也？以能得度，復度王身。如斯之功，復歸誰也？末利夫人，受我教故，如說而行，故使今日成就智慧方便解脫。復次大王，譬如世人，家有一子，欲令成故，及其幼年，將詣學堂，與師令教，文藝書疏、人望禮儀。學堂之法，皆有制令，呵嘖杖罰、禁節飲食、不得睡眠，出入行來，不失節度。有違犯者，隨罪輕重，計而行罰。兒畏杖故，專心就學。至年大時，高才博聞，靡所不知，復以所知，轉教餘人。末利夫人，奉齋持戒，亦復如是。

復次大王！如富樓那，妒嫉心故，割斷恩愛，辭別父母，捨離妻子，入山習學。被服草衣，忍寒耐苦。自立誓言：『要當諷誦九十六種經書記論，悉令通達，不爾不還與父母相見。』足二十年，一切通達。還王舍城，頭戴炬火，以銅鍱腹，陌上而行，而自唱言：『我一切智。』來至我所，而謂我言：『你瞿曇沙門，竟何所知？』我言：『癡人！』而說頌曰：

『若人有智慧，不說人自知，如是多聞者，如日照世間。若多少有聞，自大以憍人，是如盲執燭，照彼不自明。』

時富樓那，聞是語已，霍然心悟，捨炬解腹，五體投地，慚愧悔過。皆由多聞智慧，諸根利故，未起之頃，斷三界漏，得羅漢道。

智慧之力，譬如調象，隨鉤而轉。大王當知，夫習學者，皆由禁制，攝五情根，然後通達，無所罣礙，名無礙智，無礙智者，具四辯也。今富樓那，具四辯才，皆由謙苦勤學所得。是故我說，夫慧解者，有七德才。何謂為七：第一信才，二精進才，第三戒才，四慚愧才，第五聞才，六為捨才，七定慧才。是為七才。末利夫人。具此七才。

大王當知，末利夫人，雖為女身，高才智博，非同凡人，皆由少來，慎身口意，一心專念，修習智慧，智慧力故，名為解脫。復以智慧，解悟天下。」

學佛修行之人不應該結婚嗎？

〔緣起〕

我有一位學佛很虔誠的女性朋友，過去常在道場參與共修。三十幾歲時，依然是小姑獨處。跟我聊起來時表示，她很想結婚，可是道場的同修就會取笑而反對說：「學佛修行了還要結婚喔？」甚至勸她出家好了。她很困擾，雖然當時還沒有對象，可是很想結婚，不知道該怎麼辦？到底該不該結婚？於是我就寫了下面這封信回覆她。

〔學佛之人不應該結婚嗎？〕

——談修行的世間法與出世法

那天，從妳的電話中感覺到，妳心中還存有許多對於結婚、不結婚——受到道場教友觀念影響——

的困擾和疑惑，讓妳的心無法安定下來。

我想，這是許多信佛、學佛人的困擾和疑惑，不管是已婚或未婚。在這裡，我就將自己修學的體會和心得來與妳分享，或許較那些不婚或出家的，更要深刻些，而對妳有所助益。因為你是一個道心強烈的人，有很強的修行願心，所以，我必須將這些道理說明白。

「世間佛法」與「出世佛法」

佛法，大體上可以分為「世間佛法」和「出世佛法」。

世間佛法，重在現世利益的祈求，如祈求身體健康、事業順利、婚姻幸福等，是以消災祈福、求平安、求滿願，以及行善積德獲福報等為主。

出世佛法才有所謂的大乘、小乘，才有所謂的「修行」。事實上，佛法的本質即在於「出世」。然而，所謂的「出世」，卻有廣義、深義、實義，與狹義、淺義、權義之別。

遠離世俗之法，求清淨解脫，求了生死，視一切眾生為掛礙者，是狹義、淺義、權義的出世法，如此是名小乘。許多「出家人」雖行此法，身已「出家」，而心卻未「出世」。

廣義、深義、實義的「出世」，則是開啓而掌握了「本心」，契入了「覺性」、「真如」與「自性」；不囿於世法，不拘於出世法；不捨世法，不取出世法，展現超然的廣大胸襟，與超越世間和出世間的大智慧。唯有超越世出世間，才能真正的不執不染，才能真正的不為一切法所拘所礙，而得大自在。這樣的「出世」，是真出世，是為佛所讚歎的大乘菩薩行。

在家或出家，實地修行的利弊得失

接下來回到我們的主題。

基本上，不論是大乘、小乘，在現實生活的實地修行中，對於一個道心很強、求法願心很重的修行人而言，婚姻、家庭、親眷等俗緣，的確會令修行者感到許多束縛與掛礙。身處這些俗緣中，有太多的糾葛、煩惱、塵勞，以及情愛纏縛、價值觀衝突等，還有許多親眷之間的瑣事，都會令修行者分心並耗費許多時間精力而深感疲乏。這是在世俗因緣中修行的人，所必然不免的身心困擾。《文殊師利問經》中，佛陀便開示了住家的種種苦惱過患，而盛讚出家的功德，如佛言：「住家者是憂悲惱處，出家者歡喜處。」（見附錄）確是如此。這是就聖道修行者來講。

就因地菩薩而言，由於尚在凡夫地，未脫凡夫身，仍與一般眾生相同，有許多身心及生活上的需求與煩惱；除了衣食住行的滿足，往往還需要眷屬扶持照顧、安慰勸勉，共營世間生活。這些屬於眾生的基本需求，在佛菩薩大慈大悲的護念下，依著懺悔與求願的至誠，都能得到滿足，令眾生「求妻得妻，求子得子，求富饒得富饒，求長壽得長壽」，隨順眾生所願而滿足之，俾使世法圓滿，身心安隱，眷屬和樂，才能心無掛礙，安心修行。

發菩提心即是「出家」

修菩薩行，不一定要出家。大乘經典中，有許多菩薩是在家有眷屬的，最有名的就是「維摩詰居士」。佛菩薩累劫修行，也未必每一世都出家。而所謂「出家」，也有「身出家」與「心出家」之別。《維摩詰經》上面就說：「發阿耨多羅三藐三菩提心，是即出家，是即具足。」所以，從廣義來說，發菩提心修行，就等於是「出家」。是故，菩薩修行，不捨世法，不取出世法，依緣而行而無染著。

盡得世間法，乃得論出世

菩薩修行，不捨世法，世間善法未成滿故，福德善根未具足故，隨順世緣，即緣而修。雖處居家親眷之中，煩惱塵勞不斷，為無上道修習故，轉煩惱為菩提，轉塵勞為承擔，轉家庭為道場，轉世法為出世法，圓滿出世法於世間法中。於是依於親眷而修五戒十善，修布施、持戒、忍辱、精進、禪定、般若六波羅蜜。觀一切法空而修慈悲、智慧。進而觀照：己身所受煩惱諸苦，即是一切眾生煩惱諸苦，以己之情，了達而憫念一切眾生之情；以己一切貪瞋痴苦惱因緣，了達而憫念一切眾生之貪瞋痴苦惱因緣。依於觀照，推己及人，而起大悲心，菩薩因是而增長悲心悲願也。這就是《維摩詰經》上面所說的：「(菩薩) 以己之疾，愍於彼疾」之深義也。

菩薩了知：世間法即出世法，塵勞煩惱即是八萬四千法門，障道因緣即是助道因緣，眾魔擾亂不異佛菩薩的考驗；那麼，五濁惡世，塵俗家庭，即是菩薩修行悲智的最好道場！

此心不昧，在家不異出家，雖處親眷塵勞之中，依然可以自在安樂。心若迷惑，結婚在家，未必歡喜幸福；辭親出家，未必了脫無礙。出家修行，功德固然殊勝；在家修行，卻非得有堅固的道心、廣大的願力、深厚的定心，以及不屈不撓的毅力，否則無法堅持下去！

曾在毘盧禪寺讀過兩句話，很值得深思：

「心若能靜，何須出家；性如不昧，豈愁在世？」

自我抉擇與承擔

結婚不結婚，出家不出家，不是一個客觀的「價值標準」，不一定適用於所有人。對於有心學佛修行的人而言，只是一種較為艱辛或輕安的因緣——端視於個人，透過深入的觀照與自我認識，來抉擇與承擔。（不過，當今的「出家人」，似乎都比在家人還要忙碌呢，所謂「出了一個家，又入了一個家」是也。）

佛陀教化眾生的本懷，不是要每一個人都去追求一個崇高神聖的「目標」，去作佛、作菩薩、羅漢、聖者；而是要令每一個眾生，能真正除滅心中的煩惱，得到內在心靈的清淨安樂、自在無礙。小乘法的清淨安樂是暫止的，是不究竟的權法；只有大乘菩薩行，才是究竟之法；而真正根本究竟處則只有「一乘」，如《妙法蓮華經》經所說「唯有一乘，無有三乘」。所以，有的道場竭力鼓勵信眾「出家」，強調「解脫了生死」的小乘法，乃至反對在家眾結婚，也是值得商榷的作法。

隨緣隨力而修

菩薩道艱辛而難行。然初學者亦毋需恐畏，凡事但隨緣、隨分、隨力而修，不必過於勉強而好高騖遠。只要道心不退失，所發之願不放捨，一步一腳印，但直行而去。平日虔心念佛、持咒、誦經，當能得到佛菩薩護持。若無善知識教導，經典便是善知識，用心體會，當日漸有功。如能潛心修行「般若波羅蜜」，觀一切法空，不生不滅，無所有、不可得，契入真道，當更得自在無礙也。

以上，吾所修持之體會心得，望能展釋妳心中的不安與困惑，對妳今生的修行道業有所助益。深心祝福妳——世法圓滿，福慧增長，吉祥安樂，自在無礙。

阿彌陀佛！

（民國八十七年五月）

附錄：《文殊師利問經》卷下．囑累品第十七

住家過患，出家功德（案：此筆者所用標題，非經中原有）

爾時文殊師利白佛言：「世尊！一切諸功德不與出家心等。何以故？住家無量過患故，出家無量功德故。」佛告文殊師利：「如是如是！如汝所說，一切諸功德不與出家心等。何以故？住家無量過患故，出家無量功德故。住家者有障礙，出家者無障礙。住家者攝受諸垢，出家者離諸垢。住家者行諸惡，出家者離諸惡。住家者是塵垢處，出家者除塵垢處。住家者溺欲淤泥，出家者離欲淤泥。住家者隨愚人法，出家者遠愚人法。住家者不得正命，出家者得正命。住家者多怨家，出家者無怨家。住家者多苦，出家者少苦。住家者是憂悲惱處，

出家者歡喜處。住家者是惡趣梯，出家者是解脫道。住家者是結縛處，出家者是解脫處。住家者有怖畏，出家者無怖畏。住家者有彈罰，出家者無彈罰。住家者是傷害處，出家者非傷害處。住家者有熱惱，出家者無熱惱。住家者有貪利苦，出家者無貪利苦。住家者是憒鬧處，出家者是寂靜處。住家者是慳吝處，出家者非慳吝處。住家者是下賤處，出家者是高勝處。住家者為煩惱所燒，出家者滅煩惱火。住家者常為他，出家者常為自。住家者小心行，出家者大心行。住家者以苦為樂，出家者出離為樂。住家者增長棘刺，出家者能滅棘刺。住家者成就小法，出家者成就大法。住家者無法用，出家者有法用。住家者多悔吝，出家者無悔吝。住家者增長血淚乳，出家者無血淚乳。住家者三乘毀呰，出家者三乘稱嘆。住家者不知足，出家者常知足。住家者魔王愛念，出家者令魔恐怖。住家者多放逸，出家者無放逸。住家者是輕蔑處，出家者非輕蔑處。住家者為人僕使，出家者為僕使主。住家者是生死邊，出家者是涅槃邊。住家者是墜墮處，出家者無墜墮處。住家者是黑闇，出家者是光明。住家者縱諸根，出家者攝諸根。住家者長憍慢，出家者滅憍慢。住家者是低下處，出家者是清高處。住家者多事務，出家者無所作。住家者少果報，出家者多果報。住家者多諂曲，出家者心質直。住家者常有憂，出家者常懷喜。住家者如刺入身，出家者無有刺。住家者是疾病處，出家者無疾病。住家者是衰老法，出家者是少壯法。住家者為放逸死，出家者慧為命。住家者是欺誑法，出家者是真實法。住家者多所作，出家者少所作。住家者多飲毒，出家者飲醍醐。住家者多散亂，出家者無散亂。住家者是流轉處，出家者非流轉處。住家者如毒藥，出家者如甘露。住家者愛別離，出家者無別離。住家者多愚痴，出家者深智慧。住家者樂塵穢法，出家者樂清淨法。住家者失內思惟，出家者得內思惟。住家者無歸依，出家者有歸依。住家者無尊勝，出家者有尊勝。住家者無定住處，出家者有定住處。住家者不能作依，出家者能作依。住家者多嗔恚，出家者多慈悲。

住家者有重擔，出家者捨重擔。住家者無究竟事，出家者有究竟事。住家者有罪過，出家者無罪過。住家者有過患，出家者無過患。住家者有苦難，出家者無苦難。住家者流轉生死，出家者有齊限。住家者有穢污，出家者無穢污。住家者有慢，出家者無慢。住家者以財物為寶，出家者以功德為寶。住家者多災疫，出家者離災疫。住家者常有退，出家者常增長。住家者易可得，出家者難可得。住家者可作，出家者不可作。住家者隨流，出家者逆流。住家者是煩惱海，出家者是舟航。住家者是此岸，出家者是彼岸。住家者纏所縛，出家者離纏縛。住家者作怨家，出家者滅怨家。住家者國王所教誡，出家者佛法所教誡。住家者有犯罪，出家者無犯罪。住家者是苦生，出家者是樂生。住家者是淺，出家者是深。住家者伴易得，出家者伴難得。住家者婦為伴，出家者定為伴。住家者是罥網，出家者破罥網。住家者傷害為勝，出家者攝受為勝。住家者持魔王幢幡，出家者持佛幢幡。住家者是此住，出家者彼住。住家者增長煩惱，出家者出離煩惱。住家者如刺林，出家者出刺林。

文殊師利！若我毀訾住家，讚嘆出家，言滿虛空說猶無盡。文殊師利！此謂住家過患，出家功德。」

持誦佛經以求遂願的相關事宜解說

〔問〕

我想要持誦《地藏經》為自己消業障，以求感情遂順，因此請教一些誦經的相關事宜，請老師為我解答。

〔答〕

大德能有此因緣親近佛法經典，是很好的一件事。但是要先提醒您，感情事要隨緣，不要太執著！抱著這個目的來誦經，會造成自己很大的壓力，如果將來沒有遂願，是要怪佛呢，還是怨恨誰呢？所以，您在做這件事之前，要先有心理建設：誦經的目的固然是有所求，但根本的意義應該是消自己的業障，增長福慧功德。至於感情事，要了解，人與人會不會在一起，都是一種緣，有緣無緣，就交給佛菩薩來安排。這樣思考，就不會給自己太大的壓力了。

至於所問的各項問題，回答如下。

一、《地藏經》要去哪裡請呢？

〔答〕

《地藏經》全名為《地藏菩薩本願經》，一般在佛寺，或素食的餐廳都有免費結緣的，很容易請到，佛教書局也有流通。

二、可以在自己房間誦經嗎？因為家裡沒有其他地方可以誦經。

〔答〕

如果實在沒地方誦經，自己房間也可以。但要注意幾點：

第一，不要在床上唸，可在書桌前唸。

第二，持誦之前，要先將房間收拾整齊乾淨。在雜亂的房間唸經，不僅不恭敬，自己的心也不容易安靜專注。

第三，唸的時候，不可穿睡衣；雖不一定要儀容整齊，但也不能太隨便。總之，要以恭敬心來誦持。

三、持誦《地藏經》的程序為何？一天唸一遍可以嗎？

〔答〕

（一）誦《地藏經》，通常經本前面會印有「香讚」、「淨三業真言」等儀式上的文字。如果在自己房間沒有點香禮佛等儀式，前面的那些儀式文字就不必唸，直接唸經文本身就可以了。

（二）唸誦經文前後，都要先稱唸：「南無本師釋迦牟尼佛」，以及「南無大願地藏王菩薩」三遍。

（三）誦完經要唸迴向文。關於迴向文，您可以照著經本上面所印的唸，也可以把自己的祈願說給佛菩薩聽，請菩薩大慈大悲指引迷津，遂妳所求。

（四）至於唸多少遍，是隨人發心的，沒有一定。

（五）誦《地藏經》之外，最好能再配合誦持〈大悲咒〉與《般若心經》。前者是觀世音菩薩發願要滿足眾生之願而說的咒語；後者能開智慧除煩惱。所以最好配合唸誦。

四、遇到生理期可以誦經嗎？

〔答〕

佛菩薩都是清淨法身，沒有女性生理期潔不潔的禁忌。生理期是正常現象。認為生理期不潔，是過去時代科學不明的錯誤思想。不過，在一般信仰鬼神的廟裡，因為較低級的鬼神不喜歡血的氣味，所以生理期不適合到信奉鬼神的廟裡。但佛寺，佛菩薩就沒有什麼禁忌了。這點請放心。

五、另外，我有一些身體的毛病，都治不好，唸經可以改善嗎？

〔答〕

身體的問題，基本上還是請醫診治。可以再配合誦經求願。您可以在誦經完唸迴向的時候，向佛菩薩祈願。依據《千手千眼無礙大悲心陀羅尼經》上面所說，〈大悲咒〉可以治世間八萬四千種病，至誠誦持必能感應。這是經典所言，供您參考。

解答如上。阿彌陀佛！

（民國九十六年八月）

關於農曆七月誦經拜佛等事之釋疑

每年農曆七月，台灣民間習俗總會舉辦一些拜拜超渡的活動，也有許多禁忌。關於此，不少佛教的善信大德，提出了一些問題。在此將這些問題與我的回答整理如下。

〔問〕農曆七月誦經念佛之時間以何為宜？

末學平時不拘時地的誦經念佛，迴向給家人；請問在七月的時候，即使半夜，還可以隨時想到就念嗎？有何禁忌嗎？

〔答〕

所謂七月「鬼月」，其實是台灣民間信仰所帶來的一種觀念，因而引發的許多禁忌和恐懼，其實是不必要的，也並非原來佛教節日的本意。

一、七月拜拜的由來與意義

七月拜拜，是源於佛教的「盂蘭盆會」。

根據《佛說盂蘭盆經》記載（詳見附錄），佛陀大弟子神通第一的目連僧，因為要救拔墮在餓鬼道的亡母，用盡其神通力仍無法救拔，乃求救於佛。佛於是開示了救渡的法門：於七月十五日「眾僧解夏自恣日」，設大供養，供養「十方大德聖僧菩薩」，以三寶功德力、諸佛菩薩大德聖僧威神之力，才能救渡。後世眾生，孝敬父母者，須於年年七月十五日，「佛歡喜日」，供養僧眾及諸佛菩薩，使現世父母福壽增長、七世父母得到超渡。

這就是七月十五「盂蘭盆會」的由來。

佛教原意是供養「諸佛聖僧」，並非鬼神「好兄弟」；要祈福超薦的是「自己的現世及七世父母」，原是孝親之意，並非台灣現在所謂的「普渡」。日期是七月十五日一天，並非整個七月，也沒有什麼禁忌或恐懼的事情。原是十分殊勝的吉祥功德事，不須恐畏而造成人心不寧。

二、健康而正確的態度

所以，佛教的正信弟子，不需要理會以訛傳訛的民間信仰觀念。想要念佛誦經或聽經，或修行法事等，心中有佛，隨時可以唸、可以聽。應以清淨心、至誠心來念佛，與佛與法相應，與佛感通，即可無虞，並且增長福慧功德。

三、形式上的注意事項

不過，此處有一形式上的問題。

如果念佛誦經或聽經，只是在自己心中念或自己聽，沒有什麼宗教儀式的話，隨時隨地皆可念可聽。因為那是自己在修心、修智慧功德。

但如果有一些禮拜誦經的儀式，如點香、供茶水等，又或為了迴向某人等，就不適合在晚間了。晚間有陰氣，誦經會招「另一個世界」的眾生來聽經。雖然有些善知識說，他道眾生來聽經，我們可以順便迴向渡他們；這在大型的公眾道場可以如此普施功德；自己家中，自己修行，我們「功力」還不到，就應避免去招感比較好。

有儀式的念佛誦經，應在白天為宜。此與七月無關，而是一般情形。

四、從祈願層次進入到修行層次

大德能夠不拘時間，隨時念佛，真是非常好的佛緣。念佛初始常會有一個目的對象，但要記得也要迴向給自己，迴向自己的心靈，祈願超脫苦惱，增長福慧功德，以期從祈願層次進入到修行層次。

〔問〕農曆七月可以到廟裡拜拜嗎？

〔答〕

瞭解了七月拜拜的由來與意義，即可以平常心來度過農曆七月。如果想到廟裡拜拜，問事、祈願等，可以選擇正信的「佛寺」，祈求「諸佛菩薩」護佑指點。「諸佛菩薩」與「天神」不同，是超越三界的法身佛，故能無時不在，無處不有，沒有什麼休息打烊回天庭或其他禁忌的事。諸佛菩薩大慈大悲廣大靈感，只要至誠稱念祈求，必能感應。

〔問〕七月十五日應如何供佛禮拜？

〔答〕

瞭解了七月十五拜拜的由來與意義，佛教的正信弟子要供佛禮拜的話，依佛教的方式，如果家中有佛堂，可於自家佛堂設供養於諸佛菩薩。準備的供品可以用清香、鮮花、素果、素食供品、清茶等。時間以上午「午時」以前為宜（因佛制過午不食）。祝禱時，祈請諸佛菩薩，護佑現在父母福壽增長，去世及七世父母得超善道，往生極樂世界。

如果家中沒有佛堂，可準備以上供品，至正信的佛寺，如上禮拜供養及祝禱。諸佛菩薩大慈大悲廣大靈感，只要至誠稱念祈求禮拜，必能感應賜福。

〔問〕農曆七月聽佛經CD可以嗎？

末學平時早上都有聽佛經CD的習慣。曾聽說聽佛經時會吸引「另一個世界」的眾生來聽經，因此請問農曆七月的時候還可以如常放來聽嗎？

〔答〕

當您瞭解了七月十五拜拜的由來與意義，瞭解了所謂「鬼月」其實只是台灣民間信仰的一種觀念，佛教的正信弟子不須理會，就沒有什麼恐懼的禁忌了。

至於聽佛經CD，那就更沒什麼問題了。基本上，靈界眾生的感應是靠「心念」，而不是物質性的「聲波」。CD本質上只有物質性的「聲波」，而沒有「心念」。所以有人在做超渡法事時，只放錄音帶而沒有真正由人來念，不僅是偷懶不恭敬，也毫無意義與功德效果，只有在世的人自己聽到而已。（參見前面「佛學經典篇」之《佛祖統紀．有朋法師傳》解說）

聽CD只有在於聽的人本身，因為有那份與CD內容相應相契的心，聽得自己心裡歡喜；對其他人（或「另一個世界」的眾生）是沒有什麼意義的，除非是聽的人心中，想將這份法喜功得迴向給其他眾生。

須注意的是，聽CD時心中要清淨，不要起妄念，起妄念「胡思亂想」就會形成「心念」電波，而招感不必要的困擾。

〔總結〕農曆七月應以平常心和清淨心來生活

關於農曆七月的疑問，解說如上。總之，佛教的正信弟子，以及一般大眾，應正確認知：七月並非什麼「鬼月」，即可以去除不需要的疑惑恐畏，以平常心來生活。如能進一步把握住健康而清淨的正念、正信、與正精進，必將獲得佛菩薩的護佑護持，而得平安吉祥。

阿彌陀佛！

（民國九十六年八月）

附錄：《佛說盂蘭盆經》全文：

聞如是。一時佛在舍衛國祇樹給孤獨園。大目犍連，始得六通，欲度父母，報乳哺之恩。即以道眼，觀視世間。見其亡母，生餓鬼中，不見飲食，皮骨連立。目連悲哀，即以鉢盛飯，往餉其母。母得鉢飯，便以左手障鉢，右手摶食。食未入口，化成火炭，遂不得食。目連大叫，悲號涕泣，馳還白佛，具陳如此。

佛言：「汝母罪根深結，非汝一人力所奈何。汝雖孝順，聲動天地，天地神祇、邪魔、外道道士、四天王神，亦不能奈何。當須十方眾僧威神之力，乃得解脫。吾今當說救濟之法，令一切難，皆離憂苦。」

佛告目連：「十方眾生，七月十五日，僧自恣時，當為七世父母，及現在父母厄難中者，具飯百味、五果、汲灌盆器、香油燈燭、床敷臥具、盡世甘美，以著盆中，供養十方大德眾僧。當此之日，一切聖眾，或在山間禪定，或得四道果，或在樹下經行；或六通自在，教化聲聞緣覺；或十地菩薩大人，權現比丘，在大眾中——皆同一心，受鉢和羅飯，具清淨戒。聖眾之道，其德汪洋，其有供養此等自恣僧者，現世父母、六親眷屬，得出三途之苦，應時解脫，衣食自然。若父母現在者，福樂百年；若七世父母生天，自在化生，入天華光。」

時佛敕十方眾僧，皆先為施主家咒願，願七世父母行禪定意，然後受食。初受食時，先安在佛前、塔寺中佛前，眾僧咒願竟，便自受食。

時目連比丘，及大菩薩眾，皆大歡喜。目連悲啼泣聲，釋然除滅。時目連母，即於是日，得脫一劫餓鬼之苦。

目連復白佛言：「弟子所生母，得蒙三寶功德之力、眾僧威神之力故。若未來世，一切佛弟子，亦應奉盂蘭盆，救度現在父母，乃至七世父母，可為爾否？」

佛言：「大善快問！我正欲說，汝今復問。善男子！若比丘、比丘尼、國王、太子、大臣宰相、三公百官、萬民庶人，行孝慈者，皆應先為所生現在父母、過去七世父母，於七月十五日，佛歡喜日，僧自恣日，以百味飲食，安盂蘭盆中，施十方自恣僧，願使現在父母，壽命百年無病，無一切苦惱之患，乃至七世父母，離餓鬼苦，生人天中，福樂無極。是佛弟子修孝順者，應念念中，常憶父母，乃至七世父母，年年七月十五日，常以孝慈，憶所生父母，為作盂蘭盆，施佛及僧，以報父母長養慈愛之恩。若一切佛弟子，應當奉持是法。」

時目連比丘、四輩弟子，歡喜奉行。

〔註釋〕：

僧自恣日：印度夏月雨季，僧眾不便外出托缽，遂有三月結夏安居之制。三個月期間，僧徒禁外出，須致力坐禪修學，名曰「坐夏」或「結夏」。於七月十五日安居結束，名曰「解夏」。在解夏日，有一「自恣」之制，即是僧眾須於此日，隨他人之意恣舉其所犯之罪而懺悔之，故名曰「自恣」。即是僧眾的檢討大會之意。

聆聽莊嚴平和優美的佛樂有助修心

網友求教，問有什麼優美的佛教音樂可以幫助修心？以及音樂是否會產生磁場，影響身心？

〔答〕

音樂對人心的影響，自古聖賢即頗為注重，所以儒家有「禮樂並重」的主張，重視音樂的教化。

一、莊嚴平和優美的佛教音樂

我個人聽佛樂有十幾年了，所買的音樂錄音帶或 CD 有二三十片，其中有幾片十分喜愛，聽了就很舒服寧靜，在此整理給大德參考。

《觀世音菩薩—兒童菩提園》

內容：傳統觀世音菩薩音樂，「南無觀世音菩薩」聖號反覆唱誦。

個人體驗：

這片音樂是兒童版的。天真清純的童音唱頌觀音菩薩聖號，展現天籟之音，聽來非常感動喜樂，彷佛一股清泉流過心底，洗滌了心靈；童音反覆唱頌「南無觀世音菩薩」，彷佛觀世音菩薩清淨柔軟的手，輕輕撫慰著人們疲乏的心靈……。

《憶念自性彌陀》

內容：「南無阿彌陀佛」聖號反覆唱誦。

個人體驗：

這片音樂的旋律，有別於傳統莊嚴肅穆的佛號唱誦，輕快又不失莊嚴的旋律，配合唱者渾厚清朗的歌聲，聽來令人心情輕鬆愉快，心中猶如清純的孩童，快樂的奔跑在綠草地上；又如一條清澈的小溪，唱著歌兒向前奔流……。

《水連天碧》

內容：第一首：「六字大明咒」間歇的反覆唱誦；第二首：純音樂。

個人體驗：

這是我很喜歡的禪修佛樂，適合在夜晚寧靜獨自靜心時聆聽。電子合成的音樂，空靈悠遠，彷佛自宇宙的彼端悠悠傳來，召喚著人們內在的靈性。獨唱的「六字大明咒」，在水聲與空靈樂音之際，悠悠唱起，彷佛迴響在宇宙的法音。唱誦間歇反覆，而後是大合唱的「六字大明咒」，猶如波濤奔騰，海潮梵音，在心底產生共震的漣漪……。第二首無唱，如上的純音樂，適合在聽過第一首之後，寂然靜坐，而後思慮可以歸空……。

《佛之頌》

內容：

第一首：〈念佛念心念彌陀〉：「南無阿彌陀佛」聖號反覆唱誦。

第二首：〈寒山蹤深深幾許〉。歌詞三段：

（一）人問寒山路，寒山路不通；夏天冰未釋，月出霧朦朧；似我何由屆，與君心不同；君心若似我，還得到其中。

（二）葉落秋風起，數里入雲峰；寂寞空山裡，撥芒覓舊蹤；苔徑無人履，唯聞流水聲；夜板清澈耳，劃出一片空。

（三）天香雲飄逸，山嵐煮冰清，紅塵掛不住，寂靜復本明。梵音隨風飄，煙際認樓鐘；啜飲甘露泉，沁涼臥雲松。

個人體驗：

這是我很喜歡聽的佛樂。第一首旋律十分開闊，彷彿站在雄闊的高山之上、雲松之旁，對著無際蒼穹呼喚遙遠聖佛「阿彌陀佛」。唱者渾厚清朗的歌聲，引發出聽者內在深深的共鳴，聽來身心開展舒暢。

《雲水》

內容：純音樂。曲目：㈠山野幽居㈡疏梅弄影㈢庭竹滴泉㈣湖亭晚歸㈤風雨殘雷㈥水月空禪心㈦登軒待月㈧行雲流水。

個人體驗：

這片音樂很多人都喜歡聽。以國樂演奏為主，閒適寧靜，呈現隱士山居之情境，聽來輕鬆悠閒，可以作為休閒或閱讀時的陪襯音樂。

《寒山鐘聲》

內容：第一首：張繼〈楓橋夜泊〉，四大菩薩名號贊；第二首：純音樂。

第一首歌詞：

◎張繼〈楓橋夜泊〉：「月落烏啼霜滿天，江楓漁火對愁眠；姑蘇城外寒山寺，夜半鐘聲到客船。」

◎四大菩薩名號贊：「南無清涼山金色界大智文殊師利菩薩；南無峨眉山銀色界大行普賢願王菩薩；南無普陀山琉璃界大悲觀世音菩薩；南無九華山幽冥界大願地藏王菩薩。」

個人體驗：

這也是我很喜歡聽的佛樂。十幾二十年在誦經或寫經時，常常聽的陪襯音樂。莊嚴沉渾的歌聲，唱誦著唐詩、佛號，心中沉定寧靜。

〔其他〕

另有《古箏佛讚（三）（弘一大師篇）》、鋼琴佛樂《緣佛抄》，都是很清幽寧靜的佛教禪樂。此外，一些古琴演奏的音樂，聽來寧靜幽遠，也很適合禪修。

二、音樂之於個人修持

《楞嚴經》說：「耳根圓滿一千二百功德」。所以，聆聽優美的音樂可以使心靈喜樂平和，增益自我的修持。

基本上，人們對音樂的喜好是比較主觀的，與其個人性情修養有關。至於所謂的「音樂磁場」，音樂的選擇本來在於人的喜好，但音樂之旋律加上樂器本身的聲波，確實是會形成某種「磁場」，又反過來影響聽者的身心。但我認為在選擇上，以契合自己的感覺，適合自己即可。

實則以修道而言，聽音樂修持，可說是初階段的；當進入較深的內在境界時，就不是聽人為的音樂，而是攝心聽「天籟」，靜心去聽（感受）大自然的風聲、海濤聲、鳥聲、蟲鳴聲，以及自己內在的聲音。

傾聽天籟，會有一種寧靜超然的感受。而我自己實際靜坐時，是不聽音樂的，如此才能攝心內觀。

（民國一百年三月）

人生諮詢篇

神佛指示，亦應理性衡量，自我抉擇

【問】

某天夢見觀世音菩薩，指示我到某地修行。經查某地乃在大陸，而我無法出國。又查台灣某鄉鎮有如此地名之小學，不知可否代替？

【答】

不知大德是否平日信奉觀音，並在心中對所問事久有疑惑，以致菩薩託夢指示？還是偶然無意之夢？

其實，學佛重在自我修持，修心、修福，更要修智慧。故對於任何「指示」，託夢也好，求籤也好，當作參考即可。最重要在於自己的抉擇。應該自己衡量事情的各種主客觀條件，利弊得失等，再做決定。在決定的過程中，當然可以參考相關資訊，或其他人的看法等——但須明白，一切「僅供參考」，最後的決定權仍然是握在自己手中的。

另一方面，佛家凡事講「緣」，人與人相會，是緣；人與地，也是緣。所以，要去哪裡，會在何處生活、工作、乃至修行，一切莫不是緣。是故，對於夢中所示地方，大德不妨隨緣，有緣終須至，無緣何需費神？

況且，有心修行，無處不道場，佛菩薩的教化隨處是，只看修行人如何用心去「解讀」。

茲提供一個實例，供大德參考：

我有一友人，多年參加某項國家考試，屢試不過。年年請示菩薩，多年來菩薩之指示均為「再接再勵，菩薩護持」等等。此友人多年為此考試，心力交瘁，家庭怨言不絕。數年下來，考試依然不通過。

友人乃詢問我的意見，我答以「自己衡量決定」。然彼依然心繫「菩薩指示」，不敢輕易放棄。痛苦多年，最後再次問我，依然回答「自己衡量決定」！

友人最終放棄考試，頓時覺得海闊天空，多年陰霾一掃而空，重新規畫自我人生，快樂生活。

在此強調，我並非否認「神佛指示」的參考價值，但仍須有自己的判斷，才是明智之舉。

阿彌陀佛！

（民國九十六年八月）

求神不如求己，姻緣未到就做自己

【問】

曾去兩間寺廟拜拜，向月老求姻緣，可是已經過了一年多，都沒有消息。到底靈不靈呢？拜月老真的有用嗎？

【答】

求神拜佛沒有一定靈或不靈，最重要是靠自己。如何靠自己呢？可以從增進自己的魅力著手。例如改善自己的毛病缺點，充實自己的內在，學習人際相處之道，並留意儀容妝扮，增加外在美等等，如此可以增加自信。並多參加聯誼活動，機會就比較多。

不過，最重要的還是緣份。雖然祈求，但心態上要能夠隨緣。在緣份到來之前，先好好做自己。找到自己的興趣，活得充實快樂，比有一個感情來煩惱牽掛，更為重要。

（民國九十六年八月）

籤詩解說：感情不合須隨緣

【問】

我已經有男友，但發覺彼此不合，且對方有暴力傾向。先前曾去一間廟求籤，籤上說要堅持下去。而我最近出外參加活動認識了一個不錯的對象，猶豫不知如何抉擇。所以如今又到觀音廟求了此籤。請解籤：

風雲致雨落洋洋，
天災時氣必有傷。
命內此事難和合，
更逢一足出外鄉。

【答】

一、籤詩解說

「風雲致雨落洋洋」：表示兩人會吵得很厲害。
「天災時氣必有傷」：表示若遇到一些外在不利因素，就會對感情及自己造成傷害。
「命內此事難和合」：此事命中本來就不合，不必再強求。
「更逢一足出外鄉」：表示會在外鄉遇到另一個對象。
以上為籤詩本身的意思。

二、整體講解

此籤詩所言與大德目前狀況吻合；而最後一句：「更逢一足出外鄉」，只表示現況，並未指示這個對象一定適合。

大德說兩次籤詩的意思差異很大。可能求籤當下的因緣有所不同吧？

對於感情，莫太執著，要能夠隨緣，並且理性的考慮清楚彼此各方面的狀況。將感情的經歷當作一種很好的學習功課，就能夠在其中成長而得到智慧。

阿彌陀佛！

（民國九十六年八月）

籤詩解說：分手求合看因緣

【問】

跟男朋友分手了，求了此籤，問還有沒有機會。請解籤：

誰知愛寵遇強徒，
女子當年嫁二夫。
自是一弓施兩箭，
騎龍跨馬上安居。

【答】

一、籤詩譯解

「誰知愛寵遇強徒」：沒想到愛著對方，卻遇到了一個粗暴之人。——此人可能是所愛對象，也可能是局外人，擾亂兩人感情。

「女子當年嫁二夫」：感情問題中的女子，曾經有過二次婚姻。——現代模式可能不見得是正式的婚姻，而是曾有兩份感情。

「自是一弓施兩箭」：因此這就好比是一個弓射了兩枝箭。——表示會有兩份感情。

「騎龍跨馬上安居」：最後結果是「騎龍」又「跨馬」的回到安住的家。——意思是，兩段感情都會有結果，都會成家。

以上為籤詩本身的意思。

二、整體講解

大德言：「跟男朋友分手了，問還有沒有機會？」

曰：籤詩意思如上。求籤參考即可，勿過於相信依賴。既然現在與男友分手了，不妨在此空窗期，思考並檢視一下兩人在一起時的種種過程、對方人品、彼此個性、價值觀、生活模式等，合不合得來？又因何而分手？有無機會也要看對方意願。感情勉強不得，要有隨緣的智慧。

阿彌陀佛！

（民國九十七年八月）

籤詩解說：前途光明靠自己

【問】

想休學，計畫學些其他事務，猶豫不決而求籤。請解籤：

客到前途多得利，
君爾何故兩相疑。
雖是中間逢進退，
月出光輝得運時。

【答】

一、籤詩語譯

「客到前途多得利」：您的前途亨通，能夠得到很多利益。
「君爾何故兩相疑」：您為什麼還要猜疑而猶豫不決呢？

「雖是中間逢進退」：雖然事情中間會有一些進退兩難的阻礙。

「月出光輝得運時」：再過不久就會逢到光明好機運了。

（籤詩為直書，並且由右往左讀，方不致讀反）

二、整體講解

這首籤詩是告訴您，不用猶豫，想做什麼就去做；雖然可能會有一些困難，但終究會有好運，獲得成功的。

其實，學業或事業的規劃，應該要理性的將各方面衡量清楚，然後秉持信心，盡力去做。籤詩只是參考，給您信心，最重要還是靠自己的努力，才能真正有所成就。

阿彌陀佛！

（民國九十七年七月）

籤詩解說：謀事慎思天地人

【問】

請解籤：

黃大仙籤第五十二：「中平—盤古開闢天地」：

上清下濁成天地，
清濁相凝便作人。
爾欲簽求明白事，
且將三等細分明。

【答】

一、籤詩語譯

「上清下濁成天地」：盤古開天闢地，清而輕者上升為天，濁而重者下沉為地。

「清濁相凝便作人」：把天地間清濁的各種因素交融而成為人道。
「爾欲簽求明白事」：你來求籤要問明事情。
「且將三等細分明」：那就要把「天」「地」「人」這三個層次的道理研究清楚。

二、整體講解

此籤若是問創業或某事，應該運用自己的智慧，思惟「天」「地」「人」這三個層次的道理。平時多行善積德，謀事時要考慮天時、地利、人和等三方面要件，把相關的時機、地點、人際關係等，都先研究、安排妥當再進行。

基本上，此籤告訴人，欲進行任何事，都要靠自己審慎謀慮與努力，加上先天後天的條件配合，才能成就。

（民國九十八年三月）

籤詩解說：金榜題名憑實力

【問】

今年考公職，問結果。請解籤：

文昌帝君籤第八十六首「管飽為賈．上上籤」：

一舟行貨好招邀，
積少成多自富饒。
常把他人比自己，
管須日後勝今朝。

【答】

一、籤詩語譯

「一舟行貨好招邀」：一艘船載了貨而行，要好好招呼客人做生意。

「積少成多自富饒」：做生意不要急於一時，積少成多自然會累積財富。
「常把他人比自己」：要常拿別人來相比，參考別人的經驗，激勵自己努力。
「管須日後勝今朝」：要努力使自己將來比現在更有成就。

二、整體講解

這是個滿吉利的籤，所問事情如果是經過努力的，應該會有好結果。

大德問今年考試的結果，依籤意來說——

如果您是已經準備充分且考過好幾次的，基本上應該是可以錄取。

如果是第一次參加考試且準備得不很充分，那可能就要繼續努力了。

（民國一百年九月）

籤詩解說：問神還須反求己

【問】

請解籤：

金剛無言，心經說不，
經典眾多，能用幾何？

【答】

一、籤詩譯解

（一）「金剛無言」：《金剛經》上面，佛陀表示，我雖然說了很多文字法，而於真道處，我無有所說。《金剛經》原文：「須菩提，汝勿謂如來作是念，我當有所說法……說法者，無法可說，是名說法。」

（二）「心經說不」：《心經》上面說，萬法本來都是心的幻化，而於真道處是沒有所謂的生滅、垢淨、增減的。《心經》原文：「諸法空相，不生不滅，不垢不淨，不增不減。」

（三）「經典眾多」：各教各派的文字經典非常浩瀚，義理也很深奧。

（四）「能用幾何」：真正能用的、對你有幫助的有多少？意思是對你沒有幫助，沒有用。

二、整體講解

（一）法理解釋

千經萬典無有言說，唯指人的本心而已。故經典雖多，若不悟本心，皆無有用。汝今遇事來問，凡事亦唯反求諸己而已。萬法唯心造，經典無所用，一切靠自己。

這意思是說：

一切經典都只是文字言說，所講的真理，若沒有自己體悟明白，沒有去反觀悟得自己的本心自性，那麼，經典雖多，對人卻是沒有什麼真正幫助的。一定要靠自己用心體會，身體力行，透過所謂的「聞、思、修」、「信、解、行、證」等修行過程，才能印證真正的道理。

（二）籤詩意義

作為籤詩，若對應所求問的實際事情，就是說：

你來廟裡問神佛，神佛雖然很多，神通廣大，但眾生的業還是要自己承擔，要自己修行去消，神佛是無法幫助你的；若求什麼事，也是要靠自己努力。總之，一切就是要靠自己。

（民國九十八年三月）

籤詩解說：遵行中庸四時安

【問】

請解籤：

春陽溫暖滿人間，
夏日炎照人心惱，
秋月明亮圓大展，
冬風西吹不覺寒。

【答】

一、籤詩語譯

這首是以「春夏秋冬」為藏頭的嵌字詩。

「春陽溫暖滿人間」：春天的陽光很溫暖，充滿人間。

「夏日炎照人心惱」：夏天時候炎熱的太陽照得人心煩。
「秋月明亮圓大展」：到了秋天，月亮特別明亮；十五的月又大又圓，大放光明。
「冬風西吹不覺寒」：最後到了冬天，風從西邊吹過來，也不覺得寒冷。
（籤詩為直書，並且由右往左讀，方不致讀反）

二、整體講解

這首籤詩的意思是說，春夏秋冬一年都會有好運：春天很溫暖、秋天月明亮、冬天不寒冷；唯一要注意的是夏天，天氣太熱，會惹人心煩。意思就是指我們做人處事，凡事要適度，遵守中庸之道，不要鋒芒畢露，所謂「亢龍有悔」；凡事適可而止，含蓄內斂，那麼到以後就會展現光明，到了晚年也仍享有溫暖。

（民國九十八年四月）

籤詩解說：努力尚須破困境

【問】

請解籤：

西佛勞苦在心頭，
天天用心計萬善，
極步至此無人知，
樂道不上入六道。

【答】

一、籤詩語譯

這首是以「西天極樂」為藏頭的嵌字詩。

「西佛勞苦在心頭」：西方的佛陀，為了救渡眾生，真是不辭勞苦，費盡心神。

「天天用心計萬善」：佛陀從前修行的時候，天天用心修善，累計功德無量無邊。

「極步至此無人知」：佛道的最高境界，只有佛能了知，凡夫眾生是難以知曉的。

「樂道不上入六道」：雖然成佛了，卻不願自居安樂土，而繼續進入六道來渡眾生。

（籤詩為直書，並且由右往左讀，方不致讀反）

二、整體講解

這首籤詩，如果對應實際事情，意思是說：一個人做事很費心機，天天勞苦的計算成果，即使到達最高境地，卻沒有人知道，有點懷才不遇的意思。到這個時候，你要想辦法突破困境，在山窮水盡之時，要能打破僵局，才能開出柳暗花明的路來，這樣就更上一層樓了。否則照原來這樣下去，只會在原地打轉或情況更惡劣而毫無結果。

（民國九十八年四月）

籤詩解說：依循天理即修行

【問】

向玄天上帝求問學佛如何定心而能更加精進。請解籤：

伏義八卦定吉凶，
六十甲子排五行。
暗處虧心天地見，
舉頭三尺有神明。

【答】

一、籤詩語譯

「伏羲八卦定吉凶」：伏羲所畫八卦，包含天地萬事，吉凶禍福都可藉之推測。

「六十甲子排五行」：六十甲子的循環，也都在五行法則變化之內。

「暗處虧心天地見」：所以我們做人處事，要依循天理而行，如果暗地裡做虧心事，天地神明也都會察見的。

「舉頭三尺有神明」：只要抬起頭來，神明就在你的上頭看著呢。

二、整體講解

基本上，學佛希求精進，並不是什麼需要卜問吉凶的一般世俗事，所以不用問神明，而應反求諸己。

神明此籤，也是如此指示：精進要靠自己，做任何事要憑天理良心去做，不可違背常道；人的所作所為，天地神明都明察知見。

故建議大德：修行，第一要明理，多讀聖賢經書，了解道法真理。第二要常自省改過，依佛所說「諸惡莫作，眾善奉行，自淨其意」而實行之。誠懇待人，老實做事，老實念佛，常懷感恩。若覺得不容易定心，可多多念佛號，念「南無阿彌陀佛」，當有助定心。

阿彌陀佛！

（民國一百年九月）

籤詩解說：自信迎接好運來

【問】

籤詩中吉。請解籤：

紅鸞星動桃花開，
喜鵲搭橋待君來。
切莫遲疑心不定，
伊人早將芳心採。

【答】

一、籤詩語譯

「紅鸞星動桃花開」：象徵喜事的紅鸞星已出現，桃花也開了，將會帶來好運。

「喜鵲搭橋待君來」：喜鵲也搭好了橋，等著您的來到。

「切莫遲疑心不定」：你千萬不要猶豫不定。
「伊人早將芳心採」：那個人早就擄獲你的芳心了。
（籤詩為直書，並且由右往左讀，方不致讀反）

二、整體講解

此籤若是問感情，應該會有好結果；問事業合作，應能順利進行。

這首籤詩的重點在於，時機已到，不要猶豫，要能夠把握機會；否則，遲疑不定的話，好運還是會溜走的。所以要有自信的迎向未來。

（民國一百年九月）

運勢詩句解說：得吉處順須謹禍

【問】

請翻譯解說農民曆文句：

貴人遭遇樂堯天，

內外禎祥淑景天，

謀望遂心饒富足，

聲名遠播顯而賢。

防血防厄，橫災官訟。

【答】

一、詩文語譯

您會遇到貴人而快樂得像生活在堯舜所治理的天下。家庭內外凡事都很吉祥而顯現好的景氣。計畫與希望的事都會如願達成而十分富足。並且聲名遠播，知名度很高而賢能。但是要防範血光之災，小心危難、橫禍與官司訴訟。

二、人生哲理

農民曆裡面，一般命理或運勢預測之言，總是說吉中要防，或凶中帶吉等，參考即可，凡事當以自己的智慧來面對處理。這些話的意思，主要在告訴人們：得吉處順仍須謹慎處世，不可得意忘形；逢凶遇逆而謀事在人，不可懷憂喪志。《易經》〈既濟卦〉之後仍有〈未濟卦〉；〈否〉極而仍有〈泰〉來，即是此理。天道無親，常與善人。積善之家有餘慶，故應多行善積德也。

阿彌陀佛！

（民國一百年三月）

姓名性格解說：有才定心方成器

有網友求教了一連串問題，解說如下。

【問一】

有一名字：「聶鈺樺」，請詳細解說其涵義。

【答】

姓名學中的用字，一般有其一套說法。但既用了中國字，總不離形音義。接受而使用此名者，也不離形音義也。故以此為解說。

一、字義個別解釋

「聶」：

《說文解字》：「附耳私小語也。从三耳。」

《教育部重編國語辭典修訂本》：「附在耳邊小聲說話。」有大德言：「三耳為聶。耳聞八方，亦聽是非，言多意多，原則不定，易惹禍端。」姓名學說法，參考即可。但這是「姓氏」，總不能說凡是姓「聶」的都不好吧？

「鈺」：

《教育部重編國語辭典修訂本》：

（一）質地堅硬的金屬。《字彙．金部》：「鈺，堅金。」

（二）珍寶。《五音集韻．卷十二．燭韻》：「鈺，寶也。」

「樺」：

《教育部重編國語辭典修訂本》：「植物名。樺木科樺木屬，落葉喬木。樹皮白色，有紫黑色斑紋……一般作觀賞用，其皮質輕軟，材質緻密，可供製器具。」

《康熙字典》：「《廣韻》木名。《玉篇》木皮可以爲燭。」

二、姓名及性格解說

故「聶鈺樺」之名，依上述個別字義，總姓名之涵意，可以如此說：其人應虛心學習，多聽別人的意見，讓自己成為堅固的珍寶，及有用的大樹。

觀照此名字，其性格應該頗為懂事，心腸軟，有才華又有個性。不過也常有煩惱，心思容易煩亂不定。

【問二】

真神奇！真的很準！不認識而只憑一個姓名就能夠清楚知道一個人！老師何以能如此？

【答】

念佛修道久了，自然有這種觀照感應的能力。

【問三】

請問：「雖遭不幸，沉浮不定」此語是什麼意思？

【答】

這句話是算命的說法。此意是說：

雖然可能會遭逢不順心、不如意的事，或是災禍；但人事的吉凶、禍福，還在未定之數。只要把握好自己的方向，勤修功德，多做善事，還是能逢凶化吉的。

自在老師偈曰：

命理說法僅參考，
前途握在己手中。
多行善事逢凶化，
歸佛修道自融通。

【問四】

請教自在老師，戴不戴眼鏡，運勢會不同嗎？

【答】

戴不戴眼鏡，應該是看「需要」。

我不太喜歡從命理運勢方面給人建議。我前面不是說，運勢好壞在自己手中嗎？不過，倒是可以從人性心理角度來給建議——

你可能長相還不錯，但是，不太有自信，戴個眼鏡也許看來比較斯文有學問，可以增加外貌上的信心，吸引別人的好感。但是實質的自信，還是要靠自己多多努力，充實知識與能力了。

回答如上。阿彌陀佛！

（民國一百年九月）

測字解說：感情非真怕無緣

【問】

測字：「怕」。問感情。

喜歡一個女孩，追求四個月了，不知其意如何？我是否要繼續下去？會有結果嗎？

【答】

一、言：「追求四個月了」

答：四個月可說開始不久而已。

二、問：「不知其意如何？」

答：這是你不知她的想法，但至少她沒有拒絕你，而你也並未感覺她討厭你。女孩通常比較含蓄，等著你有所表示。

三、問：「我是否要繼續下去？」

答：若才四個月就有這個想法，可見並非真心喜歡她，只是覺得還不錯，想試試看而已。

四、問：「會有結果嗎？」

答：猶豫不定，非真心愛彼，對方也感受不到你的情意，自然不會有結果。

五、測字：「怕」

答：

（一）「怕」，拆字為「白」、「心」，故你要先「表白」自己的「心意」。女生通常比較含蓄，等著你表白；表白之後才會知道她的意思。這是談戀愛必要的步驟。沒表白就放棄，可能會錯過機會唷。

（二）「怕」，拆字為「心」、「白」；「白」者，素也、純也，所以要你以「純真潔白的心」來愛她，真心的付出，愛情才可能有結果。

（三）「怕」，拆字為「心」、「白」；去「心」，加「辶」字邊為「迫」，表示缺乏「真心」的「追求」，會造成彼此關係的緊張，令對方有壓迫感。

（四）既以「怕」字為測，表示你心中「怕怕」，猶疑不定，自是難有結果也。

六、感情事要隨緣，真誠付出而不強求。在互動過程中，多觀察、了解彼此，才是最重要的。同時也是一種很好的學習，學習認識異性，學習認識自己。抱著學習的心，不管戀愛追求成功與否，都會有所成長的。

阿彌陀佛！

（民國九十八年四月）

夢境解說：拜神為求三際緣

【問】

有天夢到我跟男友與他的兩個兄弟（可是現實上他並沒有兄弟），及姐姐與她的小孩，一起去廟裡拜拜。夢裡拜拜的種種細節都很清楚，但程序因為我不熟悉，所以動作比較慢，而男友他們以為我已經離開，就先走了。後來他們沒看到我，又回來找我。等我拜完，我們就一起走了。

請問這個夢有什麼含意呢？

【答】

所謂：「日有所思，夜有所夢」。這個夢所呈現的可能是過去、現在、未來的因緣。

首先說「現在」：

妳必然與此男友感情很深，可能已論及婚嫁，故而想去拜拜，求彼此姻緣美滿。而此夢中出現男友家人，表示小姐渴望嫁入他家。

次說「過去」：

所述：「拜拜的種種細節都很清楚」，則可能為前世之因緣。前世有緣，故今生又在一起。前世燒香拜神，願求姻緣，故而今生再續此緣。

所述：「男友他們以為我已經離開，就先走了。後來他們沒看到我，又回來找我。等我拜完，我們就一起走了。」此可能表示，前世有緣曾相聚，今生投胎，又將小姐找到而重聚首。

再說「未來」：

所述：「等我拜完，我們就一起走了。」此可能表示，拜神保佑，你們將來會成眷屬而在一起。

所述：「夢中男友與他兩個兄弟，可是現實上他並沒有兄弟」此可能表示，男友前世有兄弟，而今生沒有。若與前世的兄弟還有緣，則可能將來會投胎做你們的小孩。

解說如上，供參考。基本上，對於所夢情景，不必過於執著，以平常心視之即可；現實中之事務，如何安排處理，仍應以理性智慧來考量。

阿彌陀佛！

（民國九十八年五月）

求師指點，關鍵仍在自己手中

有網友來信求教，以下為其問題與我的回覆。

【問一】

老師您好：

我之前因工作的問題，向您請教如何修行，感謝您的回覆！閱讀了您網站的文章及問題回覆，我了解工作要順利，有業績，應該反省本身的態度與行為，並時常持咒、讀經，慢慢調整自己的心念——這樣對嗎？

【答】

大德您好：

見您一直誠心來問，可見您求法的殷切，同時也反映出所困擾的程度。來信回覆如下。

一、觀照性格與問題

關於您所問的事情，現在依您的姓名與行文語氣，以及相片等來觀照——

您的性格比較猶疑不定，對自己較缺乏自信，個性比較散漫，生活不規律，可能有些不良嗜好，健康情形也不太好，胃比較弱；工作上的專業不足，對己與對人的信任度與關懷度不夠，脾氣也不太好；雖有不少興趣，但因為恆心耐性不夠，沒有將興趣培養成才能，甚至專長。以上是我對你的整體觀照。

二、建議改善之道

（一）建議依我之前說的，要勤修、誠修「觀音法門」，每日再加寫《般若心經》，以修「定心」。

（二）建議您加強專業上的相關知識能力，以培養專業自信。「專業」是奠定自信的基礎，「自信」是事業成功的必要條件。您可以自修或去進修、聽企業相關課程。所謂的「專業」，應該包括工作本身所需的知識能力、事業的企劃能力、人際溝通能力、市場定位、市場的發展與前瞻性、業界相關資訊，與消費者（客戶）的需求等等。

（三）規律的生活作息。建議每天晨間運動，改善健康，培養朝氣活力。「朝氣活力」是一切事業、人際關係、人生成功的最重要基礎。

（四）誠懇待人，多行善助人，多關懷別人，學習站在別人的立場來思考，廣結善緣，增進「人和」。

以上四點，是我的建議。祝福您！

阿彌陀佛！

【問二】

心靈導師您好：

非常感謝您的回覆與建議！有善知識相助，讓我在心灰意冷之際，心靈有了真正的依靠！再次謝謝老師。老師您是目前我所認識的貴人裡，對於人性分析能力最強的，不認識卻可以把我個性上的缺點，分析得絲毫不差，真是厲害！

關於老師的四點建議，我目前所做如下：

（一）我原先已經皈依了，而入門的修行功課是《聖如意輪觀音儀軌》，我是否就以此開始，好好精進用功即可？

（二）關於充實自己的專業，我會認真去做的。

（三）關於良好的生活作息及運動——我的作息時間還算正常。通常下午沒客戶的話，會跟同事泡茶聊天，直到下班。過去沒有運動，現在晚上有參加氣功班學習。有時會去爬山。也有參加道場的禪修班，感覺很不錯，有慢慢定下來的喜悅，但是離我的目標還是太遠。

（四）與人為善方面，我在某知名宗教慈善團體，擔任了環保志工，有時也在道場幫忙法會的事情。

以上這幾個方面，我是否還有需要修正或有不足的地方，請老師指教批評！

不過，我覺得自己最難突破的問題在於，我做任何一件事都很難堅持到最後！真是「知易行難」！道理都知道，但是沒有一件做得到！我周圍的人大都也是如此，這是否為末法時期很多人的通病呢？

【答】

回信中說，我對你性格的描述「分析得絲毫不差」。其實我不是用什麼學理去「分析」的，而是「直觀感應」的。

另外，我看到你改後的名字時，就覺得你中間那個字的寫法中有「直豎」的筆畫是很好的——例如「中」「申」等有「直豎」在中間——感覺能支撐起整個精神，這樣對你是有幫助的。

關於所述的四件事情——

（一）不管修行何種法門，都一定要誠心與恆心，才能對自己有幫助。

（二）你說下午沒事就泡茶聊天？依你的情況，這太浪費生命了！應該把時間拿來精進用功才是！

（三）至於運動的方式，晚上參加氣功班學習，固然不錯，但你還年輕，早起晨跑會比較有「朝氣」，以利改善你的健康與運勢。

（四）參加禪修也很好，不過最好先活動筋骨之後再坐禪，身心才會調適。有些上班族，下班後直接去禪修而影響健康，多是因為沒有運動而直接坐禪之故。古人修行的方式，用於現代是需要調整的。

（五）你參加知名宗教慈善團體做志工，也是很好的行善方式。不過，須注意避免受影響而成為「某宗教大師」的「偶像崇拜」。

基本上我建議你從事「與人接觸」的公益慈善，如醫院、孤兒院、貧戶、獨居老人等，原意在於一方面廣結善緣，增進「人和」；另一方面，增加「與人接觸」的機會，看看受你幫助者的苦惱，你才會對「生命」與「人生」，有深一層的體悟，這是修行很好的功課，修「慈悲心」。因為你做業務也是要「與人接觸」，這樣對你將有很大的幫助。

（六）至於法會等「宗教活動」，也許適合某些人，但對你而言，建議不必太過積極。道場奔忙，容易使心思紛亂，故適度參與即可。

（七）你所說的：「我覺得自己最難突破的問題在於，我做任何一件事都很難堅持到最後！真是『知易行難』！道理都知道，但是沒有一件做得到！我周圍的人大都也是如此，這是否為末法時期很多人的通病呢？」——這就是成功者與失敗者的關鍵差別了！成功者想辦法突破困境；失敗者找藉口原諒自己，以為是「很多人的通病」，就是懈怠者最常用的藉口！

若說「我周圍的人大都也是如此」，可見是「物以類聚」呀！什麼樣磁場的人就會引來相同磁場的人。

建議看看日本一些專業或挑戰性的節目，學學日本人為理想理念堅持的精神，並多看一些勵志的故事與文章，多吸收這樣的「勵志能量」，遠離你周圍那些懈怠的人，你就會有能量精進了！

老師的話說到這裡，自己好好把握吧！要認清——

「自己是人生的主角，人生掌握在自己手中！」

阿彌陀佛！

（民國九十七年六月）

心靈啟導篇

生命的交輝

——與一位堅持理想的漫畫家之交流

女兒喜歡漫畫創作，在網路上認識了一位漫畫家黃耀傑先生，讀到他網站上連載的自傳〈我的創作之路〉，深受感動，與我分享。我讀了黃先生的自傳，也頗為感動，於是經由女兒，在黃先生的網站與他作了如下的交流。（案：當年我初入網路世界，使用的名號是「生活禪齋主」）

堅持理想發光發熱的生命——致黃耀傑先生

黃先生：

您好！經由小女介紹，拜讀了您豐富精彩的自傳，頗為感動。我想，我認識的不是一位「漫畫家」，而是一個堅持自己理想、扎扎實實努力奮鬥、即使遇到挫折也堅持不放棄，而終於開拓出自己一片天的一個「真實生命」！

只有這樣堅持自己，做自己，為理想奮鬥的生命，才是真正有血有肉、有淚有汗有歡笑的真實生命，一個令人敬佩的真實生命！

沒有理想目標，只是茫然奔波度日的人，不能算是真實生命。

新時代的理念是「做自己的主人」，真正能辨得到的真是鳳毛麟角！多少人屈服於所謂的「現實環境」、「世俗觀點」、「別人的想法意見」；真正的「自己」在哪裡呢？

很高興與一個有「光輝」的生命來交流！有光輝的生命與生命間需要彼此「交輝」、彼此「光照」，使彼此的生命之火更光亮、綻放更大的光芒，去照亮更多的世人。相信，任何領域的「大家」，最終必定是通往宗教精神的「哲學家」！

願您能堅持自己的風格長久走下去，並創作出更多優秀的作品。

祝福您！

生活禪齋主敬上

人生就是道場——黃耀傑先生的回覆

致生活禪齋主：

您好！齋主所言字字珠璣，令我內心深感悸動與溫馨！

社會上大多數的人們，為了生活的擔子、一家大小的溫飽，以及穩定的經濟來源等，年輕時的夢想，或早已幻滅，或塵封已久；真正勇於追尋理想，不向現實屈服而堅持不斷的人，畢竟還是少數。但是如果社會上沒有這麼多人，耐心地從事一些單調乏味的工作，整個社會就無法正常運作。因此我還是非常佩服這些人的！

希望我個人的小小自傳，能給時下年輕朋友一點鼓勵的作用——雖然也談不上什麼多大的成就。我希望告訴年輕朋友們，無論從事哪一行，唯有堅定的決心，與不屈不撓的毅力，才能真正闖出自己的一片天！

我的人生座右銘是：

「人生就是道場，我們都是來修行的！」

如果活著不盡力發揮生命最大的可能，就覺得愧對生命。所以人生在世就要積極樂觀進取，無論遇到如何的難關也不要氣餒！

我在網路留言板上，對於有心從事創作的朋友之問題回答，也是希望藉此磨練自己，學習將心比心，當面對別人的難題時，是否能同樣有猶如自己遇到難題時，那種渴望有人來解惑一般的心理。

如果自己的專業知識，可以幫助他人完成自我的理想，那就讓自己的存在價值，成為別人的一種幸福！

佛家的觀念也說：給人信心，給人希望，即是一種佈施。

今生能夠從事自己喜歡的工作，也是前世修來的一點小小福報！

在此謝謝生活禪齋主您的讚美與祝福！（有點不好意思哩！）

黃耀傑

（民國九十六年三月）

煩惱即菩提，真空是妙有

有一位熱愛文學與寫作的高中女孩，讀了我網站上的文章，非常喜歡，常來留言給我，分享她的心得與心情。從留言中，我感覺到她的憂鬱，於是陸續與她分享了我的人生歷程與體悟。

◇　◇　◇

好女孩！妳的暱稱與說話語氣，給人悲觀的感覺呢！但今天看到妳更新的網頁照片，見到妳的笑容，憂鬱的眼神中閃著曙光，讓我很歡喜。

妳是個喜歡哲思的女孩，跟我高中時代很像。看到妳網頁上的文字，真為妳的那一番心靈省思喝采！

六祖慧能說：「煩惱即菩提」；唯痛苦中，才能激發出深刻的智慧。我也是這麼走過來的。

真空就是妙有；敞開心胸，不去佔有，整個天地就是你的！

人生的道路是自己的，由自己決定方向，然後勇敢的走去！

妳是一個很有慧根的女孩，歡迎妳繼續分享。

加油！祝福妳！

（民國九十六年七月）

自己決定生命的價值與人生方向

（續回覆前篇小網友）

好女孩！雖然不知道妳的情形，不過，看來妳相當憂鬱呢！我也走過類似的心靈困境，覺得活得好辛苦，快要活不下去了……。人生的困境，雖然有其客觀因素，但生命畢竟是自己的，自己才是主人，要自己決定生命價值與人生方向。

這是我不久前，才破繭而出，突破二十年的生命困境，開拓出自己海闊天空的生命境界，而有的一番徹悟。

所以現在投入網路世界，與有緣人分享我的生命喜樂；尤其在網站中，分享我修行的心路歷程，可以給妳參考。

說到學佛修行，那正是我心靈困境的反映。修得多麼虔誠，就反映我心中的困境有多大多深！其中有渴望解脫與尋求突破的殷切，更有追求真理的飢渴！

人都有惰性的，幸福快樂的人，沒有迫切需要，就不會發願修行。正因為苦惱，正因為心靈求生的殷切吶喊，才積極尋求出口，尋求光明與希望，尋求「活下去」的動力與目標方向。

其實，每個人來到這個世界，都帶有生命課題；課題很多，深淺難易每個人不同。生生世世的「輪迴」，就是為了要在有限的生命中，修這些課題；沒修好就得「重修」，這就是「輪迴」。

正因為我深刻感受到活在世間的苦，所以我很努力修，看能不能提早「畢業」，不再來「輪迴」。那些不好好修課，卻想要逃避，或用結束生命的方式以希望提早「解脫」的人，其實卻增加了無數的輪迴。想要「蹺課」、「逃學」，就有你「重修」的！所以人生功課是「混」不得的！這就是我每當覺得痛苦萬分「活不下去」時候，一直警惕、勉勵自己的動力！

每個人都有他的「苦」，人人不一樣，是不能用「客觀情況」來評斷比較的。每個人在「苦」中，都會覺得自己是最不幸的人！許多旁觀者，局外人，常喜歡用「客觀情況」來批判，說你如何「好命」，然後給你一番「道德勸說」，「曉以大義」，要你「看開點」，要你「忍耐」，什麼「知足常樂」等等不痛不癢的「關心」，其實並沒有什麼實際的作用！因為旁觀者並不瞭解真正的你。

生命是自己的，「苦」的感受也是自己的，只有靠自己的意志與力量，一次又一次，在「山窮水盡疑無路」的時候，努力掙扎開闢出「柳暗花明又一村」的光明道路——二十年，我是如此堅定的走來！

聰明智慧的女孩，相信妳能懂我的話的。祝福妳！

（民國九十六年七月）

依於心靈的母親

（續回覆前篇小網友）

好女孩！收到妳的回應，看見妳的心靈在微笑、發光，我很歡喜，善哉善哉！

佛經中說，以一燈燃百燈，終成無盡燈；所以，我已將上一篇回覆給你的文章，另外發表在部落格，希望能照亮更多人。

在十幾二十年心靈成長的艱辛歷程中，我無師無友，曾經在多少個黑暗的幽谷中掙扎；那時，我多麼渴望能有個師友指點幫助我，然而始終沒有這樣的機緣。在心靈的困境中，我唯有不停的念「觀世音菩薩」，依靠著佛力，才一次又一次的走出幽谷，重見光明，獲得新生！

曾經，在那苦惱的深淵中，我堅定的發願：如我今日無師無友，如此孤單無助，願他日我於智慧有所增長，有能力照亮別人時，能去幫助如我這般心靈苦惱的有緣眾生，給他光明的指引、振作的力量與心靈的溫暖！

好女孩！如今我來引導妳，也希望將「觀世音菩薩」引介給妳，願菩薩能作為妳人生的領航者，照亮妳，幫助妳！

曾經，我在心裡頭，以知識份子的高傲，不屑於一般的宗教信仰。然而，人終究是人，脆弱無助、走投無路時，終究還是走向祂——「觀世音菩薩」，心靈的母親，宇宙能量的源頭！

佛經中，最令我感動的，不是那深奧的佛理，而是佛菩薩那不捨任一眾生的慈悲，那能深入眾生心念中，體念眾生之苦，進而拔苦與樂的深切慈悲！

如今，我也希望妳能得到這樣的眷顧與護祐，獲得平安喜樂。當妳沮喪的時候，記得在世界某個地方，有個老師在這裡關心妳、祝福妳；以及大慈大悲的觀世音菩薩，隨時與妳同在。

聰明善良的女孩！再次的祝福妳！並且歡迎妳繼續來分享心情與妳智慧的哲思。好好讀書、快樂的生活去吧！

阿彌陀佛！

（民國九十六年七月）

佛法並不是要眾生捨棄自我

（續回覆前篇小網友）

很高興又見到妳來留言！也很高興你堅定的相信自己，做自己的主人！這是很重要的認識與決擇！

其實，我自己學佛修行，是跟一般「佛教徒」不同的。我內心中，從不覺得，也不認為自己是「佛教徒」或「佛門弟子」。我自始至今，依然覺得——我是我自己，我是自己的主人！並不是盲目的將自己「交給」所信仰的對象。而且我也不覺得自己有如同一般的「宗教信仰」——如果這麼說，也只是隨順世俗的權宜說詞。

我內在真正的覺知是：我回到了心靈的源頭，與我的「心靈母親」相遇相契，藉由祂來引導我，開啟我，幫助我，使我不至孤獨無依——然而，我仍然是一個獨立自主的個體，我是我自己！

其實，佛法本來的究竟真理，就是在啟導眾生「覺悟」，覺自本心，體認真我，此即是禪宗所說的「明心見性，見性成佛」（成自性佛）之理。

其他一切法門，如世法消災祈福、種種祈願與各種修持之法，都只是階梯，而非究竟。所以，佛法並不是要眾生捨棄自我，投身於某一外在的神權。

妳能堅信自己做自己，的確是很有慧根的！然而，如同妳認為我給了妳鼓勵與幫助，使妳更加堅強的走在自己的人生道路上，所以感謝我；而我要告訴妳，我如今所有的一點微淺智慧與慈悲，都是我心靈源頭的「母親」——觀世音菩薩——幫助我修行成長的。如我所給妳的，祂能給眾生更多更多，無量無邊。

我之所以將「祂」引介給妳，是因為我是一個平凡人，力量有限，而「祂」無時不在，可以為妳注入更多的心靈力量；好比一個電燈插上了電源，可以更亮更久——即使現實依然艱辛。

這是我走過的道路，給妳參考。願妳好好做自己，走自己的人生之路。當有一天，妳需要時，「祂」，隨時在身邊，從未遠離……。

阿彌陀佛！

（民國九十六年八月）

真誠分享心得，勝於直接說教

（續回覆前篇小網友）

好久不見！很高興又見到妳！

妳喜歡寫作，今天問到：「我發現，現在的年輕人似乎不喜歡論述講理的文章。為了改善讀者閱覽狀況，我目前還在尋求其他的寫作方法呢！不知道老師有什麼樣的妙方可以傳授呢？」

其實，刻板的論說文章沒人愛看，我也不愛看。從前權威時代，師長們喜歡說教，晚輩只有洗耳恭聽。小時候我們也學作過很多論說文，大道理講得頭頭是道，引經據典洋洋灑灑，儼然聖道傳人之貌……。

年長之後，經歷了人事，也學習認識自己。透過星座命理，以及心理學、身心靈研修等的幫助，我認識到，每個人是那麼的獨特，包括他的生長背景、個性、價值觀等等，使不同的人有他自己的想法觀念。而道理也沒有絕對的對與錯，只有適合與否。於是明白，自己所規規奉行的「真理」，也不一定就適合每個人了。

在認識「自己」，接納「自己」之後，我也「看見」了「別人」，因而學會去「尊重」別人，尊重他的背景與價值觀等種種異於自己之處。

有了這樣的體認之後，自己才學到真正的「謙卑」，而不會像那些打著「真理大旗」，自以為是「救世主」的人，汲汲營營到處去「傳教」，硬向別人灌輸自己信奉的教條。

我所體會領悟的，只是基於「我的」人生道路而有的「心得」，進而分享給他人參考；我也從別人那裡，看到了不同的思考方式。於是體認，來到世間，我們都是在學習，只是起步早晚不同而已。

所以，在寫作上，妳可以用一種「心得分享」的方式，來表達妳想表達的——也許是刻骨銘心的成長故事，也許是偶爾靈光乍現的真理體悟，也許有些對人事的觀點看法等等。用這樣的態度來寫作，誠懇真摯的分享，文章自然有感人的力量！

這是我的心得想法。妳或許可以探尋更多別人的心得想法呢！

謝謝妳的問候與分享！祝福妳！

（民國九十六年九月）

忠於自己，做自己的主人

（續回覆前篇小網友）

妳說，想考中文系，可是家人反對，認為出路不好。這讓妳非常苦惱，不知該如何抉擇。

我的回答是：

人生是自己的，要忠於自己，做自己的主人，不要為人生留下遺憾，待老來空悲嘆。

許多父母長輩基於關心，而替子女決定未來道路。他們的認知，也許只是基於過去狹隘而不充足的資訊，卻用以評斷無限可能的未來。

道路無限寬廣，世間風起雲湧，衡諸世事，將來未可逆料呢！且所謂的「前途」，不在於讀什麼科系，而在於有無真正的能力，以及開闊的視野，與靈活的智慧！

放眼世界皆舞台，璀璨的生命唯屬於堅持理想的人！

祝福你！

（案：此女孩後來如願以償的考取一所國立大學的國文系。）

（民國九十六年十二月）

純淨的心靈沒有宗教分別心

網路上有一位喜愛文學與寫作的高中女孩，讀了我網站上的文章，非常喜歡，常來留言與寫電子信給我，分享她的心得與休學養病的心情。我也在回信中與她分享我的體悟與看法。

◇　◇　◇

好女孩！妳的名字很美呢！

妳說自己沒有信仰宗教。其實我在真實的內在，也沒有「信仰」什麼「宗教」；我只是在找尋與追求內心深處所嚮往的「真理」，一個超越一切之上的至真、至善、至美的心靈境界。只是我從佛法禪修的路子切入前進。

基督教其實我也很喜歡，常常進到教堂就感動哭泣；有機會與基督徒分享心靈時，也很歡喜相契！原來純淨的心靈是沒有界域區分的，只是人們的私心造成了對立與分別！

妳說我的文章很有某位名作家寫佛書的風格，我初學佛時也讀過不少他的書，很喜歡，也常為書中所說而感動。妳會喜歡這方面的文章，表示很有慧根喔！

歡迎妳多來分享自己的感受與想法！祝妳進步！加油喔！

（民國九十六年十二月）

患難見真情，交友但隨緣

（續回覆前篇小網友）

好女孩！猶如妳的名字般浪漫美好，妳來信的信紙好漂亮呢！

妳說目前休學養病，為自己的病感到自卑。

生病有什麼好自卑的呢？台灣的網友遇到有人生病，都會熱心關切呢！

妳煩惱自己因為生病休學而沒有朋友。

其實每個人都會有投緣契合的朋友；不願和自己交往的，那就是不投緣，不投緣有什麼好難過的呢？而且如果因為生病就不理妳了，那正顯示他的無情無義，所謂「患難見真情」，此時正好見真心。無情無義的人，不跟妳做朋友，又有什麼好遺憾呢？妳該慶幸才對呀！

妳現在沒上學，可還有網路來解悶交朋友，也可以寫信來跟老師分享心情。等妳好了就可以復學囉！不用煩惱，好好養病！願妳早日康復喔！

（民國九十七年一月）

接納內在的「小孩」而學習成長

（續回覆前篇小網友）

妳說已是高中生，可是有時還會被說「幼稚」。

其實每個人，不管年紀多大多老，在內心深處，都住著著一個「小孩」；當他累了，受傷了，吃到苦頭、受了委屈了，那個「小孩」就會跑出來尋求安慰。所以我們眾生，永遠是佛菩薩的「小孩」、上帝的「小孩」。

我們應該承認並接納這個「小孩」，內在才能和諧而沒有衝突。進一步學習心靈成長，不為「小孩」所羈絆，而邁向「長大」成熟！

妳因為有病，特別需要照顧安慰，所以內在的「小孩」就會一直出來索取。這是正常現象，不必掛懷！只要安心養病，並藉此充實自己，學習成長，讓人生的每一次苦痛，都成為成熟與智慧的階梯！

這是老師多年修持佛法與研修身心靈的心得。在此真誠的祝福妳！

（民國九十七年一月）

從病苦中體悟人生

（續回覆前篇小網友）

好女孩！謝謝妳的關心問候！

最近的一點小病而令妳擔心，真是過意不去！我現在好多了，可以正常飲食了，只是還不能吃刺激性的食物飲料。

每次生病或身體不適，躺在床上休養的時候，我就會思考很多有關人生與生命，以及生活、人生觀……等等的問題，每次都會得到不同的心靈成長！

我不曾錯過任何一次所遭遇到的各種痛苦煩惱—內在的、外在的、身體的、心理的—每一次都有一番沉澱與思索，也因此而成長！

佛經所謂：「諸佛以八苦為師。」《維摩詰經》說菩薩修行是：「以眾生病故，是故我病；以己之疾，憫彼之疾。」正因為眾生有生老病死種種苦惱，修行的菩薩感同身受，才能對病苦眾生給予真正的同情與了解。身強力壯從不生病的人，是很難體會病人的苦痛的。

所以，藉由生病，我們才能謙卑，才能學習，才會成長。當然，我不是歌頌生病，只是當病苦來到時，我們如何面對與學習。

其實，從妳的很多信中所分享的，發覺妳也很懂得思考。從生病中體悟人生，妳的心的確比一般同齡的人成熟而有智慧。多讀書、多思考、多觀察體會，你的內涵就會更加增長豐富！

希望妳的病趕緊好起來，可以回學校唸書！

末了，祝我們都健康吧！

（民國九十七年三月）

回覆一位真誠可愛的準高中生

網路上有一位喜愛文學與寫作而即將升高中的女孩，讀了我網站上的文章，非常喜歡，常來留言給我，把我當作親密的好朋友，可愛撒嬌地與我分享她的生活點滴與心情。

我隨緣回覆如下。

◇　◇　◇

可愛的小朋友：

很高興妳這個年紀的學生會喜歡我的心靈文章；也很高興妳把我當成好朋友，分享心裡的話。

妳說朋友們認為妳幼稚，我可一點也不覺得呀！在我看來，妳是一個很真誠的小女生，真的很可愛，我很喜歡妳喲！

妳說考完試了，去圖書館看書，現在讀《紅樓夢》呀？妳這個年紀讀，很厲害耶！這本書對現在的妳來說，雖然有點難，但是讀一遍就會有一遍的收穫，妳的文言文的功力就會越來越厲害了；不懂的地方就留到長大一點再讀，妳就會慢慢懂了。懂得看《紅樓夢》，有水準喔！

妳說準備考試時有很多靈感，考完放鬆後反而沒靈感。那是因為緊張時期，妳的心情想放鬆之故，所以有很多靈感；等到考完真正放鬆下來，就懶散了，靈感也就不見了。妳可以準備一本塗鴉簿，把不時閃出飄過的靈感記錄下來，一段時間作個整理，就有寫作的材料啦！

◇　◇　◇

妳的基測考得如何啊？

謝謝妳又跟我分享了那麼多的心情。妳喜歡的書和詞人都是超有水準的，表示妳的欣賞能力很高喔！所以怎麼能說妳「幼稚」呢？妳這麼喜歡中國古典文學，一定會變成「氣質美女」唷！加油！

祝妳金榜題名！

（民國九十六年七月）

把握優點發揮，快樂的做自己

（續回覆前篇小網友）

可愛的小朋友：

感謝妳這麼信任我，一直跟我分享妳的心情，這可是不容易的緣份哩！我是學佛的身心靈研修者，平常也會聽一些婆婆媽媽們「倒垃圾」。所以，妳有話儘管可以跟我說，我很樂意當妳的好朋友，傾聽妳的心情，一點也不覺得煩呢！有對象可以「嘰哩瓜啦」，才不會得憂鬱症啊，呵呵！

妳的基測分數很高哇！考得很好啊！雖然父母不太滿意，也上不了第一志願，但公立學校應該沒問題吧？幹嘛一定要擠第一志願呢？明星學校壓力很大耶！能夠唸公立學校，已經替家裡省學費啦，又可以當個快樂的高中生，做妳的文學夢，真是太棒了！

從妳幾次的分享看來，妳身邊的親友，似乎還不太了解妳，還沒能欣賞妳的優點，妳才會有那麼多的「牢騷」呢！而我看來，妳實在是一個可愛、開朗、率真、善良、功課不錯而又喜歡文學的優秀氣質小美女呢！看妳打了這幾次長篇的留言，可是一個錯別字也沒有，不簡單喔！

因為開朗率真，所以妳有話就說，沒有心機，一點也不造作虛偽。妳的可愛撒嬌模樣，反映出了妳內在渴望有人了解妳、認同妳、肯定妳、甚至接納妳、擁抱妳，是不是呢？妳真的是一個很可愛又讓人疼惜的小女生喔！

妳說妳的老師認為妳的作文缺乏「感覺」。其實，考試時寫的作文，因為當場緊張，哪裡還會有什麼「感覺」呢？所謂的「感覺」，是發自內心真正的感受與看法——像妳這幾次的留言，就很有「感覺」，讓我感動，感動於一個小女生的真誠與信任——考試時寫的，怎麼可能會有「感覺」呢？除非那個題目剛好很對胃，可以大大發揮一番；否則，一般能抓到重點來寫，加上文詞通順、沒有錯別字等，就很不錯了。

小朋友，妳要對自己有信心。把握優點，以及擅長的部份，好好培養發揮；較弱的部份，盡力就好，不必太介意。每一個人都是天地間唯一的，妳是妳自己，無可比較也無需比較，快樂的做自己！加油喔！

（民國九十六年七月）

心靈的「資源回收」，煉成人生智慧

（續回覆前篇小網友）

上次說到，我平常也會聽人「倒垃圾」；妳問我「垃圾桶」會不會「爆滿」啊？

呵呵！這是一個很有意思的問題。

我可以跟妳說，我這裡沒有「垃圾桶」喔，只有「資源回收處理中心」，只要一有「垃圾」，「資源回收處理中心」就會立刻啟動「把垃圾變黃金」的程式，把別人的煩惱，苦水，牢騷……等，提煉成見聞、閱歷與人生智慧。所以，「垃圾」越多，我的智慧就越豐富了。對於自己的煩惱，我也是努力的將它轉化昇華為心靈的智慧，與深刻的慈悲。

以前聽過臺大哲學系教授傅佩榮的演講，我最記得的一句話就是：

「**只有受過苦的人，才懂得什麼叫做同情。**」

意思就是，因為自己受過某種苦，所以在遇到別人有苦惱困難時，那種發自內心的深刻慈悲，才會流露出來；缺乏感同身受的「愛心」，則可能流於傲慢的「施捨」。

佛經上說：「一切法皆是佛法。」又說：「一切煩惱皆是佛種。」能夠這樣看待人生，看待苦惱、牢騷、困境，努力把煩惱煉成智慧，這就是成長，這就是修行。

妳說以後上高中，怕我們沒時間聊了，怕我忘記了妳……。
呵呵！很多跟我談過幾次話的朋友，都會說類似的話，說希望跟我永遠是好朋友。
我是從來不會忘記朋友的，倒是後來朋友都忘記了我呢！
世間事都是「因緣」，我是一個活在當下，隨緣而行的修行人，不太會去牽掛世間事，但也不會遺忘有緣人。
我像一個安定的「港灣」，船隻儘管出航，乘風破浪開創人生；但需要的時候，隨時可以來靠岸停泊。所以今後，但凡妳有需要，儘管來找我聊聊什麼的，我會很樂意聽妳說話。任何與我有緣的朋友，我都是如此看待。
最後，祝妳做個快樂的高中生！

（民國九十六年七月）

親密要好，仍要彼此尊重

（回覆前篇小網友）

已經上高中的小網友來留言說：「好朋友每次都想看我的週記。不過我覺得那是我的隱私而沒有讓她看。我雖然認為跟好朋友是沒什麼需要隱藏的，但週記算是我自己的小空間，所以真的不想給她看。她問我都寫些什麼，我有點忘了，就回答不知道，她就說我欺騙她。我該怎麼辦呢？」

我回覆如下。

◇　◇　◇

妳說：「我認為跟好朋友是沒什麼需要隱藏的。」其實這個觀念往往就是好朋友、知己，乃至親密伴侶，如男女朋友、夫妻等，最終會反目成仇的原因。

朋友間可以分享秘密，但卻不是一項「義務」，乃至親密伴侶亦然。做自己的主人，事情由自己決定。我們尊重別人，更要能尊重自己。人與人間也要能遵循「保持距離，以策安全」的準則，即使親人、好友亦然。人際關係再如何親密要好，都應該要認清並且尊重彼此都是「獨立自主自由的個體」，保有個人空間與隱私，忠於彼此的感受與想法。

學習在人際關係中拿捏分寸，中庸之道，無過與不及，才能有真正的和諧。

（民國九十六年十二月）

修行是為了找尋自我與自我實現

（回覆前篇小網友）

讀高中的小網友來留言說：「老師上次提到『認識自我』。我自認已經很認識自我了；但是某些時候，自己做出的決定，卻連自己都不曉得為什麼要這樣？」

我回覆如下。

◇　◇　◇

關於「認識自我」，我們常以為已經很了解自己了，其實，那只是在某個階段，自己有限知見下的認識。自我內在的奧秘和寶藏，實是無窮無盡的。所以，為什麼我們生生世世要來修行？不是為了做什麼聖賢仙佛好高人一等；而是要來探討自我、接納自我、開發自我潛能、實現真正的自我。用佛法的術語說，就是「覺悟自性本來佛」，也就是禪宗說的找尋「主人公」與「本來面目」，如此才能「做自己的主人」。

所以，修行就是在找尋自我、開發自我，與實現自我的一個過程。每個人都應該有這樣的覺悟，才不虛度此生。

（民國九十七年十月）

仁者無敵——仁者心中沒有敵人

（回覆前篇小網友）

小網友留言：「看到一句話：『如果你的敵人，是你最好的朋友……』，這種感受真的好複雜。想請問老師，如果遇到這種狀況，您會有什麼心情？」

我回覆如下。

◇　◇　◇

小朋友妳越來越成熟了，問的問題越來越有深度了！妳說的那種「敵人」，其實處處都是呢！

我常思考孟子說的名言：「仁者無敵」。我的體會是，一個慈悲的仁者，在現實世界中，不見得無人敢與他為敵，而是——他的心中沒有敵人。

現實世界，常有所謂的「冤親債主」存在我們的人際關係中。例如最親密的家人、伴侶，有些表面看似親密，實則暗地傷害；手足之間的爭寵較勁，就是一例。男女感情、夫妻之間，其實也常是親密的「戰友」，兩人互想掌控、佔有或較勁。朋友之間也經常如此，只要一方高過對方，基於人性的嫉妒、自卑等情結，表面看似要好，其實皆在想辦法超越對方。就算你不想與對方為敵，對方也要處處與你為敵。這就造成了人生百態。

有敵人是很好的，會刺激我們成長。聽說樹要長得好，要在樹幹上釘釘子。商場上也是如此，有競爭對手，產品與服務品質才會提升。

「敵人」（困境）在佛法上叫做「逆增上緣」，就是促使我們更加精進的逆境之緣。孟子說：「人之有德慧術智者，恆存乎疢疾。」因此，敵人就是打擊我、中傷我、刺激我、激發我的潛能的大菩薩呢！我自思如果自己在修行上有所增長，慈悲智慧有所提升，其實都要感謝這些「敵人」。

所以，讓我們感謝一切，把令你摔倒的絆腳石，站起來，踏上它，變成踏腳石——我今生，如是走來，心中沒有敵人，沒有怨恨，只有攀登高處的海闊天空！

分享給妳！加油吧！智慧的女孩！

（民國九十七年十月）

生命自我承擔，沒有「敵人」可責怪

（續前篇）

看了前篇我的回覆，小網友留言回應：

「真是超級感謝老師的回答，讓我想了不少事情。老師說得對，敵人其實處處都有，但若反向思考，他們也是幫助自己更增進一步的墊腳石呢！我覺得老師的人生歷練，好豐富好有深度唷！

『仁者無敵』這句話，曾經讓我還蠻困惑的。我一直在想，為什麼『仁者』一定『無敵』呢？現在看到老師的解答，讓我恍然大悟了呢！

不過，如果敵人使自己就此一蹶不振的話，那真是痛苦呢！我們是不是不要理會這樣的惡敵呢？」

我回覆如下。

◇　◇　◇

妳果然是個很有慧根的女孩兒！能夠思考並領悟了我所說的話。

以道法層次來講，有「形而上」的「理」，有「形而下」的「事」。

譬如老師「愛的教育」，「愛」在心中，是出發點，是「形而上」的「真理」；但在實際教育學生的時候，就必須具有因材施教的智慧與方法，也許有寬有嚴，有剛有柔。這就是「形而下」的「事」。

不能因「理」而昧於「事」；不能因「事」而迷失了「理」。在佛法中，「理」是修行人的覺悟；「事」則是菩薩行者行於世間的「善巧方便」。所以佛法的究竟真理只有一個，法門卻有八萬四千。「理」「事」圓融，才是真修行。

明白了「理」「事」的區別。再來探討所謂「敵人」的問題。

我上次說的：「敵人就是打擊我、中傷我、刺激我、激發我潛能的大菩薩！所以，感謝一切『敵人』！」這是一種心靈層次的體悟，是屬於「形而上」的「理」。

在「形而下」的實際「事」上，就要考驗我們各方面的智慧了！

我們遇到事情，不能只看一個「點」，只看到對方傷害我；而要看整個「面」，甚至一個「整體」。不要直覺反應就把傷害你的人認為是「邪惡的一方」，自認是「受害者」或「正義的一方」，像卡通片那樣單純的對立兩方。這是僵化的思考模式。

凡事都離不開「因果」。任何事情發生了，第一個要想：「為什麼？」「為什麼昔日的好友，竟會是我的敵人？」

當我遇到傷害我的「敵人」的時候，我第一個想法是，先自我反省，自己是否有哪裡對不起他、得罪了他？如果自己反省沒有過失，就要想到，可能彼此有哪裡產生了誤會？也許找機會溝通，了解事情真相，就化解了這個「敵人」。或者，原因不在雙方本身，而在客觀環境與立場。譬如家世背景、能力差異、位置的高低、受到的待遇等等，原因不一而足，都是可以考慮的因素。

如果以上原因都不是，那就要觀察這個人的性格，他如此對你，是否對別人也如此？有人從星座命理、或前世今生來探討性格與行為，這可以作參考。另一種可能是，你發現，原來你們根本不是朋友，是你錯把他當朋友。這就是所謂的「因緣不合」。

像這樣，探討事情的「為什麼」，就足以讓我們增長許多智慧了。探討之後，依狀況看彼此要如何處理與面對，關係要如何改善？或者難以為繼，就不必勉強再在一起以增加彼此的痛苦。諸如此類，事情無法一概而論，處處總在考驗我們的慈悲、智慧與隨緣放下的胸襟。

妳問到，如果因為「敵人」的中傷、陷害而讓人「一蹶不振」，該怎麼辦？若真的就此「一蹶不振」，哈哈！那你就「中計」了。

要知道，真正的「敵人」在哪裡？生命是誰的？人生的道路是誰的？是誰在主宰我的意志？是誰在推卸人生的責任？自己輸了，是要怪對手太強？還是怪自己不行？

做自己的主人，就沒有理由可以怪別人！一切都要自我承擔！

也許，人性一時的軟弱，會自我同情，會怨恨一切，無妨，就允許「一時」的軟弱吧！如果就此「一蹶不振」，那就是因為過於自我同情而「麻醉」了內在的潛能。

人有無限的潛能，總是可以不斷的超越、再超越，挑戰自我的「極限」。

而你終究會發覺，潛能是「無限」的！

不斷的挑戰自我的極限！就算到達了頂峰，你會發現，頂峰之上，竟還有廣大的天空！廣大的天空之上，還有無窮無盡的宇宙！

這不是我在「寫文章」，不是我在「說教」，而是我自己十幾二十年，一路修行而來，歷經無數次「山窮水盡」，一次次奮力走出「柳暗花明」的血淚心路歷程！

我如今活得很感恩！心中沒有敵人、沒有怨尤、沒有恐懼，海闊天空，歡喜自在！

聰明智慧的好女孩，感謝妳的「大哉問」，讓我能夠分享我的歷程與真實心得！

祝福妳！阿彌陀佛！

（民國九十七年十月）

交友隨緣，並尊重彼此沒交集的部分

（回覆前篇小網友）

小網友留言：

「想請問老師，有句話說：『失去的本身並不可怕，最令人遺憾的不是失去，而是擁有的時候，沒有好好珍惜。』真的是這樣嗎？每件事都能套用嗎？我倒覺得是這樣：『失去友誼並不可怕，反而令人開心。最令人遺憾的，並非失去，而是擁有時，沒有早點看清他的真面目。』

我認識一個朋友，喜歡小題大做，甚至還會扭曲事實，暗箭傷人。我超討厭這樣的人，但跟她卻又是『好朋友』，所以我整個人超煩的！老師認為我該如何呢？」

我回覆如下。

◇　◇　◇

妳所引用的句子，也許只是作者對於美好事情的感歎，並不一定能套在所有事情上。任何人（即使是名人）說過的話，我們都得要思考一下，才能增長智慧。

妳所提的事，對妳而言，應該是一個很好的體驗與學習呢！

人際關係總是複雜的，即使年輕人也不例外。從中，我們可以學習到很多。

每個人都有優點與缺點；缺點的部份，可能與他的性格、或成長的環境有關。也許別人的缺點，會帶給我們人際關係中的磨擦與不愉快，甚至受傷、痛苦等，但如果從人性與心理學的角度來看待，也就可以稍稍釋懷，而能包容諒解。

包容諒解，並不等於我們就繼續和他在一起或當好朋友；基於人性，這是有些困難的。如果彼此不適合在一起，漸漸的疏遠也是一種方式。因為人與人間，講的就是一個「緣」，能不能在一起，是要看彼此的「緣」的，不能太過勉強。

如果妳仍然欣賞對方的某些優點，還希望彼此是「朋友」，雖不一定是「好朋友」，那麼，彼此在一起，就要注意保持一些距離，與拿捏分寸了。如此可以避免自己再受傷害。

要明白，人與人在一起，好比兩個圓圈的交集；有交集的部分，也有那不交集的兩邊，交集有多有少。在一起做朋友，就珍惜與把握交集的部分，尊重那沒交集的部分；畢竟，世界上沒有一個人是與我們「完全交集」的。

除此以外，要多多學習開發自我潛能，建立自信與獨立自主的人格，如此可以減少對朋友的依賴感，也較能懂得人我分寸的拿捏，並且獲得別人對你的尊重。這不只在學生時代，我們一生都應該要學習這項功課。

最後，祝福妳囉！

（民國九十七年十月）

「小孩」是內在的自己

在網路上遇到一位熱心關懷他人，一直扮演「心靈導師」的年輕女性，在其部落格發表多篇文章，表達其心力交瘁，將要關閉網站的心情與訊息。於是我與她分享了一些自己的心得體悟。

◇　◇　◇

親愛的朋友：

我讀了妳部落格上面的多篇文章，以及妳心情的抒發，感覺其實妳並不是「心靈導師」，只是因緣所至，扮演了這個的角色；又因為得到肯定，從此有了「他人的期待」，所以便一直不停的耗費心神用心付出，以致走到了山窮水盡、身心俱疲而現出情緒化的境地。

妳雖然很樂於奉獻妳的愛、妳的關懷，但我感覺到妳的心，內心深處的妳，還是一個「小女孩」，一個很需要呵護的「小女孩」。

這並沒有錯！

其實，我們每個人的內心深處，都住著一個「小孩」，「小女孩」或「小男孩」。

平常我們都以「大人」的、「理性」的那一面生活著，因為這樣才合乎社會的期待；那同時也是我們所謂的「自尊」、「面貌」與「形象」的城堡。然而，真正的自我，卻不是這樣的。

哲學上把「人格內在」分為幾個層次，從「形軀我」、「認知我」、「情意我」，到「德性我」、「覺性我」等。

「形軀我」與「情意我」，是平常生活的身心需求與喜怒哀樂等；文學與藝術，也是屬於「情意我」的範疇，所以可以「陶冶性情」。

「認知我」是思維邏輯、學習認知的層次；「德性我」是屬於道德理性層次的；「覺性我」則是佛法講的「自我本心」的「佛性」。

我們活在社群中，努力符合社群的期待，除了「形軀我」的必要滿足，開發的多是「認知我」與「德性我」這個理性層次；「情意我」的感性層次，則常在現實需求下被忽略了。

「情意我」的感性層次，因為沒有獲得良好的學習、提昇、與開發，以致始終停留在「小孩」的階段，而在現實中，被巧妙的包裝與掩覆著。直到我們「身心俱疲」，實在矜持不住了，為了自我的生存，本能的，那個「小孩」就會跳出來，為生存而「請命」。所以會表現情緒化、不理性，而覺得「不像自己」！其實那才是真實「內在的你」。

所以，不必，也不應譴責自己的任何情緒，應該去學著「了解」、「接納」，找出「情緒的來源」，並且隨其需要，給予適當的滿足或紓解。安慰擁抱你的心情，因為那是真實的你！

「小孩」才是真實的我們自己。

「小孩」很純真，能看見一花一世界；「小孩」很單純，從一朵花開就能得到歡喜與滿足；「小孩」很自由自在而不受拘礙，是現實層面所謂的「理性」把他拘束了，所以他便不快樂了。任何道法修行，都在追求「反璞歸真」的「赤子之心」。我自己修行走來，也經常領受「赤子心」的歡喜。我修學身心靈方面的法門（佛法、禪修、哲學、中醫、太極拳、瑜伽、心理學、心靈學等），也從「自身」來體會觀察。

我四十幾歲，走過許多艱辛的道路，妳有過的情緒我也都有過；在佛法中、在佛菩薩的護持下，多少「山窮水盡」之際，努力掙扎出「柳暗花明」之境。直到去年底，我的人生才喘口氣，走到平坦之途，得到平安喜樂。所以妳的心情我很能體會。

妳說：「生命的洗練往往使我們迷失自己那顆真誠的心。」有些人歷練多，過於老成，會迷失那顆真誠的心；但真正「生命的洗練」，卻可以使人更加透顯那顆「真誠的心」，並且更有智慧，知道如何掌握顯現的時機及方式。這就是原始的「天真」，與修行後的「返璞歸真」不同之處。

我一直都在學習心靈的成長，很歡喜能與妳分享。

最後，誠摯的祝福妳！阿彌陀佛！

（民國九十七年三月）

每個人都有潛能智慧接受磨練而成長

（續回覆前篇網友）

親愛的朋友：

你說到我們應該儘量去聆聽了解而關懷他人。很高興看到你提出了自己的觀點。

就我自己做母親、與自身的體驗來說——

當母親的有兩種心，一種是呵護照顧的心，一種是磨練小孩使他成長堅強的心。

這兩者有時是矛盾的，母親會在心中掙扎，而視情況選擇。

有智慧的母親都了解，對小孩的照顧是需要的，但過多的呵護則會讓人軟弱，養成依賴性。在情況許可之下，她會選擇給小孩一些磨練，讓他學習獨立堅強。

我自己做母親是這樣的心；我自己的人生體驗，也覺得「佛菩薩」是這樣的，有時呵護我，有時磨練我。

每個人都有潛能智慧去接受磨練並且成長，問題在於自己認為那是殘酷的打擊，還是慈悲的磨練，這取決於一念之間。

我在痛苦的當下，也與你一樣的感受，覺得別人都不了解我，沒有跟我感同身受，只會批判我、彷彿我受苦了還是我的錯！那種傷痛真是令人無言！

我沒有像你及你的朋友如此幸運，還有人聆聽、安慰；只能自己哭泣吶喊，自己找尋出路，找尋活下去的憑藉。

如今我走出來了！我感謝那些傷痛、那些磨練，磨練了我的堅強與智慧，也因而能夠體會別人的苦惱而給予安慰。

是的，在苦中，我們都覺得自己是最悲慘的，我自己也是，覺得別人都不了解我。事實上，沒有一個人是真正了解我們自己的，就連我們自己也不了解自己呢！只有上帝、佛菩薩才能了解。每個人的背景、經歷、思維方式都不同，旁人只能做到「努力」去了解而已！

然而，善良的人心，他會希望提供一些方式，一些途徑，給你「參考」，那都是一種「參考」，當然不可能「適合每一個人」，當事人是有「選擇權利」的！對於別人提供的，你可以「選擇」！如果你認為那是別人「硬套在你身上」而認為是別人的「傲慢」，那也是一種「態度與想法的選擇」。

「病人最大」，我自己在受苦時，也這麼覺得。然而他人的「聆聽」只能獲得暫時的安慰，終究還是要找到「適當的出路」。

我聆聽過一些婆婆媽媽的訴苦，每次都很認真聆聽，沒有說什麼大道理，可是發現那些訴苦的人，永遠反覆說著一樣的苦！她們「依賴」別人的「聆聽」，卻從不想辦法試著走出那個苦境。因為藉著訴苦，她們可以一直得到「同情」，這就是「心靈瑪啡」。所以我最後會給予一些「建議」，一些「方式途徑」，「鼓勵」她們走出。然而，接不接受，就是她的選擇了。

你可以抱怨別人不了解你，你可以怨恨別人傷害你，我在苦中也是如此。但是，生命是自己的，人生是自己的，只有自己才了解，只有自己能選擇，也只有自己才能走出幽谷！否則任何人都幫不了忙的。

分享我歷練的心得，給你日後慢慢思考。

（民國九十七年三月）

「真誠」不可恃，「修智慧」才圓滿

（續回覆前篇網友）

親愛的朋友：

我可以感受到妳的真心真意，也可以理解妳被人誤解為「矯揉造作」或「玩弄言語上的技巧」的心情，以及何以會被誤解。

在我的感覺裡，妳真的是一個很純真善良、柔軟易感、心思細密、善解人意而體貼入微的「女孩」。這完全具備了菩薩慈悲心的心靈本質。是很難得少有的。

在根本處，妳我的心是一樣的！

不過，也許現在的妳，還無法體會領受我前次所說的：

「真正『生命的洗練』，卻可以使人更加透顯那顆『真誠的心』，並且更有智慧，知道如何掌握顯現的時機及方式。這就是原始的『天真』，與修行後之『返璞歸真』的不同處。」

這就是為什麼要「修行」，要接受「磨練與考驗」的意義！

在我的感覺裡，妳是一塊質地非常美的璞玉，慈悲與愛的能量很強；但太強了，能量太大了，給人一種濃得化不開的感覺，所以會讓一般人難以「消化」，而引起誤解。

與妳一樣，我的「能量」也很強，「好心好意」有時也會讓人難以招架。

這就是「修智慧」的重要！

很多「真心誠意」付出的善良人，常會受傷的說：「我是真心誠意的，可是人家不接受，或誤解我！」我也曾經如此。

「真心誠意」不可恃！慈悲心很重，還得要「修智慧」，才能圓滿功德。

佛家講「悲智雙運」，儒家說：「智仁勇三達德」。可知單一個「仁」字，是不能成事的。

如同車子，油箱滿滿，踩油門前進，還得要有方向盤來駕馭，以及煞車的配合，才能行駛無礙，到達要去的地方。

至於如何修「智慧」呢？

修「智慧」，首先要修「定」。《大學》裡，有所謂的「定、靜、安、慮、得」；佛法則講「戒定慧」。所謂的「定」，不是「靜止不動」，「坐在那裡讓腦袋空空」。不是！「定」就是靜心、沉澱、內斂——沉得住氣，從容不迫，氣定神閒，就是「定力」的展現。

然後學習「觀察」與「思考」。在平常「習而不察」，「習慣成自然」的種種思維中，去反省反思。此外還要多讀一些思想性的經典書籍（讀書也要能思考質疑），漸漸培養智慧。

當然，修智慧的方法很多，可以修習佛法，可以在哲學中領悟，可以從文學中體會，還可以從生活上隨時學習。

有心修智慧，無處不是教材，無時不是啟發，乃至人生的一切苦惱困境，都是啓迪智慧的契機，用心處必能有所成長與收穫！

祝福妳！親愛的朋友！

（民國九十七年三月）

每個人都應學習為自我生命負責

（續回覆前篇網友）

大德您好：

您信中言：「修行至一定境界如您，卻也不難看出您之心性何在；即便修身、修心、修靈，終究於真善美之境只能趨近，卻未甄於完善。」

感謝您的交流，與對我的鞭策！

蘇格拉底說：「吾非智者，愛智而已。」

孔子說：「若聖與仁，則吾豈敢！抑為之不厭，誨人不倦。」

《史記．孔子世家贊》云：「高山仰止，景行行止，雖不能至，然心嚮往之。」

修行人固不是「智者」、「聖人」，只是一個「嚮往智者道法」而「努力學習」的平凡人！雖然如此，仍感謝有心人的鞭策，與一切逆增上緣的磨練！

信中引屈原與漁父對生命態度之異為辯。屈原之清白自持，與漁父之混俗而居，自是每個人不同之選擇。多元價值，沒有一定之是與非。如同「義不食周粟，餓死於首陽山」的伯夷、叔齊之故事一般。

就佛法的層次境界來講，清白自持，是羅漢境界；混俗而居，則是菩薩為度化眾生的方便法。前者是「道之體」，後者是「道之用」；前者是「守經」，後者是「行權」。然而，如非「清白之道體」已確然挺立，能不受世染，否則「混俗之道用」，幾人能夠「保持醒覺」「全身而退」？人我份際的拿捏，與事情本身之實際情況，的確是十分耐人尋味的，否則也不用人們經百千萬劫還來修行這項功課了。

信中提及「傷人」問題。有時候，所謂的「傷不傷人」，不是看表面的語言文字。我常說，「慈眉善目是菩薩，金剛怒目亦佛心」，只看出發點與用心何在！「棒喝之法」，幾人能夠？又幾人能受能懂？出於慈悲心，給別人一個「刺激成長」的機緣，也只有虛心求進者堪受。所謂「萬法由心造」，對於逆境，究竟是視為「他人殘酷的打擊」，還是「菩薩慈悲的磨練」，端在自己的一念之間；因之「嗔恨而墮地獄」，還是「磨練增上登淨土」，也全在自己的一念之間！十幾二十年來，我是這樣修持與自我鞭策的。

每個人至終要為自己的生命負責，為自己的命運、自己的心靈成長負責！別人給你一個球，怎麼接，全在於自己。

「為自己負責」，是我修持的理念，也同樣如此看待別人而默默祝福之。

有時，對修行人而言，「無情」卻才是最大的「有情」！而不是婆婆媽媽溫柔姑息的「溺愛」與

「婦人之仁」。

這個世間不辨是非、不明事理的濫慈悲之「鄉愿」已經太多了！有時「慈悲溫柔」，一時甜頭，有如「嗎啡」令人上癮，卻帶來更大的沉淪與墮落！看看這世間不是這樣嗎？不也有人因為「慈悲同情」而被騙被害嗎？

正因「慈悲溫柔」太多，使人視為平常與理所當然，也就失去了一份尊重之心，於是種種不知足、不客氣的言辭就出現了，這就是「人性」。

多年來對他人關心與熱心的付出之後，我深切體悟：每個人都有自己的因緣，不是別人熱心關心就能如何的；因此每個人都應學習為自我生命負責，而非怨天尤人！

所以我現在調整方式，學習忍心「無情」，化「主動關心」為「隨緣回應」，這也是我在現在社會中，需要學習的一項人際關係的功課。

過去之事，依於出世的情懷，固然是雲淡風輕，隨緣無礙；斟酌於世間法，卻不能不考量一番，以為將來之參酌，畢竟人際互動無可免除。

再次感謝您的交流！祝福您！

（民國九十七年四月）

藉外在的人事來歷練成長

（回覆一位充滿理想熱誠的碩士班大男孩）

看了你的信，我非常歡喜，你果然有慧根，懂得思考！

我大女兒現在就讀大學三年級，在網路上接任了某網站的版主，她要學習管理網站上各種人士的發言。

滿懷理想的她，向我陳述了版面的亂象，以及她想改革的熱忱，可是又很矛盾掙扎，問我怎麼辦？

我與她分析事情兩面的利弊得失，由她自己決定。

她思考了一番之後，很堅定的對我說，她還是要堅持自己的理想做做看！我很讚賞的給她支持鼓勵。

她很認真的去圖書館借了管理學方面的書用功了一番，學以致用的發揮在她管理的版面上。

初期改革成效不錯，也有很多支持者。她很費心的做了一個暑假。

快開學了，她表示雖然做得很有成就感，但發言者的素質太差，改不勝改，開學以後沒那麼多時間去搞了；言下也有很多挫折感……。

我對她說：

「如果妳的目標與眼界，是放在對外在事情的掌管與改變，妳一定會有挫折感，就有所謂的成敗得失。

如果你的目標眼界是放在學習事務，磨練自己，增進自己能力，那麼，只要用心，就一定有收穫，而沒有所謂的成敗得失，自己永遠是贏家！

我就是一直抱著這樣的心來修行的——藉外在的人與事來歷練成長！如同佛家所謂的『藉假修真』，如此內在的自我，就會越來越成熟。」

她聽了，很開心的領悟了。

小兄弟，藉由你自己的一番反思後的陳述，是不是比較清楚自己目標何在呢？

你的理想為何，與他人無關；別人了解與否，無損於你！重要在於——你是否清楚自己，明確的目標何在？

你所述的理想很好，我非常歡喜。真正內心的理念想法，是需要經過一番激盪才會呈現出來的！

祝福你，勇敢的經歷風雨磨練而成長！

（民國九十六年九月）

學習「理」「事」分明、守經行權的智慧

有位拿到博士學位，剛進入大學教書的網友，來信聊到，她目前被派任講授一門「職業倫理」的課程，覺得崇高的倫理道德，常與職場現實狀況衝突，不知該怎麼教學生，很煩惱。以下是我的回覆。

◇　◇　◇

以道法層次來講，有「形而上」的「理」，有「形而下」的「事」。

譬如現在都喜歡講「愛的教育」，實則，就教育者而言，「愛」在心中，是出發點，是「形而上」的「真理」；但在實際教育學生的時候，就必須具有因材施教的智慧與各種方法了；方法有寬有嚴，態度有剛有柔，這就是「形而下」的「事」。

不能因「理」而昧於「事」；不能因「事」而迷失了「理」。

「理」，要依你的良心。不管是你本身教課的工作，還是教導你的學生面對工作，「理」的明白與建立，都是必須的。

「事」，則依實際狀況，較難一概而論。而且，不同職場，不同雇主，不同行事風格，不同的要求，以及就業者本身的各項條件、性格等等——一切「因緣」都影響著「事」上面的應對處理。

「理」是「經」；「事」是「權」，「守經行權、通權達變」，需要何等的智慧！不僅是教學生，就

連老師自己，自古至今都是一大難題。所以現在很多人學《易經》，學《孫子兵法》等哲學，就是為了學習處理實際事情的智慧。

或者，可以讓學生用討論的方式來進行。可以請有打工經驗的同學分享，了解他們的想法與價值觀等。這種課，對於大學生而言，討論互動的方式，會比仁義道德的單向灌輸，要更有趣味，更能讓師生都獲益——因為老師本身也在學習「職場倫理」呀！

我十幾二十年指點眾生，都是隨緣說法。遇過的對象，形形色色，男女老少、各行各業都有。有老師、教授，有上班族，有市場與商店的販賣小姐，有佛教徒，有基督徒……等等。因為我沒有領域界限，不執著任何宗派，任何有緣人都可以隨其身心靈之問題與需要而給他意見，為他說法。十幾二十年遇過數不清的有緣人，聽我說法的人，都非常歡喜讚歎。

正因為我「隨緣說法」，要能「因材施教」，猶如觀世音菩薩「應以何身得渡者，即現何身而為說法」，隨緣變化不同面貌，所以也磨練而增進我「守經行權、通權達變」的智慧。而我內在實是無為無不為，自然自在，隨緣無礙。

我把原則告訴你。聰明的你，應該可以自己拿捏該如何授課的具體方法了。

傳道、授業、解惑，真是不簡單的使命呢！祝福你！

◇　◇　◇

你回應說到：「我總要對得起自己的！」

很好！這就對了！這也就是我自己修持的一貫準則！

人與人間，或者事情，能做到幾分，有時的確要看「因緣」。做到幾分，就是自我的要求，也許不見得令人滿意，但在根本處求「對得起自己」，如此也就可以心安而無憾了。

我自思自己到目前為止，或許直率的言語有時難免得罪人，但自省沒有對不起誰或什麼事；盡心盡力，仰俯無愧，心安理得，如此也就能放下而心無掛礙，歡喜自在。

六祖慧能大師說：「佛法在世間，不離世間覺。」有心修行學習，時時是功課，處處皆禪機呀！共勉之！阿彌陀佛！

（民國九十七年十月）

佛法不是學術，而是人生的教育

有一位喜愛古典詩詞的網友，常寫信請教我相關的問題；知道我學佛修行，提到他也有興趣，只是覺得佛學深奧難懂，始終徘徊門外而無法進入堂奧。我回覆如下。

◇　◇　◇

很多人對「佛法」有種誤解，認為需要去「研究了解」它！

「佛法」不等於「佛學」，不是一種「客體」的「知識學術」，而是教導我們如何面對生命困境與解脫苦惱的方法。

所以，即使不識字的人，也能從中得到智慧與歡喜。不需要畫地自限！

佛法有深有淺，入門雖異，實則殊途同歸。

其實我真實的內在，並非「信仰佛教」，而是從「佛法」中學習。

淨空法師說法，曾引述歐陽竟無先生的話：「佛法非宗教、非哲學，而為今時所必需。」

「佛法」是一種教育，宇宙人生至道的教育；是佛陀對於人類之自我內在生命、以及人生道路與實際生活的指引——指引困境的出路，指引光明與和諧，指引喜樂與自在。

所以我平時對人不太喜歡講「宗教」，而是講「身心靈」。「宗教」形式可以跟「自我」無關，「身心靈」卻沒有一個人不需面對！

「佛法」如何進入？大道無門，無處可入，也隨處皆可入。你當回頭自觀，學習面對自身的困境，尋求出路；學習對面對自身種種習氣毛病，尋找對治的藥方，如此即是進入「佛門」之鑰——是「入門」，也是「究竟」——終極解脫苦惱，離苦而得至樂。

有道是：「佛渡有緣人」，而「大道無門，唯信能入」！

祝福您！阿彌陀佛！

（民國九十七年一月）

人生的本質，是旅程，更是課程

（答一位中年網友）

人世間，名利地位與財物，不過是生存與做事的「工具」，不是目的。

人生的本質，實是一趟旅程，更是課程。

你如果讀過《前世今生》這本書，就知道很多先知者，已經證知，生命的輪迴就是在學習，以及償還一些前債。

所以，眾生不斷的輪迴，就是為了學習人生與生命的課題，找回本來的自我，以完成自性本來之佛。沒修完，就得一直輪迴重修。

因此，我自學佛以來，一直很努力修行、很努力學習，無時無刻都在修學，以期能早日修完「畢業」，就不用再來受世間輪迴之苦了。

人生之有「苦」，便是一種啟示，一種提醒，那「苦」就是你還沒修好的功課。修好了，超越解脫了，這個課程就修完了。而人生有無量的苦惱，便是有無量的功課。故佛說：「諸佛以八苦為師」。

我現世生活中的種種苦惱，就是促使我學習成長的因緣，佛法稱為「逆增上緣」。沒有苦，太安逸了，依凡夫的習性必然會懈怠的。所以我很感謝現實生活中的苦惱，來督促我修行。

這是我生活與修行的一貫態度。

與你分享，也希望藉著你我的緣份，能讓你對於自己的人生，有些許省思，不要到老了，才來空悲嘆。

生命是很珍貴的，人生有限的旅程也是很寶貴的。有鑑於許多人的不幸，或是無法享有種種福報，可知身心健全而又能具有知識，並享有豐富生活資源，是我們多麼珍貴的恩典！

要懂得珍惜自己生命並善用之，使生命莊嚴而散發出光輝，才是人生最大的價值與意義。

祝福您！阿彌陀佛！

（民國九十九年六月）

去惡行善即是修道

（續前篇。答網友）

網友回覆言：「感謝老師解惑！惜後學向佛之心未開；但有向善之心，雖未修佛，亦自安寧矣！」

乃答言：

善哉！日日念佛萬遍之人，未必心中有佛；尚未念佛之人，未必心中無佛。

實則「佛」之為言，乃「道」之權說。

佛者，非外在某尊某聖；乃人人心中自覺之本心。人人皆有佛性，即人人心中自有法身佛也。故禪宗曰：見性成佛。

《金剛經》言：「一切法皆是佛法」。法門八萬四千，又豈必念佛向佛始得稱為法耶？

佛言：「諸惡莫作，眾善奉行，自淨其意，是諸佛教。」君其思之，自可得解也。

吾雖學佛，實則內心超越於一切道法、教派、宗門、法門而無拘無礙；以無法而為法，無修無不修，故亦無為而無不為也。

阿彌陀佛！

（民國九十九年六月）

「怪咖」性格，內化為自我實現

（回覆網友留言）

大德言：「您是改變我一生的人之一。」

自我學佛，隨緣開導眾生以來，有不少人這樣對我說。有佛法方面的，有中醫養生方面的，有人生心靈方面的，也有文學上的。

所謂「佛度有緣人」，我行事一向隨緣無掛礙；讚美與批評，實亦於我無增無損。有緣能益於彼，彼能受用，偶有回應感謝，我便感欣慰也，覺得此生沒有虛度。

◇　◇　◇

大德言：「本身個性很『怪咖』，不是很叛逆狂妄，就是很鬱卒悲傷。」

這有兩種可能：

第一，歷練與痛苦還不夠深刻，尚未深刻到讓你去深思「真正的自我」。你認為的「苦」還很表淺，還不到「火煉真金」的程度。

第二是，你還沒找到「真正的自我」，並且去接納與實現。

通常，所謂的「叛逆狂妄」，「叛逆」者，乃是相對於所受的社會價值觀或傳統框架束縛而言；「狂妄」者，是自認有過於他人之處而言。基本上是自我意識的強烈表現。故只是一種能量傾向，而無道德價值判斷之實義。「鬱卒悲傷」者，乃因自我意識雖強烈表現，卻不被接納認同，無法遂其本志故爾。

其實我的內在也頗為「叛逆狂妄，鬱卒悲傷」，但我的這種性格已鍾鍊轉化為「自我實現」，做「自己的主人」。

◇　◇　◇

你喜歡英雄豪俠，我年輕時候也喜歡，所以學了武術拳劍。我在網路與人互動，若沒看資料，不少人把我當男生。實則我是千變萬化，隨緣呈現陽剛或陰柔。豪俠之情，早已內斂為堅毅的「天行健，君子以自強不息」，以及長年獨行俠般的修行助人了。

◇　◇　◇

你所謂的「文人相輕」，實是自古而然。會輕視別人，其實是自己不才而心虛也。自己本事如果能夠勝過別人，也就不需要「相輕」而爭論了。「止戈為武」，「不戰而屈人之兵」，才真是大將之才也。

（民國九十七年三月）

見人受報，哀矜勿喜，當內自省也

有位政府最高官員，因為濫權貪污而終將身繫囹圄。有網友高興正義終於得以伸張，來留言與我分享。以下是我簡單的回覆。

◇　◇　◇

因果不失，果報不爽！此事誠然告慰國人也。但哀矜勿喜，「見賢思齊焉，見不賢而內自省也」！「諸惡莫作、眾善奉行，自淨其意」，是諸佛之教！

「貪婪」的本質其實是「貧乏」。「貪婪」的程度就是「貧乏」的程度。一個在「心理上」永遠是貧戶的人，哪能不貪呢？

任何犯罪者，都是「心理上」的病人，其實他們並不知道自己在做什麼。他們都是「重病患」，需要「住院」來好好「治療」，值得同情憐憫！

願佛菩薩保佑他們知過、懺悔、改過！

阿彌陀佛！

（民國九十七年五月）

從時事看孟子的「富貴不能淫」

在新聞媒體上，經常看到一些達官顯貴，不是被查出貪污，就是被挖掘出涉足聲色場所或搞婚外情等醜聞。原來高高在上、威風凜凜、衣冠楚楚的背後，竟是如此不堪。

佛教說的，為善得善報，為惡得惡報。這些人今生得享榮華富貴，料想是前世的善因善報。但享福不惜福、不更造福，不知妥善利用權位職責來替人們謀福利，同時也增進自己福德——不做此圖，卻造貪淫惡業，自食惡果，誠可悲可歎也！

孟子說：

「**富貴不能淫，貧賤不能移，威武不能屈，此之謂大丈夫。**」（孟子．滕文公下）

大丈夫的條件之一：「富貴不能淫」，當今能做到的，可真是鳳毛麟角。

過去有位名作家，因為學佛而寫了很多佛法心靈方面的書，深受讀者喜愛，紅極一時。後來卻發生外遇生子的婚變事件，使他原來莊嚴神聖的「菩薩」形象瞬間破滅。新聞轟動一時，讓無數的書迷們失望；旦夕之間，毀了一世英名，亦是可悲可歎也！

所以，孟子說的「富貴不能淫」，乃成為難能可貴的「大丈夫」條件之一也。

《佛說四十二章經》裡面，也有類似的道理。佛說：「人有二十難」，其中之一就是「豪貴學道難」，說明了富貴人家能修道守道的稀有。

三世因果，善惡業報，不論貧富貴賤，歷歷不爽，世人當引以為戒呀！

阿彌陀佛！

（民國一〇一年六月）

孔子所說「知命」的現代意義

網友問到，孔子說的「知命」是什麼意思？解說於下。

◇　◇　◇

《論語．為政篇》孔子說：「吾十有五而志於學；三十而立；四十而不惑；五十而知天命；六十而耳順；七十而從心所欲，不踰矩。」

《論語．堯曰篇》孔子說：「不知命，無以為君子。」此條，西漢大儒孔安國注曰：「命，謂窮達之分也。」南朝梁的皇侃所撰的《論語義疏》曰：「命，謂窮通夭壽也。人生而有命，受之由天，故不可不知也。若不知而強求，則不成為君子之德。」

古人解釋的「命」，就是「命定」的意思，也就是一個人的壽命短長與富貴窮通等。

用現代的話來說，所謂「知命」，就是清楚的自我認識與了解局限所在。

自我認識，認識什麼呢？認識自己的性格、特質、專長與優缺點，以及人生的方向目標。

了解局限，什麼局限呢？一個人此生在環境中能享有多少的資源，例如財富、地位與人際關係等；

以及人生的發展與格局大小等等。

許多人平常喜歡「算命」，或是玩各種命理測驗，為什麼呢？就是想透過種種方式來「了解自我」與知道「局限所在」。

一個修道的人，透過不斷的自我省思，對自己，對生命，對人生，都有了深刻的了悟；到了五十歲的年紀，也經歷了很多世事人情的歷練，所以能夠清楚自己的特質屬性與人生道路，以及所該處的位置，並且能了解而接納自己與環境（天、地、人）的局限，不會勉強做出局限外的行為，造成遺憾與過失，如此才能成就「君子」之德。這就是孔子所說：「五十而知天命」，又說：「不知命無以為君子」的涵義。

反觀喜歡算命的現代人，是否妄想名利富貴從天而降，或千方百計想逃避吉凶禍福？還是能透過一次又一次的命理說法，來深入瞭解自我，並利用此生有限的資源，從而積極的充實自己，開拓自我人生呢？

（民國一〇一年四月）

接納自我，正向思考，努力提昇

網友於留言中表示：「我還很浮躁，不夠好……」

我回答他：

你說自己「不夠好」？其實，每個人都是「不夠好」才需要學習、需要修行。

能知道自己「不夠好」，表示有自知之明，這就是「智慧」，就能引發學習的動力。

蘇格拉底說：「我唯一知道的，就是我一無所知。」這就是智者的謙卑態度。

你說：「我還很浮躁。」

這表示你的能量充沛，但要能妥善駕馭才能達到你想追求的目標。

比起許多灰暗沉悶的人，「浮躁」是有很多能量的，表示你還在探索與尋覓……。

心理學告訴我們，很多心理機制與事情，要往正面看，才能產生正面的影響。所以事情沒有絕對的好壞，一切都掌握在自己的念頭與手中！

要能肯定自我，接納自我，將各種情緒與心理機制，往正向去引導，努力成長提昇，就能夠開展自我生命的新境界。加油！

（民國一百年六月）

尊貴是外在榮耀，莊嚴是內在光輝

一位常有互動的年輕網友來部落格留言，告訴我她考取了某私立大學的護理系，但對於自己未能考取名校而有些失意。

我回覆說：

不是名校有什麼關係呢？新聞報導有明星大學學生在課堂上堂而皇之的吃東西、打瞌睡而混畢業，那又如何呢？

一個人真實的自信，源於自己努力的成就，而非身上穿戴的服飾，或身家背景。

好好的學習你所讀科系的專業知識，加上你善良的愛心，將來就是個優秀的白衣天使呢！

讀什麼學校，唸什麼科系，乃至從事什麼工作，其實沒有貴賤高低，端看你的用心與作為。

原來身分卑微的東部菜販，因愛心行善，可以光耀國際，舉世敬仰；有人雖處總統之尊，貪贓枉法，終落身繫囹圄，遭人民唾棄。

所謂的「貴賤高低」，只是外在的虛名，可以用你的心與行，活出自我的「莊嚴」。

「尊貴」，是他人給予的，屬於外在的榮耀。
「莊嚴」，是自我成就的，實是內在的光輝！
活出自我的「莊嚴」，成就「莊嚴」的生命，才是智慧的人生！
阿彌陀佛！

（民國九十九年五月）

學習安排自己的生活

小網友考取了理想中的大學，非常開心的來與我分享，樂不可支的說，剩下的中學日子，是不是就玩樂到畢業？還真不知道要做什麼呢！

我回覆說：

剛考完大考，放鬆一下無可厚非。然而，考取大學不是讀書的結束，而是學習的開始！

想想世間有人尚在垂死邊緣掙扎；有人卻浪費時間生命玩樂「打發」，這可是很罪過的喔！

我們應該學習規劃自己的人生，以及安排生活事務，從事有意義的事情；而不是習於被安排，盲目機械的過日子。

一般人從小就被安排，安排於各種學習與課業，離開校門謀職，則被安排於工作時間與職位之中。一旦生涯出現空檔，或畢業，或退休，就會不知所措，茫茫度日。一生如同機器運轉而不知該如何自主，到老了才驚嘆白過了一生。這是很悲哀的事。

所以，趁年輕，要學習做自己的主人，認識自己，找出自己的興趣，訂立目標，努力學習，開拓自己的生涯，才是智慧的人生！

（民國九十九年五月）

去除依賴，找到自己心中的那盞明燈

網友討論目前一般的心靈成長課程問題。以下是我的看法。

◇　◇　◇

我很認同某位網友所說的，關於目前一般心靈成長課程的問題：

「上課內容大多無法深入體會學員的處境。例如輔導師群，總是把道理方法講得很簡單，認為事情都不會太糟糕。但是是每個人境遇不同，真能有幫助嗎？」

誠然，就參加者的立場是如此。

就授課者的立場來看，因為參加的學員很多，並且基於個人隱私，輔導老師無法去「調查」每個人的身家背景，以及各別問題等，當然只能就「一般情況」與所學專業來講述。

另一方面，目前一般所謂的「心靈課程」的師資，往往是學理體系出身，能操作一些輔導技巧，但思維模式還是處在傳統的框架中，很少能夠正視實際層面的問題與需求，所以會讓人覺得只是在複製一堆大道理罷了，而無法真正用來解決問題。這也是目前師資的困境。

就學員來說，也應該建立正確的心態——一個人要對自己的生命與人生負責。對老師不能有依賴心理，彷彿「救世主」般，以為去上上課，把自己「交給」老師，一切問題就可以解決。這是不正確的學習態度。

自己的問題要學習「自己面對」與「自我承擔」，外界的師友與資訊，提供的只是一些可以「參考」的途徑。對於相關資訊，應該透過「自我的思考」，來選取運用。

必須認清——人生只有掌握在自己手中！心靈導師、乃至宗教神仙佛祖，只是給你「參考幫助」而已！

願一切有心學習成長的朋友，能透過明師的引導，找到自己心中的那盞燈，照亮自己的人生！

阿彌陀佛！

（民國九十七年六月）

善心助人，要能不卑不亢

有網友請教「人善被人欺的涵義」。

有位大德引用聖嚴法師講述的片段回覆：

「俗話說：『人善被人欺，馬善被人騎。』意思是說，善良的人比較容易吃虧。以我自己來說，我也比較喜歡麻煩好人。在我周遭的人，不管是出家或在家的弟子，只要是比較願意接受忠告，比較容易聽懂我說話的人，我就會常常麻煩他們，請他們幫我做事。……這是不是就表示當好人比較吃虧呢？其實，不喜歡被麻煩、不接受指責的人，無法得到真正的利益，才是真正的吃虧。」

我看了之後，也分享了自己的心得看法。

◇　◇　◇

看了大德分享的聖嚴法師語，想起我的小孩也常說我是「人善被人欺」（每當我向家人吐苦水時），好像人家來請我幫忙、麻煩我，是理所當然似的。雖然自己偶爾免不了會抱怨發牢騷一下，但還是很甘願的繼續做「好人」、「善人」。

不過，以我自己多年的經驗體會，我們固然心存善念助人，也要能夠適度的維護自己的尊嚴，不需要當好人當得太卑微。人我之間的互動，應該拿捏一個尺度分寸，求得平衡；不卑不亢，才是中庸之道。

因為人有貪念，過於熱心助人，適足以助長對方的貪念、惰性，與對人的不尊重、不知足、不感恩，把一切受人恩惠都視為理所當然，這樣結果反而害了他。

君不見我們社會每當發生什麼災難時，立即就有許許多多的善心團體與人士投入物力人力，幫忙救災等；付出的愛心固然得到掌聲肯定，卻也有不少受助者不知感恩、不知尊重的使喚與責難。至於平常那些踐踏他人慈悲愛心的種種惡行，也就不值一提了。

所以我經常跟佛教朋友說：修慈悲，還要修智慧。學習拿捏助人的程度與人我分際的距離，才能使人際互動圓滿和諧；悲智雙運，才能成就真正的菩薩行。

儒家孟子說：「可以取，可以無取，取，傷廉；可以與，可以無與，與，傷惠。」給了我們人際互動，取與之間，一個很好的指引。

在布施或助人的時候，如何做得恰如其分，使施與受者都保有尊嚴，這是需要學習的智慧呢！

（民國一百年三月）

人我之間得平衡，才能和諧喜樂

有位年長而身體狀況不佳的親友留言提到，春節過年期間，一大票親戚到她家又吃又住，她張羅應付得實在累得受不了，大喊：「我快要崩潰了！」

我回應她：

親戚往來，也要衡量自己的能力。對於自己做不來的事，我們應該學習婉拒，不需要勉強。樂了別人，卻累垮了自己！

如果很多人要住宿，可以請他們住旅館，吃飯可以到餐館解決。要學習忠於自我，珍愛自己，不需要像傳統婦女的犧牲奉獻，被視為理所當然，累垮了還不見得有人同情！

時代不一樣了，很多事情可以有其他方式解決，而不是一味的「委屈」、「犧牲」以迎合他人。懂得尊重自己，別人才會尊重妳。

人我之間，要能取得一個平衡，才會和諧、喜樂、自在。

（民國一〇一年一月）

打開心門，行善助人，就會得到喜樂

有位親友，常在臉書上抒發心情，宣洩情緒；幾日連續下雨，更令她叫煩不已。

我回應她：

妳一直叫煩，不如把「煩」字改為「阿彌陀佛」；整天心煩，就整天唸佛；天天心煩，就天天唸佛，就不會煩了。

我自己多年來有情緒起伏時，就努力唸「觀世音菩薩」，唸久了就能得到平和喜樂。

我還有一個消除煩悶的法寶，就是去幫助別人。

其實我常常是心情煩悶才會上網休閒，但我的休閒消遣不是宣洩喊煩，而是幫助別人，行法布施。在網路上分享我所學的知識或修行佛法的心得，安慰開導眾生，讓別人得到歡喜，這樣我就很快樂了。

助人為快樂之本。如果你不快樂，就去幫助別人，就會從中得到快樂，真正的心靈喜樂！

親友回應：「我覺得自己沒有什麼東西可以幫助人的。」

我回答：

有「心」就能助人！

跳出自我枷鎖，打開你的心門，用一顆關懷別人的「心」，哪怕只是簡單的關心問候，都是行善助人。例如：為傷心難過的人，加油打氣；為努力表現好的人，給與讚美鼓勵；或是分享有益的文章等等。這些都是我生活基本上常做的事。

所以，有「心」就能助人！

打開你的心門，雲霧之上就會見到陽光！

精神層面的奉獻，是殊勝的「法布施」

收入不豐的詩人朋友白家華，在臉書上面留言道：

「（對於社會）我能奉獻的主要是精神層面的；物質方面我回饋得太少了。」

我回應說：

「物質回饋」是需要要經濟能力的。實則詩人寫詩，發表出版，奉獻「精神」層面，滋潤啟迪無數眾生的心靈，即是功德無量的「法布施」也！

古來聖賢不是奉獻「精神層面」的心血智慧嗎？留給後人無數寶貴的文化資產。所謂：「天不生仲尼，萬古如長夜」，有為者亦若是也。

白家華回應：

「『法布施』這個詞真好！我喜歡！而您也『布施』了不少知識呢！」

我回應道：

「法布施」是佛教用語，包括精神心靈上的，和道法、知識上的，是相對於物質上的「財布施」而言。佛經上認為「法布施」的功德最殊勝，勝過一切有形物質的布施。

布施重要的在於「心」之「誠」，而不在於「量」之「多」。
共勉之！
阿彌陀佛！

（民國一〇一年二月）

心理上之「大人」與「小孩」的差別

有網友求教說：「自己已經大學畢業了，為什麼家族長輩沒有把我當『大人』看待？對我的態度不尊重。只有表哥被當『大人』，我看他也未必成熟多少！是不是因為表哥是家族裡的長外孫，所以一直都被當大人看？而聽說女孩子要等到嫁人才算『大人』？我打算考研究所，但家族都覺得我應該工作賺錢。問題是否在於『賺錢』這件事？請問什麼樣的行為會被歸類為『小孩』呢？」

以下是我的回答。

◇　◇　◇

「大人」與「小孩」的區別在哪裡？

一般社會的觀點：

「學生」會被認為是「孩子」；「職場工作」則是「大人」。

「未婚」會被認為是「孩子」；「已婚」則是「大人」。

至於男性，一般認為，沒當兵的是「男孩」，當兵過的是「男人」。

大德自述大學畢業，未工作，仍準備考研究所——雖二十出頭，屬於「法定」的「成年人」，但尚未脫離「學生」身分，又加上年輕未婚，所以容易被看作「小孩」。至於您所述的「表哥」，大妳幾歲，應該服過兵役，所以長輩看來比較成熟，就把他當「大人」看待。

從心理方面來看：

成熟、懂事、主動、能替人著想、善解人意、能負責任、願意承擔、能包容，把自己照顧好，並且多關心與幫助別人，不隨便發脾氣等等，是「大人」（成熟）的特質。

依賴、被動、不能自我負責與承擔，認為有事都是別人不對，自己永遠沒有錯；任性，容易鬧情緒，喜歡耍脾氣，愛挑剔，不能欣賞別人優點，不懂得關心與助人，無法照顧自己等等，是「小孩」（幼稚）的特質。

（民國九十八年十月）

相逢即是有緣，關懷被冷落的同儕

有個年輕男性網友求教，敘述同儕間，大夥兒聊天說笑時，就有位女同學老是故意找碴破壞氣氛，請問為什麼？又該如何面對處理？

回答如下。

◇　◇　◇

從所述的事情經過看來，這只是那位女同學，不甘被冷落，希望引起注意、引人重視的心態使然，尤其在異性面前。

所述中，有兩個關鍵地方就是：「我們聊的話題完全跟她無關」，以及「從頭到尾都沒提到她」，這就證明那位女同學，在兩性的同儕互動中被冷落，所以故意說些尖酸或潑冷水的話來「找碴」以引起注意。

很多做老師的，會遇到特別愛搗蛋的學生；也有父母親越忙，小孩就越哭鬧的例子——這都是同樣心理：希望得到關注。

建議同學們以後多多關心她，聊聊她有興趣的話題，請她發表發表意見，多看她的優點，讚美她，讓她覺得被關心、受重視，就可以改善了。

同學又說到：「經過這次舌戰，她居然變乖了，比誰都安靜，靜到令人害怕她會有什麼陰謀。」

俗語說：「冤家宜解不宜結」，既然你有這層顧慮，就會造成心理上的負擔。

試想，一個人之所以存在某個團體中，尤其是三五成群的同儕之間，就是希望能被認同，獲得溫暖。

相逢即是有緣，所以，老師建議同學們，用善意與關懷來化解，讓她參與話題，覺得被重視，這樣大家就都是好朋友啦！化惡緣為善緣，化敵為友，不是很美好嗎？

（民國一百年三月）

人格分類法在於瞭解特質，而非定型

有網友作了「九型人格」的測驗，看不懂測驗結果圖表，請求分析解說，並問圖表比例是否代表有多方面的性格。

回答如下。

◇　◇　◇

大德可能還沒看過這類的書，尚未了解其理論，就直接做測驗，所以看不懂結果圖表。建議找有關的書來看看，就會比較瞭解了。

茲分析解說你的測驗圖表：

你以「成就型」和「完美型」最多，「領袖型」也不少，表示你是一個很努力的人，有目標有理想，又能付諸行動。

你在「助人型」與「忠誠型」的比例也滿多，表示你的人緣不錯，也喜歡幫助別人。

在「浪漫型」、「和諧型」與「快樂型」也有相當的比例，表示你是個會注意自我，能自我調適，而不會成為工作狂的人。

「智慧型」的最少，可以知道這是你比較欠缺的；這意味著你應該在這方面多多加強，而智慧的增進，將有助於理想目標或事業的達成。

一般心理書中對於「九型人格」的分類，我的看法是，它可以作為自我認識的參考，瞭解自己有哪方面的特長與屬性；但我不認同書中一定要把人定位於「某一」，且只能「一種」的類型中。

試想世界上有多少人，只能歸類為九種性格中的「一種」嗎？如果仔細觀察自己和他人，會發現，人的性格本來就是多面多樣的，複雜的，同時擁有好幾類型的特質，只是比較偏向「某一種」而已，但不會是全部。這一方面有先天的因子，同時更有後天環境的影響；多種類型調和，才成為完整的人。

因此測出的結果會發現，每一種都佔有相當的比例，那表示你擁有均衡的人格。

做這樣的心理測驗，應認知，目的不在於將自己「定型」，而在於藉此「九型」，瞭解自我的特質，如果哪些方面比較多，就可以好好發揮；哪方面欠缺，就可以調整補足，充實自我，以增進事業的成就與人生的和諧美滿。

（民國一百年九月）

創傷壓力應請專業人士協助

有年輕女性網友求教，說自己曾經遇過校園霸凌，差點被男生打。後來無意中看網路搞笑影片，當看到男人生氣的表情時，自己體內就會有很不舒服的反應，同時想站起來保護自己。後來再度看那段影片，上述那種感覺就會重現。問這樣的情況是不是「創傷壓力症候群」？如果想要克服，是不是要一直練習看這個畫面，並站起來面對它？

我回答如下。

◇　◇　◇

依所述，這是經過重大的打擊或傷害之後，會出現的身心狀況。這會成為內在的一個「地雷」，只要遇到類似的情況，就會引發出來。沒有治療，久了會成為潛意識中的恐懼。

問到：「如果想要克服霸凌的『創傷壓力症候群』，是不是要一直練習看這個畫面，並面對它？」

在心理治療的方式中，是有這種治療法，就是一直重複面對令你恐懼的事，經由強烈的刺激反應，讓內在的情緒湧現出來，也就是讓負能量從心底排出。但這種方式一般都有專業的心理治療師在旁輔導，不適合自己獨自來做，否則會更加深這種恐懼。

依目前的狀況，有幾個途徑可以試試看：

一、建議到醫院看身心科，由專業的身心醫師來為你治療。現在看身心科的人很多，也都能夠獲得改善與調適。

二、建議找學校的輔導老師談一談，請求老師幫助。一定要找老師或醫師幫助，因為心理受創的人，最需要安全感，有專業人士來幫助，才能得到安定的力量。

三、除了上述方法，還可以藉由寫作或畫畫來抒發心中的恐懼苦惱。或參與社群網站，做部落格等，藉由與人互動，抒發情緒，來排遣心中的情結。

總之，有苦惱困難，不宜獨自面對，那可能會越陷越深；儘量走出來，找人傾訴，找專業人士幫忙，才能夠找回心靈的平和安樂。

（民國一百年九月）

把戀愛當作成長學習，使自己提升

有年輕網友求教，說自己連續三天都夢到前男友：「夢到他回來找我，希望我能夠再和他在一起，我猶豫了。後來又夢到他和別的女生很好，告訴我他有女友了。其實在現實中，分手後他都不理我，我也就沒再跟他說話。但因為和他是同班同學，覺得很尷尬。作了這樣的夢，不知如何是好？」

我回答如下。

◇　◇　◇

根據敘述，分析如下：

第一，妳心中對這份感情還很留戀，分手對妳是一件很遺憾而感傷的事，妳很希望能回到過去的感情，所以會連續三天都夢到他。

第二，妳也是個很理智的人，所以當夢到他希望與妳再在一起時，妳猶豫了。表示在妳心裡，妳已確知彼此分手了；而且可能有其他因素影響你們的感情，所以妳會猶豫。

第三，因為你們是同班同學，天天會見面，所以使妳對這份感情的記憶揮之不去，想要刻意迴避，卻反而加深了內心的渴望與傷感的情緒。

要走出這段感情的陰影，建議妳：

一，可以多參加課外活動，多交一些朋友；或是參與公益活動，幫助他人。這會讓妳從活動與助人中，看到、並且感受到人生與生命更豐富的一面。

二，你們是同班同學，天天見面，不妨以平常心來看待彼此，就當作一般同學，不必刻意迴避什麼，這樣比較能坦然自在。

三，感情順其自然，有緣無緣總是同學一場，要感謝他曾經愛過妳及接受妳的愛，讓妳有戀愛的經驗，並從中學習與異性的互動，增進對異性的認識與瞭解。

人生是一趟不斷學習的旅程；把戀愛當作一種成長體驗，從中學習，才能長大成熟而更有智慧。

（民國一百年九月）

壓力影響身心，應紓解治療

有就讀高中的網友求教，說自己晚上睡著之後，經常作一種夢，嘴巴會突然張開合不回去，很難受，就很用力的想要合回去，接著就覺得牙齒很用力的咬緊。開始時不以為意，但現實中，牙齒卻越來越痛。有一天跟朋友出遊過夜，第二天，朋友說他睡覺時不斷磨牙齒，發出很大又可怕的聲音，這才覺得有問題。自己只要一作那個夢，醒來牙齒就很痛。請問該怎麼辦？去醫院該看哪一科？

我回答如下。

◇　◇　◇

根據敘述，分析如下：

你的內心可能長期壓抑了許多對事情或對父母管教的不滿；可能也壓抑了很多自己的想法和希望；或是有什麼忿怒之氣鬱結在心中無法排解；而長期的生活與課業壓力可能也有影響。可能是這些因素，才使你在夢中「咬牙切齒」。總之，你的心中有很多壓抑的情結。

除了做這個夢，你平常如果有胸悶，或胸口緊繃，腸胃不好等情形，則可能有中醫說的肝氣鬱結的傾向。

依目前狀況，建議幾個方式：

一、建議到醫院看身心科，由專業的身心醫師來為你治療。
二、可以請中醫師診治，看是否需要調理情緒、疏肝解鬱。
三、建議找學校的輔導老師談一談，請輔導老師幫助你。
四、多做一些可以發洩情緒的運動，如跑步、打球，或是親近大自然，以放鬆調劑身心。
五、生活上有什麼問題，可以設法與父母師長溝通，把問題解決。

（民國一百年十月）

夢見佛教人事物，有深厚佛緣

——兼分享我自身的經歷

有網友求教，說：「做了一個夢，夢見一位當代知名高僧，慈祥的對我微笑，我卻痛哭流涕。他並且給我一本書。請問這夢究竟指示什麼？」

回答如下。

◇　◇　◇

根據敘述，分析如下：

首先，你提到的書名，網路查尋並沒有這本書。

依你的敘述，感覺你是一個很善良的人，前世有深厚的佛緣，才會夢到你所欽仰的當代著名法師。之所以會痛哭流涕，是因為你的靈魂深處，與此相契，有深入追尋與探索的渴望，並且需要藉此才能得到滋養。

許多宗教因緣深厚的人，遇到與他契合的人事物，就會莫名的痛哭流涕。「莫名」，是因為我們大腦的認知能力還未能瞭解何以如此；而靈魂深處（即潛意識）的需求則會牽引著我們去尋找，以致當相遇契合時，就會感應而痛哭流涕。

有人見到佛像會痛哭流涕；有人聽聞到佛經會痛哭流涕。這些都是靈魂的呼應。

分享我自身的經歷：

二十年前，我還沒踏入佛門。在人生遭遇不如意之際，我心中有點勉強的（因為原先不是很接受佛教）被家人帶到台中一間佛寺「松竹寺」，想求籤問問前途如何。

豈知我一進松竹寺，一抬頭，看見端坐上面慈悲的觀世音菩薩像，竟然就傻住了。心中有個聲音，彷彿菩薩對我說：「你來啦！我等你很久了。」接著我就一直痛哭流涕，大概哭了半小時，整個人出神的望著菩薩像……。心中彷彿遊子找到母親一般。哭完之後，整個身心如同清洗過般，好舒暢輕鬆。

於是就此自行展開了我的學佛修行之路。

學佛之後不久，我心裡想要一本平裝的《妙法蓮華經》，因為這部佛經一般見到的大多是精裝的，很大本；我想要平裝較小本的，比較方便閱讀。

有一天夜裡，我夢見了一本綠色封面平裝的《妙法蓮華經》。兩天後我去松竹寺（那時我每個禮拜一定要去一次松竹寺禮佛），就在給人佛經結緣的桌上，看到平放著一本跟我夢中所見到的一模一樣的平裝本《妙法蓮華經》，而且只有一本。我當下知道，那是菩薩要賜給我的。

所以，有深厚佛緣的人，就會夢到與佛教有關的人事物。而大德可能也是如此。

建議如下：

你既然是夢到當代著名法師，「慈祥的對你微笑」，表示你與他或他的道場有緣。可以找一些他的著作來讀一讀，也可以參加他們的宗教或公益活動。

或者，不一定限於這位法師，佛教的書籍都可以接觸閱讀。

凡事各有因緣，平常心是道。順其自然，依著你心中想要探尋的道法去學習，而不必太刻意崇拜追求什麼「高僧」或神蹟，才能真正進入佛法學習。

阿彌陀佛！

（民國一百年十月）

對其他宗教與未知學問的謙卑與尊重

有個喜愛中國文學而經常向我求教的年輕網友，因在某個網站上輕率發言說：「聖經太簡單了！」而被基督徒群起攻擊，遂來留言向我訴苦。以下是我的回覆。

◇　◇　◇

你讀過《聖經》嗎？深入研究了嗎？

你雖然喜愛中國文學，讀過不少國學書籍，但面對尚未接觸或深入了解的經典書籍與學問，都應該保持謙卑而尊重的態度。

有人請教我問題，我若不知不懂，非自己專業所學，都如實以告，並請他另就高明。所謂「知之為知之，不知為不知，是知也。」我不會覺得承認自己對此問題不懂有何可恥的。

另外，我對於其他宗教，如基督教、天主教等，都是很尊重的。

我出外有機緣進到教堂，會行禮參拜，甚至進入教堂之後，會莫名的感動落淚。

遇到基督徒或神父修女，我都尊重並歡喜問候（除了路邊攔人的傳教士）；偶爾聽到或讀到《聖經》上面的文字，也常感動落淚；基督教的聖歌，我更是自幼就喜愛聆聽唱誦。

只有真正深入學習過一門學問，才能領略學問的浩瀚無涯，才懂得對未知事物謙卑，並尊重其他學問。

只有用真實心修行的人，才能契悟及自然無「分別心」，明白真理沒有宗教派別之分界，自然涵容接納不同領域之事，體會只要是真善美的人事物，都值得尊重與學習。

（民國一百年五月）

有才華者應該「深藏不露」嗎？

古人說：「韜光養晦」，或者說：「深藏不露」，意思是說，一個人有才華而不外露。生活中，或網路上，常有些人喜歡引用這樣的話來責備那些有所表現的人。

不過，這句話的邏輯頗為耐人尋味……

一個人如果從未表現過什麼，則是否「有才華」，無人知曉，故無從說「韜光養晦，才華不外露」，或許根本沒有才華好「露」；只有表現出來，讓人看見了，才知你「有才華」，如此則「韜光養晦」亦不成立。

只有才華洋溢，已經備受肯定，甚至居於高位了，此時為了免於遭嫉而被陷害，不得不「收斂」，以示「謙虛」，如此才有所謂「韜光養晦」或「深藏不露」可言。

在現今社會，上無片瓦，下無寸土，內非名門，外無權貴的現代人，沒有一點本事才華如何謀生？若要人「韜光養晦」或「深藏不露」，豈不是要人淪為街頭乞討？

所以，許許多多的「古訓」，我們不能閉著眼睛照單全收，應該要思考這些「境界高超」的話頭，其發言的立場與背景，知其用意，而非毫不思考的盲目運用。

故我認為應該是：

有才華，自然流露，該表現時應好好發揮，可以利己利人，是自我實現，也是奉獻社會、利益眾生。

場合身分不適合時，則不為炫才傲人而刻意展現；鋒芒畢露，恃才傲物，是有修養的聰明才智者應該避免的。

當現則現，應藏則藏，如此才是有才華者最高的智慧。

（民國一〇一年四月）

「絕世武功」的不同面貌

「練就絕世武功」是武俠小說裡常見的描述。

現實中，「練就絕世武功」則有不同的貌面。

有本領的人，在拳腳上「練就絕世武功」，成為武林高手。

有才幹的人，在事業經營上「練就絕世武功」，開創成功的大事業。

厲害的人在唇舌上「練就絕世武功」，上焉者成為外交、公關、演說與行銷的高手；下焉者伶牙俐齒，擅於唇槍舌戰；不入流者淪為尖酸刻薄、攻擊毀謗，徒造口業。

有智慧的人，則在心靈上「練就絕世武功」，超脫煩惱，自在無礙。

「絕世武功」要能夠用在有意義的地方，成就自己，幫助他人，這樣的「武林高手」才能成為受人尊敬的「大俠」。

（民國一〇一年五月）

跳脫媒體紛擾，醒覺平和地生活

近來，有關特別人物的新聞，一個接著一個。炒作新聞一向是台灣媒體的看家本事，只要有個人物如何如何，接觸任何媒體，全部都是這個人物的消息或評論等。

打開電視、攤開報紙、開機上網……，人物新聞的炒作，鋪天蓋地的席捲而來，眼睛逃都逃不過，連網友們的臉書也「淪陷」！並且一波未平一波又起，此起彼落，沒有冷場！真是「新聞災難」啊！所謂「新聞報導事實」，其實往往是「選擇性的事實」，更多關係人們生活的事物，卻經常乏人關注。

我們應該學習用自己的眼睛、用自己的心來看世界，用自己的思惟來生活。清醒明白，做個有智慧的人，才能夠跳脫媒體操控的紛擾世界，而得到內在的平和寧靜、喜樂自在。

阿彌陀佛！

（民國一〇一年二月）

時時念佛，就是「安心安太歲」

每年新春過農曆年，就有各生肖的人們到廟裡「安太歲」。在我學佛之前，不知有此「習俗」；學佛之後，由於經常去佛寺禮佛，才知道有這麼回事。

不過，對於天天念佛修行的人而言，似乎並不需要特別去「安」什麼「太歲」。天天念佛修行，時時與佛同在，無憂無慮，心無掛礙，心無有不安，哪裡還需要等到一年才特別一次的「安太歲」呢？況且吉凶禍福不離因果，修行人唯有常常懺悔業障，反省改過，「諸惡莫作，眾善奉行」，精進念佛修行以消宿業，自然遠禍增福也。

時時念佛，時時就是「安心安太歲」啊！

阿彌陀佛！

於壬辰龍年正月初一隨筆

（民國一〇一年一月二十三日）

對治「恐懼」，要求知識與修智慧

網友分享《人間福報》上面的一篇文章〈另類財富．學會克制〉，大意是說，人類有許多「恐懼」，例如哪些情況等，並主張，對於「恐懼」，我們應該學會「克制」云云。我閱讀之後，有些與該文不同的看法。

◇　◇　◇

文中說：「在生活中，怕黑、怕冷、怕熱、怕麻煩、怕貧窮，以致於怕老、怕病、怕死。從年幼到年老，讓人感到恐懼的事情實在太多了，如果一直被恐懼主宰著，怎能好好活下去呢？……如果恐懼、挫折都難以避免的話，不妨學會克制。」

文中所提到的「恐懼」，其實是複雜的身心靈問題，深入探討，各有因應之道，而不是一句表面而簡單的「克制」可以解決——那或許反而會成為更深的壓抑。

「怕冷、怕熱」不是心理的問題，而是健康因素。從中醫觀點來說，身體虛寒或風寒感冒就會怕冷；虛火或實熱或風熱感冒就會怕熱。對於天氣的過於「怕冷、怕熱」，也可能是養尊處優，一直處於舒適的空調環境，缺乏運動與鍛鍊。這些問題可以靠醫藥或訓練而改善。

「怕黑」通常是腎虛或缺乏安全感所致。生理上給予醫藥調治；心理上給予安全感或自我調適之磨練，也可改善。

「怕麻煩」不是心理問題，而是好逸惡勞，或對事情的取捨。有些人不喜歡養寵物，是因為「怕麻煩」，也是正常的個人好惡問題，無關對錯。

「怕貧窮」，有些是基於過去的生活經驗，有些是對未來的缺乏信心，這些都是可以調適改善的。

「怕老、怕病、怕死」，是宗教與心靈問題，藉由建立正確的人生觀、價值觀與宗教信仰，可以減緩這種對生命問題的恐懼。

至於一些特殊工作—如文中提到的「礦工」—會有的危險恐懼，則可以經由熟練的專業訓練，謹慎從事，以避免或減少危險，而消除恐懼。

如果是不理性的過度懼怕，則應由專業心理醫師來調治。

人類的很多「恐懼」，其實是來自「無知」。例如過去科學不發達的時代，人們看到日蝕月蝕就會恐懼，以致產生很多迷信。科學解開了許多自然界的真相，「恐懼」自然就消失了。

所以，真正的「恐懼」是來自「無明」。要消除「恐懼」，就要求知識與修智慧，並增加實際的磨練，而不是一句簡單表面的「克制」就萬事解決了。

讀文章，要能深思，才能對自己的人生與心靈有真實的助益。

（民國一百年六月）

尊重情誼久，淡淡自芬芳

我們在生活中，不時會聽到，一些原來要好的朋友，忽然因為一個細故而反目成仇，或是疏遠不再往來，令人遺憾。

探討其中原因，我想，相互間的尊重與否，應該是很重要的一個因素。

通常所謂的「親朋好友」，尤其是女性之間的好友，常以其較為親密的情誼，而疏忽了應有的分寸與尊重。

例如一再利用「親朋好友」的善心好意，請求幫忙而視為理所當然，不知感謝，甚至無盡取用，沒有節制，致使對方不勝負荷，心生厭倦，衝突就會潛伏而待時暴發。

或有好友，一本「好意關心」的態度與模式，對於朋友的個人私事，步步追問，層層進窺，毫不保留的盡悉其個人隱私，又「熱心」的喜歡以自己的模式套加在對方身上，使得「好意關切」形同「侵犯隱私」與「干涉」。被「關心」者，在被追問的過程中，往往也礙於情面，不得不交代自己的隱私，以免被認為「不夠朋友」或「不識好歹」等。疏忽尊重，終使得雙方漸行漸遠。

以上的事例，經常出現在我們的周遭。是否，忽略尊重的「友好情誼」，對於友誼的另一方，也可能成為另一種柔性的「霸凌」呢？讓人招架不住，卻又無法拒絕……。

所以，許多人視「人情」為一個沈重的包袱！

何以原本美好的人際情誼，會成為對方的包袱，甚至是一種無法抗拒的「霸凌」呢？原來，我們的社會，過於重視「情」的交際，而忽略了「理」的分際與「禮」的分寸，不重視人與人間相互的尊重，並且喜歡涉入對方的隱私，甚至以知道對方多少隱私來作為衡量彼此「交情」的程度。

我們是不是應該思考與檢討一下與人互動的方式？美好的情誼，除了彼此關心分享，更應該相互尊重，如此才能長久芬芳。

尊重，是人際關係的不二法門，親子間，家人間，朋友間，乃至伴侶情人之間，皆然。

信手賦詩曰：

有緣來相聚，
關愛當思量，
尊重情誼久，
淡淡自芬芳。

阿彌陀佛！

（民國一百年十二月）

知足感恩，心靈沒有「不景氣」

多年經濟不景氣，物價飛漲，許多人煩惱發愁。

面對這些訊息，我總是平常心接受。了知煩惱既無益於現況的改變，就只有自我調適，故依然自在安樂也。

有道是：「事能知足心常樂，人到無求品自高。」故我在部落格寫下這樣的句子，自娛兼分享網友：

知足即是「富」；
無求即是「貴」；
自在即是「榮」；
安樂即是「華」。

自己多年學佛修行，蒙諸佛菩薩護持，平安即是最大的福報，還有什麼好求的呢？

知足感恩過日子，清心寡欲沒煩惱，活在當下喜樂無憂也。

曾經在孩子們小的時候，我跟她們講過，古人說：「由儉入奢易，由奢返儉難。」這也是我父親在我小時候告訴過我的話。

我跟孩子們說：「我們節儉過日子，習慣了，即使將來人生遇到什麼困難，也不會覺得太難度過。如果將來經濟不景氣，大家都過得苦哈哈時，我們依然可以過得從容自在。」如今似乎應驗了這句話。

現在社會上許多人以批評為能事，加上媒體炒作，情緒性的煽動，似乎漲價了就活不下去了。事情到眼前，理性的處理與因應，減少情緒對身心的耗損，「節省」煩惱的精力與口水；平心靜氣過生活，恐怕才是真正的「節約」呢！

在這樣的時機，大家可以試著重新思考生活的模式，重回樸實、務實的生活，重新體驗生活的本質，開發勤勞、節儉、良善的心靈動能，這實在是我期待許久而樂見的生活美質啊！

（民國九十七年五月）

用智慧來生活，可以輕簡從容

這幾年，物價常有波動，民生消費都上漲，很多人為此煩惱，我總是默默接受，沒有掛礙。

一些民生基本物資要漲價，我都是既來之則安之。心想，煩惱有何用？歎氣又奈何？能省去不用嗎？既然無法不用，也就坦然接受，不起煩惱。

我奇怪於許多高消費商品，人們樂於消費，卻從來不煩惱歎氣。例如名牌服飾、美容保養用品、瘦身減肥醫藥食品之類；再高的價格，還是有許多人樂於花費金錢與精神去追求。

我清心寡欲，生活簡單，所以沒有什麼多餘的「高級消費」。深居簡出，省了油錢；運動打拳養生，少用冷氣。其他都是基本而平價的日用消費。所以，看著物價上漲，漲就漲了，也就這麼生活。

其實，生活開支重在整體的平衡，不要以為節省了某方面，另一方面卻浪費了更多；更不需要為了「節省」區區幾塊錢，而耗損了自己的精力時間，起無明煩惱；或造成心理壓力，終日緊張。

所以，每次物價波動，唯我心不動，安之受之；並在心中感謝這個安定的社會，讓我們還能用金錢來滿足生活需求，享有充足的物資與便利的服務。

生活，就是修行的好道場；用智慧來生活，就可以輕簡無憂，自在從容了。

（民國一〇一年四月）

以智慧面對感應與預言

近年來，常從新聞媒體看到一些關於天災或政治方面的預言，甚至預言「世界末日」等。預言的方式，有的出於感應，有的出於命理卜算；預言的動機，有的為了警世，也有的想藉此顯能。

其實，虔心修道的人，多少能有些感應力，即使預知某些事，還是不宜洩天機的好，也應避免藉此顯能。除是為了助人的方便，對個體之個性、身體狀況，前途事業等，可以利用感應觀照或命理推算來了解與建議；大環境的事情，為了避免擾亂人心，則不宜公開宣說。

例如這次總統大選的結果，虔心修道的人，也許早有感應，可是不講。而經常聽聞的「世界末日」預言（或謠言），修道人也能知其虛實而心定不動，怡然自得的面對。

修行人了知自己來到世間的因緣，只能自我修持，並勸化世人修行，不能洩天機。

觀佛經中，無所不知的佛陀也只有授記某人未來作佛，但不預言關於人事環境的吉凶禍福等。古今的高僧大德，也甚少聽聞預言什麼事。

反觀時下喜歡作大環境預言的人，可能是些江湖術士，為了顯能求名，炫惑一時，對於世道人心是否能有正面的影響與幫助呢？

世間事不離因果，人們唯有好好修持，盡人事的努力，自求多福才是。古人說：「天作孽，猶可違；自作孽，不可逭。」（尚書．太甲）就是這個道理。

附錄：回覆網友

本文原發表於部落格，有網友看了，來信請我幫他「感應看看」該注意什麼。

關於這個請求，我回應言：

此非本文原意。本文在於提出我對時下常有預言的觀感，並勸世人應好好修行自求其福，不在於表示我有什麼感應力。是故，對於請求之事，只有奉勸：

「諸惡莫作，眾善奉行，自淨其意，是諸佛教。」

建議多念佛及誦持大悲咒，懺悔改過、行善布施，消宿業，自然增福慧。

阿彌陀佛！

（民國一〇一年一月）

自在心靈——享受而不必擁有

有網友談及，說有位好友，為了享受田園生活，退休後跟老婆決定，花了六百萬元，在山區買了一棟小木屋居住；他自己雖也有這樣的夢想，可是考慮山居的不便，遲遲未有行動云云。

我回應他：

為了享受田園生活，而在山區買小木屋居住？

如果我有六百萬元的話，我寧願去全台灣或國外風景名勝住小木屋度假飯店。因為每次可以去不同地方，徜徉不同的山水風光，又不必自己整理打掃；可以好好休閒，享受山水之樂而不費事。如以一般行情，一天四千元的度假小木屋來計算，「六百萬元」可以住多少次？一輩子恐怕還享用不完呢！

以前聽說有個朋友，也是花了幾百萬元，在山上買了一棟別墅，打算假日去住。結果，由於不常上山，每次去，都要整理雜草叢生的花園，打掃灰塵蛛網的室內，有時房子遭到破壞還需要修理……。每次去都累得人仰馬翻、腰酸背痛，假日寶貴時間也過了大半，根本沒有享受到「山林之樂」，簡直是上山做苦工！後來乾脆賣掉不住了。

所以，聰明的人，不會去當「山林小木屋別墅」的「奴隸」，而懂得選擇最清閒悠遊的方式來享受徜徉山水的樂趣。

一個人「擁有」的物質越多，煩惱掛礙就越多。

「享受」而不必「擁有」，如同蘇東坡〈赤壁賦〉所說的：

「惟江上之清風，與山間之明月，耳得之而為聲，目遇之而成色；取之無禁，用之不竭，是造物者之無盡藏也，而吾與子之所共適。」

何等灑脫自在呀！

我常常與人分享這樣的想法。

其實，進一步深思，人生短暫數十寒暑，有什麼事物是可以真正「擁有」的呢？一切所花費購買的物質，我們「擁有」的只是暫時的「使用權」罷了，正是佛教所謂的「萬般帶不去，唯有業隨身」。

所以，何不放開胸懷，隨緣自在的享用美好事物，不必勞形傷財，而可以心無掛礙的做山水的主人！

（民國一〇一年四月）

嚴謹與自在

「嚴謹」與「自在」，看似相反；實則，前者往往是後者的基石。

「嚴謹」是一種做事的態度，「自在」則是心境的從容與超脫。

曾有網友對我說：「你名為『自在』，可是看你的文章與回答網友的問題，都很嚴謹誒。」

我回答說：

「嚴謹與力求完美，是我為學與行事的一貫態度。所謂『自在』，不是隨便，而是嚴謹之後的從容自得，如此才能真正自在。」

看那些書法家、鋼琴家、畫家，或其他專業高人，他們能夠從容揮毫寫出美妙的書法字，或瀟灑的彈奏出名曲，或三筆兩筆就畫出唯妙唯肖的圖畫，或者自在表現出專業技巧等等，都是累積多少歲月嚴謹苦練的結果啊！

又，孔子自言：「七十而從心所欲不踰矩。」那必然是從「十五而志於學」之後，經過了「三十而立、四十而不惑、五十而知天命、六十而耳順」等五十五年嚴謹精進的修持，到了七十歲，才終於達到一切思想行為可以自在無礙的「從心所欲不踰矩」之境界。

我寫文章與出書，由於受過碩士班撰寫論文的嚴謹訓練，所用文字或引文，一定查證資料清楚了才使用；立論力求條理清楚；成稿之後，潤稿修飾少則十遍，有多達二三十遍者。平常在網路上發表文章，會檢查潤稿好幾遍；隨手留言，也至少檢查個兩三遍，以避免錯別字。

所以，「自在」不是隨便，而是嚴謹之後的從容自得，如此才能真正自在。嚴謹做學問，嚴謹寫文章，嚴謹傳道解惑，嚴謹持戒修行——這是我嚮往「自在」而所以勉力為之者也。

在我已出版的禪風散文小品詩書畫集《雲水無心》裡面，我寫過一篇小品〈自在〉，很能詮釋我所體會的「自在」哲學。錄之於下：

一件事，
要能入乎其中，
還要能出於其外。
入乎其中，
才能全力以赴，心安理得；
出於其外，
才能觀照真相，
超越得失，心無掛礙。

（民國一〇一年六月）

靜修省思、念佛感恩過生日

我生肖屬龍。生日前一天，我想，要如何來度過今年龍年的這個農曆生日呢？思考了一番，我決定，生日閉關一天，讓自己靜心沈澱，好好念佛誦經，以清淨身心。

自幼至今，我過生日一向低調，陪著我過生日的親友，總人數不會超過五個人，買的生日蛋糕當場總是吃不完。

低調，不喧鬧，很好；靜心修持，更好。靜靜的念佛，念得法喜充滿，是最高的精神享受。經過了一天的沈澱之後，心境很寧靜清朗。

有網友說，他自從母親往生後就不再過生日了。

我回答說：

「過」生日，不一定是「慶祝」，也可以是一年一度的「省思」——省思自己為何出生？來到人間做什麼？既已出生，有何意義？出生至今是否努力活出生命的意義和價值？是否對得起所生的父母與天地社會無數資源的養育？

生日這天，可以這樣省思，然後念佛誦經或布施迴向，感恩祈禱。

這才是真正「過生日」的意義。我學佛以來，都是這樣「過」生日的。
阿彌陀佛！

（民國一〇一年四月）

尋覓真愛，真愛在哪裡？

「愛」是一個亙古而普世的話題，也是人類永恆的課題。網路上也常見關於「愛」的討論。人們都期待有「真愛」，也對「真愛」的內涵作了很多註解，例如滿足需求、給予快樂，以及關懷、包容、諒解、傾聽、依靠、安全感、共患難……等，許許多多的期望。人們的期待與要求，反映的正是心靈上的空虛與不安。

其實，與其尋覓和期待「真愛」，何不學習付出「真愛」呢？「真愛」又何必局限而束縛於男女之間呢？

等待被愛的人是貧乏的，能付出愛的人才是富有的。能為越多人付出愛，就是越富有。《老子》說得好：「聖人不積，既以為人己愈有，既以與人己愈多。」與其詛咒黑暗，何不點亮一盞明燈？與其等待被愛，何不放開胸懷，學習付出你的愛——沒有特定對象的愛、對人間的愛、對萬物的愛——這就是佛法講的「無緣大慈，同體大悲」的大慈悲心；也是《論語・學而篇》孔子說的「泛愛眾，而親仁」的仁愛之心。

願意付出的人，將會發現，一個人的內在，原來有無窮的寶藏，足供布施、付出、奉獻，生命也將因此而豐盈喜樂。

所以，尋覓真愛，真愛在哪裡呢？真愛就在一顆付出奉獻的心中。

（民國一〇一年四月）

附記：

生日撰稿，僅以此文，奉獻給有緣人！

過去，我們會希望收到「生日禮物」；今年，我要在生日這天，獻給大家禮物：分享我這篇文章，願大家都能開啓心靈中的「真愛」寶藏。

阿彌陀佛！

慈悲奉獻的人生，永不寂寞

活到這個四五十歲的年紀，不時會在網路上收到一些「為老年預作規劃」之類的訊息。例如，如何面對兒女離家的空巢期，或是如何有個伴侶，或者教你該培養什麼興趣等等——總之就是如何預防「寂寞」。

每回看到這類訊息，就覺得這些對我而言，是不會成問題的。

自從學佛修行以來，我反而喜歡獨處。自己一個人安靜獨處，或讀書寫經，充實智慧；或整理思緒，沈澱心靈。

「獨處」是一種享受，可以收回很多外馳的心思活動，而聽見自己內在的聲音，看見內心的種種思惟、雜想等。修行人只有獨處，才能真正進入內觀的修行。

我二十年打太極拳，都是獨自修練，沒有同伴。沒有人可以如此長期忍受這種「寂寞的運動」。有人問我為何不參加團體練拳。我說，初學者需要跟隨團體練習招式，待練到內在境界，就要自己一個人靜靜的修練，才能斂心凝神而感受內在的「氣」，以及大自然的「氣」，才能隨著自身與大自然的「氣」來運行拳架。我修練太極拳的當下，就是在進行「禪修」。所以必須自己一個人練。跟團體雖然有伴，通常只是遊戲熱鬧而已，不能真正修到內在精氣神上面去。

學佛修行也是。佛經云：「修行離眾憒鬧」。修行人要安靜獨處，才能如實面對自我內在，觀照思惟；若與眾人在一起，則是為了布施、弘法利生，以及世間人事的歷練。

所以，「晚年寂寞」的憂慮，在修行人心中是不存在的。修行人憂慮的，只有自己的道行是否精進，以及能否利益眾生而已。

獨處修行，一方面享受寧靜的喜樂；另一方面，心與眾生同在，慈悲一切眾生，時時想著為眾生付出，遇緣助人就很歡喜，這樣怎麼會寂寞呢？

一般人心中只有「自己」，凡事只想到「自己」，才會怕「寂寞」；發大願修行，願為眾生奉獻的菩薩行者，只有越付出越喜樂，是永遠不會寂寞的。

但願那些自覺孤獨寂寞的人，能走入人群，看看悲苦的世間，學習付出關懷與愛，就會找到自我生命的價值，而活得豐盈喜樂。

阿彌陀佛！

（民國一百年十一月）

「慈悲雍容」比「青春永駐」更有光輝

絕大多數的人，希望「青春永駐」，永保「年輕可愛」——便使得醫療美容、化妝品、美容保養器材……等相關行業，特別興盛。

身為女性，自然從年輕到現在，不時會有人以這樣的詞句來祝福我，或許只是客套話，倒令我覺得頗為有趣。

其實，「年輕可愛」早已不是我所希望的，「成熟智慧」，才是我衷心追求的。所以我所有的網站都大方公開年齡，任何場合我都對自己的年齡很自然。

發願成為一個傳道、授業、解惑的修行人，「年輕可愛」的感覺與形象，是不相契也不相稱的。

其實——

「成熟智慧」要比「年輕可愛」更優雅動人！

「慈悲雍容」遠比「青春永駐」更有光輝！

是我所願！

阿彌陀佛！

（民國一〇一年五月）

學習找出辛苦背後的意義

有天晚上，女兒花了很多時間，幫我解決了一個電腦問題。我謝謝她，說：「辛苦了！」後來想想，改說：「很棒耶，你的電腦功力又大增了！」女兒聽了很高興。

我問她，說「辛苦」，還是說「很棒耶，你的電腦功力又大增了！」喜歡聽哪一個？她說後者。

於是我思考，為什麼我們習慣把花費很多精神心力、勞力或時間做某事，說成「辛苦」？為什麼喜歡強調「辛苦」？

也許這是一種體恤之言，但背後原因可能是人們好逸惡勞，怕辛苦，所以做了耗費時間、精神與勞力的事，要說「辛苦」。我們或許可以換個角度說：「我得到了什麼」、「你成就了什麼」。這樣積極看待付出，就很有意義，而不覺得辛苦了。

其實，人生都是辛苦的，少有輕鬆的；只是，辛苦之後，你學習到什麼？獲得什麼？即使一時間的「辛苦沒代價」，也仍然有另一層意義的。

所以，我們要學習的是，找出辛苦背後的意義，讓「辛苦」的人生，時時刻刻充滿積極美善的「意義」，如此就能得到無限的歡喜與滿足了。

（民國一〇一年九月）

有膽量做自己，才有做自己的自由

網路上，看到網友引用已故文學大師林語堂先生的這句話：

「我要有能做我自己的自由，和敢做我自己的膽量。」

這句話說得很好，相信也是很多人的心聲與想望。

然則，深入思考，以我自己的成長體驗來說——

「做我自己的自由」，其實是「敢做我自己的膽量」爭取來的！

東西方文化不同。西方人，比較重視個人獨立，能夠尊重個體，所以有較多的「做自己的自由」。東方人，重視群體，較不重視個體，往往也抹煞個別性與獨特性，所以要「做自己」很不容易。小自衣著風格，大至選擇學校科系、婚姻對象、工作事業等，不少人也常有難以自主的無奈。

近幾年來，很多朋友看我能夠優遊自在的做自己，都羨慕說「好命」，我總是回答：「那要看你自己願不願意，是否勇於做自己！」——「好命」，其實掌握在自己手中。這是我多年痛苦掙扎與歷練出來的寶貴心得。

例如，簡單一件衣著小事，要「做自己」，我心中也頗有一番掙扎。

這些年來，我總是穿著中國風的衣服，或是唐裝，就經常惹人注目，甚至還有人特別「請教」我為何要穿這樣的衣服。有次出國旅遊，台灣的導遊就當眾特別「關切」「請教」我……。我很納悶，每個人喜愛穿什麼樣的衣服，乃是個人自由；若穿著中國風的服裝就引起「特別關注」，那麼在街上，那些袒胸露背、露臍露臀的衣著反而沒人特別「注意」？這真是一件值得深思的事情。

所以，「做自己」真是非常不容易呢——

第一，要真正認識、了解自己，並且有足夠的自信，才「敢」做自己。

第二，要有堅定的信心，才能夠堅持做自己，並且展現個人風格與才能，散發個人魅力與光彩。如此，最後就會贏得他人對你的尊重，並且認同你的「自己」。

其實，每個人都是天地間的唯一，都是自己生命的主人，本來都有權利「做自己」；只要努力自我成長，就能有足夠的自信來「做自己的主人」！

古今有成就者，例如遭受宮刑而堅持撰述《史記》的司馬遷；辭官歸田、創作異於當代文學主流的田園詩歌的詩人陶淵明；「一肚子不合時宜」的大文豪蘇東坡等，都是堅持「做自己」，走自己的道路，實現自我本真，最後終於成就了「自己」，而在歷史上綻放光芒。

當然，平凡的我們，也許並不想如此偉大，名垂千古；但是，能夠「做自己生命的主人」，活出自我，活得喜樂自在而不負今生，也就不需要如林語堂大師那般留下感歎遺憾了。

（民國一〇一年五月）

人有無限潛能，能成就無限可能的事

在臉書上面，看到網友分享的證嚴法師《靜思語》說：

「有多少能力，就做多少事。」

我覺得說得很好。

然則，進一步思考，所謂的「有多少能力」，一個人真正的能力有多少呢？一個人真正「有多少能力」，其實是未可知的。往往是盡心盡力的付出之後，又因為困境而激發出更多的潛能。

走過人生的許多困境，我親證的體驗要如此說：

「人有無限的潛能，能成就無限可能的事！不要自我設限，內在的無盡寶藏，正等著每一個人去開發！」

《中庸》曰：

「唯天下至誠，為能盡其性；能盡其性，則能盡人之性；能盡人之性，則能盡物之性；能盡物之性，則可以贊天地之化育；可以贊天地之化育，則可以與天地參矣。」

一個人唯有盡心盡力，而又不斷超越向前，把生命的潛能發揮得淋漓盡致，自我實現，自我完成；成就自己，也成就他人——如此才能知道與證明：「能力有多少？能做多少事？」也才真正完成我們每個人的「天賦」也。這就是孟子說的：「盡其心者，知其性也，知其性則知天矣。」（孟子．盡心上）的涵義也。

阿彌陀佛！

（民國一〇一年四月）

與世無爭而超越自我

我在部落格發表文章〈超越對方的自信，就是贏家〉（見下篇）。網友讀了回應說：「對方的存在（有理或無理）使自己淬礪精進，故也要感謝他。」

我回覆言：

基本上，我心中從來沒有所謂的「對手」，也從來無意要去超越誰，一向與人無爭。在生命中，我只是不斷的超越與突破自己內在的困境。

只是有一天，在某個機緣下，無意中發現自己超越了過去勝過我的人，因此而感到高興而已。所以也並非是因為「對方的存在使自己淬礪精進」。

唯一「使我淬礪精進」的，只有自我內在心靈的困境而已。所以佛說：「諸佛以八苦為師。」就是這個意義。

人生的一切苦惱，都來自「自我內在心靈」，也就是「無明煩惱」。心生，種種法生；心滅，種種法滅。外境，不過是幻化而已。

修行二十年，我透過不斷的自我觀照與超越突破，內在的智慧也漸漸顯露，因而在一些世間知識學問之能力上，也隨之增進。於是常在無意中超越了一般人，也在無意中，超越了過去曾經高我一等的人。

「超越對方」，完全是個意外！

所以，因此而感到的高興，也只是對於自己的肯定與自信的增加所來一種欣慰而已。

（民國一百年十二月）

〈自在禪語〉超越的自信就是贏家

中國字「止戈為武」，
蘊含著深刻的哲理。
打敗別人，
不一定要當面競爭。
而是——
當自己的能力勝過對方時，
連競爭都不需要，
一種超越對方的自信，
就是贏家。

（民國一百年十二月）

〈自在禪語〉誠摯善語傳遞溫暖

這幾年在部落格發表文章，分享自己修學的心得；也經常為人解惑，給予心靈的慰藉。因此不時會收到網友真心感謝的留言，令我覺得欣慰，遂有感而發。

◇　◇　◇

當有人沮喪的時候，
因為我的讚美鼓勵而得到站起來的勇氣；
當有人迷惘無措的時候，
因為我的指點而得到光明的方向；
當有人情緒煩亂低落的時候，
因為讀了我的文章而豁然開朗……
這就是我最歡喜欣慰的時候。

真的，助人為快樂之本，
哪怕只是一句話。

重要是——

誠摯貼切而不流於膚淺客套。

你感謝我，我也歡喜感謝你！

人間，互相幫助，互相感恩，

真是多麼美好！

阿彌陀佛！

（民國一〇一年四月）

〈自在禪語〉態度反映自身修養

我們對他人的欣賞、讚美，或是批評、中傷，其實都是自我心理的投射。

古人說：

「我見青山多嫵媚，料青山見我應如是。」

佛經裡，菩薩說：

「我見眾生皆是佛，唯我一人是凡夫。」

對人的態度，反映的正是自己的修養。

同時，那份念力能量，不論正向或負向，都會回到自身，影響自己，即是所謂的「業力」。

所以，我們要經常自省，培養善念。

心靈洋溢喜樂，對人和善，人生就會豐盈美好。

（民國九十八年十月）

〈自在禪語〉平等待人

（答網友）

所有的「名人」，
在我心中、眼中都是一樣的，
跟所有默默無聞者，都一樣是「人」。
眾生平等，
我的心中只有「人」，
而沒有貧富、尊卑與高低的分別。
重要在於，一個人，
是否活出身為「人」的意義與價值。

（民國九十七年十二月）

〈自在禪語〉生命的「帥」與「美」

步入中年，許多年輕時候的「帥哥」「美女」，不免自嘆年華老去。
其實，「帥」與「美」，全由「心行」來定義。

年輕時候的「帥」，寫在外貌上；
年長之後的「帥」，要寫在生命上，
人生，要能活得「帥」！
年輕時候的「美」，為上天所賜予；
年長之後的「美」，要用內涵與智慧來展現，
生命，要能活出雋永之「美」！
這是永恆的「帥」與「美」。

（民國一〇一年四月）

〈自在禪語〉順境逆境都是學習

（答網友）

人生總是高低起伏，
不論順境逆境，
要為自己找出意義，從中學習與成長，
內在的自我才會提昇，
生命才會深刻，人生才有價值。
來到世間，我們都是在修學分，
每個人的課題不一樣，
層層突破，就會越來越歡喜自在。
在黑暗中，點一盞燈，
照亮自己的心，也照亮別人！

（民國九十八年二月）

〈自在禪語〉辛苦的昇華

（答網友）

人活在世間，都很辛苦，
只看你用辛苦去換取什麼。
有人用辛苦換取溫飽與安穩；
有人用辛苦換得價值與成就。
追求理想的人，則把辛苦昇華為——
生命的意義。

（民國一百年十月）

〈自在禪語〉跟自己做朋友

許多人害怕孤獨寂寞，
人海茫茫求覓知音……

學習跟自己做朋友，
找回真正的自我，
享受自我，自得其樂，
單獨而不孤獨，
有一種寧靜的自在，
是生命中最大的喜樂。

（民國一〇一年二月）

〈自在禪語〉人際關係，隨緣自在

人與人間，
有緣的，以友輔仁，同修善法；
無緣的，認清因緣，輕輕放下。
有緣當惜而不執著；
無緣隨去亦無怨惱。
如此即是道法自然，任運隨緣，
而得自在無礙也。

（民國一〇一年五月）

附錄：回覆網友

佛法一切修行渡眾，總不離一個「緣」字，所謂「佛渡有緣人」。
佛經中，也不乏佛所不渡或無法渡的例子。
有佛寺聯云：

天雨雖大，不潤無根之草，
佛門雖廣，不渡無緣之人。

故修行人凡事隨緣也。
阿彌陀佛！

〈自在禪語〉隨緣與放鬆

遇事，
有原則是隨緣，
無原則是隨便。

休閒，
適度可以放鬆，
過度流於放逸。

（民國一〇一年四月）

〈自在禪語〉放下得自在

常常自我省思：
煩惱從何而來？
找到煩惱的根源，
就能夠放下。
放下越多，
心靈就越輕鬆，
心靈輕鬆，
自然就能自在安樂。

（民國一〇一年四月）

〈自在禪語〉沈澱淨心

沈澱、靜心，
才能觀照看見
自己種種的無明煩惱纏縛，
從而對治淨化，
而得到清心自在
與心靈的平安喜樂。

（民國一〇一年七月）

〈自在禪語〉靜坐觀空，心歸澄寧

世事紛擾，令人神疲……

每夜睡前靜坐，常心念思惟《金剛經》偈：

一切有為法，

如夢幻泡影，

如露亦如電，

應作如是觀。

觀諸法空相，一切無非心之幻化；

心生，種種法生；心滅，種種法滅。

如是思惟，而後可以心歸澄寧，安然入夢也。

（民國一〇一年三月靜夜隨筆）

自在點燈，燈在自點，點燈在自……。這頁，留給您來點燈，點一盞自己的心燈……

自在點燈，燈在自點，點燈在自……。這頁，留給您來點燈，點一盞自己的心燈……

閒雲書齋06

自在點燈

國家圖書館出版品預行編目資料

自在點燈／自在老師著. 一初版.一臺中市：
白象文化，民101.11
面： 公分.——（閒雲書齋；06）
ISBN 978-986-5890-11-7（平裝）
1.佛教 2.文集
220.7 101021317

作　　者：自在老師
主　　編：吳碧玲
內頁排版：趙瑀心
封面設計：自在主人
電腦製稿：趙瑀心
底圖攝影：趙安祈
編輯部：徐錦淳、黃麗穎、劉承薇、林榮威、吳適意
設計部：張禮南、何佳諠、賴澧淳
經銷部：林琬婷、莊博亞
業務部：張輝潭、焦正偉
發行人：張輝潭
出版發行：白象文化事業有限公司
402台中市南區美村路二段392號
出版、購書專線：（04）2265-2939
傳真：（04）2265-1171
印　　刷：基盛印刷工場
版　　次：2012年（民101）十一月初版一刷
定　　價：490元